Jack Sanger, Franz Kroath
Der vollkommene Beobachter?

Studien zur Bildungsforschung & Bildungspolitik

Band 19

herausgegeben von Herbert Altrichter und Michael Schratz

ISSN 1022-2324

Jack Sanger, Franz Kroath

Der vollkommene Beobachter?

Ein Leitfaden zur Beobachtung im
Bildungs- und Sozialbereich

STUDIENVerlag
Innsbruck-Wien

Unterstützt von Hypobank Tirol

Die Deutsche Bibliothek - CIP-Einheitsaufnahme
Sanger, Jack:
Der vollkommene Beobachter? : Ein Leitfaden zur Beobachtung im Bildungs- und Sozialbereich / Jack Sanger ; Franz Kroath. - Innsbruck ; Wien : Studien-Verl., 1998
(Studien zur Bildungsforschung & Bildungspolitik ; Bd. 19)
    ISBN 3-7065-1271-8

©   für die deutschsprachige Ausgabe 1998 by StudienVerlag Ges.m.b.H.,
    Andreas-Hofer-Straße 38, A-6010 Innsbruck

Authorised translation from English language edition published by Taylor & Francis:
"The Complete Observer. A field research guide to observation"
UK   The Falmer Press, 1 Gunpowder Square, London, EC4A 3DE
USA   The Falmer Press, Taylor & Francis Inc., 1900 Frost Road, Suite 101,
      Bristol, PA 19007

© J. Sanger, 1996

Umschlagfoto von Jane Sanger
Satz: ©kara

Gedruckt auf umweltfreundlichem, chlor- und säurefrei gebleichtem Papier.

Inhaltsverzeichnis

Kapitel 1

Probleme und Fallen der Beobachtung

"In der Aristotelischen Tradition vertrat man die Auffassung, daß alle Gesetze des Universums durch bloßes Denken entdeckt werden könnten. Es war nicht notwendig, sie durch Beobachtung zu überprüfen." *(Hawking 1988, 35)*[1]

Erst im Jahre 1980, 37 Jahre nach meiner Geburt, wurde mir (Jack Sanger) bewußt, welche Welten zwischen Sehen und Beobachten liegen. Bis dahin kam ich auch ohne den mir nicht bewußten Mangel an Beobachtungsgenauigkeit voran, beobachtete nur, wenn ich mich an eine Reiseroute, an eine Seite für eine Prüfung oder an eine Person erinnern mußte, die mir später von Bedeutung werden könnte. Ich arbeitete zu diesem Zeitpunkt an meiner Dissertation und untersuchte an einer Londoner Schule, wie Lehrer-Innen komplexere Konzepte Lernenden vermittelten. Ich erinnere mich noch sehr genau an das Gefühl von Frustration und Skepsis, das mich befiel, als ich so ein komplexes Konzept durch Beobachtung festhalten wollte. Ich fühlte mich wie einer dieser bleiernen Behälter tief unterhalb der Erdoberfläche, angefüllt mit einer Flüssigkeit, die die momentane Flugbahn eines Neutrons durch die Materie einfangen sollte. Hier ist ein kurzes Stück meiner Aufzeichnungen über dieses Ereignis:

> Gesprächsfetzen fliegen an mir vorbei und erregen meine Aufmerksamkeit: *"Ein Freund von mir ist am Samstag von einem 14 Meter hohen Baum gefallen ..."*

---

[1]   Die Übersetzung aller Zitate aus dem Englischen erfolgte durch Franz Kroath.

Die beiden Mädchen neben mir zeichnen Graphen für ihre Mathematikhausaufgabe. Ein Mädchen sagt: *"Ah, so geht das!"* Sie verbessert ihre Aufgabe. Partnerunterricht. Ein Zeichen für die enge Bindung aneinander. Sie berühren sich immer wieder. Sie unterhalten sich intensiv und lachen gemeinsam über Witze. Ihre Blicke begegnen sich und sie lächeln. Sie sind fast identisch gekleidet: blaßgrüne Pullover mit V-Ausschnitt, blaue Jeans. Beide haben ähnliche Armbanduhren, Halsketten und Haarstile.

Die Lehrerin beginnt zwei Gedichte vorzulesen, eines von Rupert Brook und eines von James Kirup. Sie liest zuerst das Gedicht von Brook. Die beiden Mädchen lesen ebenfalls, folgen der Lehrerin. In der Klasse ist es still. Während eine Gruppe Fragen beantwortet und Sätze, Beschreibungen und Bilder über ein idyllisches England diskutiert, schweigen die beiden Mädchen mit stoischer Miene, starren auf die Wörter, verweigern den Blickkontakt mit der Lehrerin und spielen mit ihren Armbändern.

Das Entschlüsseln der Bedeutung der Gedichte geschieht im Dialog von Lehrerin und einzelnen SchülerInnen, die sich beim Analysieren von Gedichten auszukennen scheinen. Die Lehrerin ist immer Teil des Dialogs, die SchülerInnen nehmen nur abwechselnd und teilweise teil. Lernen erfolgt meistens durch stellvertretende Erfahrung und durch späteres "Nachstrebern". Lernen aus erster Hand findet hauptsächlich in anderen Umgebungen statt – zuhause, im Bus oder in der Bibliothek. Aus der Sicht des Beobachters läßt sich das, was sich im Unterricht abspielt, am besten mit der *"Bühnen"*-Metapher beschreiben: Einige wenige in der Klasse haben allmählich Schlüsselrollen im Dialog mit der Lehrerin eingenommen. Der Rest der Klasse agiert als Statisten oder als passives Publikum.

Ein Schüler sagt über das erste Gedicht: *"Leute denken heute nicht mehr so"*. Sein Beitrag geht verloren, verfängt sich auf halbem Weg zwischen dem Bedürfnis der Lehrerin, ihr eigenes Wissen rasch anzubringen, und dem Glanz, der von anderen Angeboten ausgeht. Das Mädchen neben mir schreibt ihrer Freundin eine Nachricht, die ich nicht lesen kann.

Das zweite Gedicht scheint einen Wiedererkennungs-Schock auszulösen. Es enthält einfachere, rohere, aggressivere Aussagen. Die Lehrerin führt die willig folgende Gruppe dazu, den Inhalten des Gedichts zuzustimmen und beginnt dann die verschiedenen Bedeutungen auseinanderzunehmen. Sie macht dann eine Bemerkung zur Interpunktion: *"Macht da einen Punkt am Ende der ersten Zeile, der ist beim Drucken vergessen worden."* Das Mädchen neben mir setzt den Punkt, auch für ihre Freundin und lächelt. Sie schreibt ihre Nachricht fertig und faltet sie zu einem Papierflieger. Dann faltet sie den Flieger wieder auseinander und legt den Zettel unter ihr Buch mit den Gedichten. Eine Schülerin vermutet, daß der Autor die Realität des Krieges nicht wirklich verstanden habe. Inzwischen hat das Mädchen neben mir einen kleinen Handspiegel an ihre Handtasche angelehnt. Offensichtlich möchte sie sich nicht ständig im Spiegel betrachten, sondern nur gelegentlich ein Spiegelbild von sich selbst einfangen, wenn sie nicht gerade daran denkt. Plötzlich setzt sie sich auf und lächelt: Ein Ausdruck des Wiedererkennens, als sie die Lehrerin sagen hört, *"... Kinder sagen oft zu ihren Eltern, ich habe euch nicht gebeten, mich in die Welt zu setzen!"* Ein Gekichere geht durch die Klasse. Man spürt deutlich, daß sich viele mit diesem Satz identifizieren. Es wird weiter über das Gedicht diskutiert und darüber, daß Jesus für die Menschheit starb. Das Mädchen neben mir spielt mit ihrem Armreifen. Die Atmosphäre im Klassenzimmer wird knisternder, als die Diskussion das Thema *"Für eine Sache sterben"* berührt: Hungerstreiks in Nordirland, Suffragetten ... Die Mädchen neben mir animieren sich gegenseitig, aber sie unterhalten sich nur flüsternd.

Ein Mädchen sagt, sie würde sterben, um zwei Menschen zu retten, aber sie würde nicht für *einen* sterben. Die letzte Zeile des Gedichts lautet: *"Es lohnt sich nur für nichts zu sterben"*. Die Klasse lehnt diese Aussage einstimmig ab. Die Lehrerin gibt eine Interpretation: Daß es für das Leben keinen Zweck gibt. Sie führt den Begriff "nihilistisch" ein. Im weiteren Stundenverlauf wird die Frage nach der Qualität des Gedichts nicht gestellt, ebensowenig wird die Autorität des Gedichts kritisch hinterfragt. Das Hinzufügen eines Punktes erinnert mich an das Anhängen eines "quod erat demonstrandum", an eine Beweisführung.

Am Ende der Stunde gelingt es mir, die Nachricht des Mädchens aus dem Papierkorb zu holen. Ich wollte eine Bestätigung ihres persönlichen, heimlichen Lernthemas. Auf dem Zettel stand folgendes: DER MANN SCHRIEB IN DIESER STUNDE ZWEI VOLLE SEITEN –

WAS WIR GEMACHT HABEN. ER SCHREIBT UNUNTERBRO-
CHEN, ES MUSS IHM UNHEIMLICH LANGWEILIG SEIN.

Nach der Stunde spreche ich mit der Lehrerin im Konferenzzimmer.
Ich fühle mich in Hochstimmung wegen meiner genauen Beobachtung der beiden Mädchen und der Ironie der Nachricht. Die Lehrerin
sagt mir, daß ein Schüler zu Schulbeginn ihr vor der ganzen Klasse
ein Geschenk überreichte, einen Apfel. Der Schüler bat sie, den Apfel
zusammenzudrücken, was sie aber verweigerte. Sie gab den Apfel
wieder dem Schüler zurück, der drückte ihn zusammen. Plötzlich
sprang ein Plastikpenis aus einem Loch heraus. Das Geschenk
stammte von früheren Schülern, die jetzt an der Universität stu-
dierten. Dieselben Übeltäter hatten zu einer Arbeit des Schülers dazu-
geschrieben, "*Schwache Leistung, aber nicht verwunderlich bei dieser
Lehrerin*". Die Schüler verließen die Schule vor fünf Jahren, aber der
Vorfall haftete offensichtlich noch tief im Gedächtnis der Lehrerin.

Erst als ich über meine Aufzeichnungen nachdachte, wurde mir bewußt,
daß *Sehen* und *Beobachten* zwei unterschiedliche Aktivitäten sind, die zwar
miteinander verbunden sind, aber dennoch miteinander im Widerspruch
stehen können. So wie England und Amerika angeblich nur durch die
Sprache getrennt sind, so sind Sehen und Beobachten nur durch das Verlangen nach Wahrnehmung getrennt.

Was habe ich nun gesehen, und was habe ich beobachtet? Sicherlich
habe ich einiges von dem beobachtet, was sich zwischen den beiden
Mädchen abgespielt hat. Ich beobachtete auch einige Interaktionen zwischen der Lehrerin und den SchülerInnen. Was ich jedoch gesehen habe,
das findet sich nicht in meinen Aufzeichnungen. Vielleicht habe ich das
flüchtig in meinem Kurzzeitgedächtnis registriert, bevor ich es in den
Gedächtnis-Papierkorb warf, mit der Aufschrift "*unbedeutend*". Offensichtlich umsegeln wir die Welt, indem wir sie vorwiegend sehen und lernen, das
ohne viel Nachdenken zu tun. Wir verbannen vieles aus unserer Umgebung, das wir nach Art einer visuellen Landkarte wahrnehmen, in den hin-
teren Teil unseres Gehirns. Wir beobachten erst, wenn uns ein bewußter
Reiz dazu auffordert: z.B. uns in einer fremden Stadt zurechtzufinden, ein
Spital aufzusuchen, durch eine gefährliche Gegend zu gehen oder zu forschen. Wenn die Handlungen, die wir ausführen, uns *bedeutend*
erscheinen, dann schalten wir vom Sehen aufs Beobachten.

Was brachte mich nun dazu, gerade das zu beobachten, was ich beobachtete? War es deshalb, weil ich quasi einen Vertrag mit meinem Forscher-Selbst hatte? Dieser Vertrag verlangte eine Auswahl auf der Basis eines naiven Verstehens und schloß daher andere, mir vertraute Unterrichtsaktivitäten aus. Es schien so, als ob mir dieser Beobachtungsfokus aufgezwungen wurde. Kein subtiler, gut unterrichteter und erfahrener Sherlock Holmes war hier am Werk, so wie er in dem folgenden Dialog aus dem Buch von Conan Doyle, "Die silberne Markierung" (zit. nach Zizek 1991, 76), charakterisiert wird:

"Gibt es irgendeinen Punkt, auf den du meine Aufmerksamkeit lenken willst?"
"Ja, auf das sonderbare Verhalten des Hundes in der Nacht."
"Der Hund hat aber nichts gemacht in der Nacht."
"Das war ja das Sonderbare", bemerkte Holmes.

Die Überlegung, auch das zu beobachten, was nicht passiert, war mir zu diesem Zeitpunkt fremd. Ja, mein Interesse an Fehlendem entstand erst einige Jahre später, als ich Barthes, Foucault, Eco, Derrida und Lacan zu lesen begann.

Wenn ich auf komplexe Konzepte aus war, warum griff ich nicht die Episode auf, in der die Lehrerin den Begriff "Nihilismus" einführte? Warum war ich so gebannt von den beiden Mädchen, die sich wie "Klone" verhielten? War es eine Art von heuristischem Sprung in meine Vergangenheit als Jugendlicher, als solche Mädchen auf der anderen Seite des Klassenzimmers saßen, weit weg und geheimnisvoll? War ich dem "heimlichen Lehrplan" auf der Spur? Machte ich eine Fallstudie von zwei Lernenden, denen man gerade etwas beizubringen versuchte – im Fachjargon "Schüler-Innen-Verfolgung" genannt? Traf ich eine bewußte Auswahl unter den möglichen Beobachtungs-Subjekten, oder wurde der ganze Prozeß von unbekannten, unbewußten Freudschen Trieben beeinflußt?

Professionelles Beobachten ist nicht so leicht, wie es anfänglich erscheint. Man glaubt, daß sich die Beobachtung auf der Suche nach Objektivität wie eine Verteidigungslinie verhält, in Wirklichkeit ist sie aber wie eine undichte, durchdringbare Membran. Sie erlaubt, daß soviel vom Beobachter herausströmt, wie an befriedigender, aber trügerischer Faktizität auf sein Bewußtsein von außen einströmt. Ein Schlüsselmotiv in vielen Bereichen der Kunst, Philosophie und Psychologie ist das des Beobachters, der Aspekte seines Selbst im Anderen sucht und findet. Mit diesem Anderen meine ich das, was außerhalb von mir ist, das Fremde, Neue, Unbekannte. Am besten wird dieses Motiv in einer Zeichnung von Escher zusammengefaßt: Ein Auge starrt zurück auf den Betrachter, in dessen Pupille sich das Bild des Betrachters spiegelt, nur ist dieses Bild ein Totenkopf: Ich, der Beobachter, auf der Suche nach fundamentaler Wahrheit über das Wesen des Seins und meiner eigenen Sterblichkeit! (Das Auge, Kupferstich, 1946).

Gibt es nicht dennoch eine Berechtigung für diese Art von Forschung, die ich weiter oben beschrieben habe, wo das Auge willkürlich herumwandert und den Fingern diktiert, was es sehen will? In jeder halben Stunde Unterricht gibt es immer Hunderte von Geschichten zu erzählen, und die eine, die ich erzähle, hat das Netz zufällig eingefangen. Forscher würden sagen, daß die Auswahl von Episoden vom Leserkreis abhängt und von der Art von Forschung, auf die man sich einläßt.

Wir schreiben für ein Publikum, für uns selbst oder für mehr oder weniger "bedeutende Andere". Wir beobachten stellvertretend für ein Publikum und rekonstruieren vowiegend das, was wir aus der Publikumsperspektive sehen, gleichgültig, ob wir das über das Medium der eigenen Notizen, über Videoaufzeichnungen oder mündliche Berichte tun.

Meine im Feld gemachten Aufzeichnungen würden wahrscheinlich einen strengen Wissenschaftler nicht befriedigen, aber sie wären sicherlich nützlich für Lehrpersonen, Journalisten, naturalistische ForscherInnen oder Phänomenologen in dem Sinn, daß sie einen Diskurs anregen. Für mich ist es wichtiger, daß Leute zu denken beginnen, als daß ich das festhalte, was Wissenschaftler als objektive Wahrheit bezeichnen. Die Beobachtung ist daher untrennbar mit ihrer sinnvollen Anwendung verbunden. Die Prozesse des Planens, Auswählens, Bestimmens und Aufzeichnens legen nur den Beobachtungsschwerpunkt fest.

Aufzeichnungen sagen uns auch etwas über die Komplexität von Zeit. Ereignisse des aktuellen Unterrichts können sich auf Vorkommnisse beziehen, die fünf Jahre zurückliegen. Dabei werden ohne Zutun des Beobachters Kontingenzen, d.h. zufällige zeitliche Berührungen von Ereignissen, aufgedeckt. Hätte ich nicht mit der Lehrerin gesprochen, hätte ich nie etwas von dem Apfel-Vorfall erfahren, geschweige denn von dessen Vorgeschichte. Wir sprechen ungeniert von Fallstudien als Repräsentanten von zeitlich klar abgrenzbaren Ereigniseinheiten. Oft jedoch sind die dabei zu berücksichtigenden Auswirkungen von Vorgeschichten nicht einmal spürbar.

Welche Konsequenzen hat das für mich, den Beobachter, der das Leben, wie es ist, beobachtet und für meine Rolle als "Fliege an der Wand"? Ahnungslos, welche bedeutenden Ereignisse sich vorne in der Klasse abspielten, saß ich hinten in meiner Bank und versuchte, signifikante Abläufe verdeckt aufzuzeichnen. Ich kam mir vor wie ein "Star Trek" Kapitän, der sich bemühte, keinerlei Wirkungen auf die Kultur auszuüben, die er besuchte. Der Zettel des Mädchens ist eine lehrreiche Erinnerung daran, daß die vom Beobachter gewünschte Unsichtbarkeit eher ein Wunschdenken als Realität ist. Auch wenn wir uns noch so sehr bemühen, die Auswirkungen unserer Anwesenheit so gering wie möglich zu halten, Effekte unserer Beobachterrolle können wie niemals ausschließen.

Beobachten ist eine Tätigkeit mit vielen Fallen und Fehlerquellen, besonders wenn sie in der realen, unkontrollierbaren und ungeordneten Alltagswelt stattfindet. Schon diese wenigen Aufzeichnungen haben eine Reihe von Gültigkeitsproblemen aufgeworfen, wie z.b. die Bedeutung von Vorgeschichten von Ereignissen, die Biographie des Beobachters und die Auswahl von Ereignissen, die man beobachten soll. Und dabei haben wir das Problem der Aufzeichnungssprache noch gar nicht behandelt.

1.1 Vordergrund und Hintergrund

Nazruddin passiert mit seinem Esel und einem Strohkarren die Grenze zwischen zwei Ländern. Er kehrt nie auf derselben Route zurück. Der Chef der Grenzpolizei bemerkt, daß Nazruddin jedesmal, wenn er die Grenze passiert, wohlhabender aussieht und verdächtig ihn des Schmuggels. Eines Tages befiehlt er, daß das Stroh durchsucht werde, aber man findet nichts. Das nächste Mal läßt er das Stroh in kleine Stücke schneiden, wieder nichts. Als der Mann wieder die Grenze passiert, läßt er das Stroh verbrennen, aber nichts wird gefunden. Als letzte Maßnahme wird das Stroh gekocht, aber es findet sich nichts Belastendes. Schließlich wird es für den Chef zu peinlich, er gibt auf und muß zusehen, wie Nazruddin reich genug wird, um sich zurückzuziehen. Jahre später trifft er den reichen Nazruddin vor seinem großen, weißen Haus im schönsten Teil des Landes. Er fragt ihn, ob er damals etwas über die Grenze geschmuggelt habe. Nazruddin lächelt

und sagt, "Ja, sicher". Der Chef der Grenzpolizei fragt ihn, was es war.
"Esel" gab Nazruddin lachend zur Antwort. (Shah 1966, 25)

Manchmal gerät die Beobachtung in Konflikt mit derselben falschen Logik, die der Chef der Grenzpolizei anwandte. Wir schauen dorthin, wo wir etwas zu finden erwarten, anstatt offen zu sein für jede Möglichkeit, die in Frage kommen könnte. Für den Polizisten war der Esel ein zu alltägliches Tier, zu offensichtlich ein Teil seines *Lebenshintergrundes*, als daß er bedeutungsvoll hätten werden können. Trotz der Tatsache, daß der Esel ein Hauptaspekt seines Beobachtungsfeldes war, hat er ihn nur gesehen, aber nicht beobachtet.

Vordergrund und *Hintergrund* sind daher Hauptcharakteristika im Beobachtungsprozeß. Es gibt genügend Beweise dafür, daß die menschliche Wahrnehmung im Alltag gegenüber potentiellen chaotischen Daten so vorgeht, daß sie Muster bildet. Unser Gehirn ist so angelegt, daß es ständig Ordnung schafft innerhalb der Sintflut von Signalen, die auf uns einströmen (vgl. Vernon 1970). Es beobachtet das, was der Verstand ihm zu beobachten aufträgt. Esel werden dabei unsichtbar.

Wir müssen uns daher ständig fragen, ob wir wohl an der richtigen Stelle und in der richtigen Art und Weise das suchen, was wir finden wollen.

Eines Nachts fand ein Nachbar Nazruddin auf Händen und Füßen suchend unter der Lampe vor seinem Haus. Auch der Nachbar ließ sich auf allen vieren nieder und fragte den alten Mann, was er verloren habe. Dieser sagte, er habe den Haustorschlüssel irgendwo verlegt. Nach einer Stunde vergeblichen Suchens fragte der Nachbar, wo Nazruddin den Schlüssel zuletzt gesehen habe. "Dort, in den Büschen". "Warum suchen wir denn dann hier?" Nazruddin lächelte ausweichend: "Weil dort kein Licht ist, um irgend etwas zu finden. (Shah 1966, 35)

Abgesehen von der Pointe, am falschen Ort zu suchen, weist die Geschichte darauf hin, daß hier auch die Beobachtungstechnik in Frage gestellt werden muß. Das "Licht" in der Geschichte läßt sich mit dem Beobachtungsinstrument vergleichen, mit dessen Hilfe wir uns erwarten, einen schwer faßbaren Aspekt der sozialen Wirklichkeit einzufangen. Eine Checkliste, ein Fragebogen, eine Interaktionsanalyse geben uns das Gefühl, wir könnten ein "Licht" werfen auf die Geheimnisse des Forschungsfeldes, doch in Wirklichkeit findet man nur Steinchen und keinen Schlüssel. Viel zu oft bestätigt die Forschung, die auf Beobachtung fußt, nur ihr Instrumentarium und entdeckt kaum etwas Bedeutendes.

1.2 Signifikanz

Signifikanz ist ein mächtiger Begriff. Er bezieht sich auf die Autorität des Urteils. Signifikanz suggeriert eine Hierarchie, in der sie selbst ganz oben und die Trivialität ganz unten ist. Für Forschungsanfänger stellt sie eine große Belastung dar. Sie begeben sich in die soziale Welt, leben mit geheimnisvollen Leuten oder arbeiten im Labor und werden von ständiger Furcht geplagt, daß das, was sie tun, letztlich wenig Bedeutungsvolles hervorbringe.

Vielleicht ist es an dieser Stelle nützlich, die drei Begriffe miteinander zu verbinden, die wir bisher untersucht haben: Vordergrund, Hintergrund und Signifikanz. Da wir annehmen, daß das, was wir in den Vordergrund stellen, auch das ist, was wir beobachten wollen, folgt daraus, daß wir das im Vordergrund Stehende auch für das Bedeutungsvolle halten. Zugegeben, das ist eine etwas vereinfachte Denkweise, aber sie führt uns zu einem Grundaxiom von Forschung, welches lautet:

Information ist das, was ein Individuum als bedeutsam wahrnimmt.
(Sanger 1985)

Alle Daten, die auf uns jede Sekunde einströmen, werden im Hinblick darauf gefiltert, was wir im Augenblick wollen oder brauchen. Auf diese Weise informieren wir uns. Wir filtern Daten mithilfe unseres bewußten oder unbewußten Bedeutungsfilters und entnehmen daraus unsere Information. Gelegentlich kann dieses Filtern von mächtigen externen Signalen überlagert werden, auf die wir reagieren müssen, z.B. um einer Verletzung zu entgehen. Im allgemeinen verläuft dieser Prozeß jedoch ohne unsere bewußte Aufmerksamkeit.

Dazu ein Beispiel: Sehen Sie sich die eingerahmte Aufgabe an. Sie fordert Sie auf, alle "Fs" zu zählen, die im Text vorkommen. Für jedes F oder f, das Sie finden, erhalten Sie einen Punkt. Nehmen Sie sich dazu zehn bis zwanzig Sekunden Zeit. Bitten Sie nachher andere Personen, dasselbe zu tun. Ihre Antwort kann sich von der anderer unterscheiden, und das Ergebnis kann auch falsch sein. Versuchen Sie es trotzdem!

Zählen Sie die Fs

The significance that we attach from today to Friday's Great Education Reform Bill is a matter of great concern to the scientific community of physicists, chemists and all students of the inside of the atom.

(Die richtige Antwort finden Sie am Ende des Kapitels)

Nun, wie erklären Sie sich die Tatsache, daß Sie oder Ihre Freunde nicht die richtige Anzahl von Fs gefunden haben? (Sollten Sie die richtige Antwort gefunden haben – um so besser). Als wir diese Aufgabe für angehende professionelle Beobachter zusammengestellt hatten, waren wir erstaunt, daß fast niemand auf Anhieb die richtige Summe zusammenbrachte. Aufgrund unserer Erfahrungen können wir jetzt mit ziemlicher Sicherheit voraussagen, daß die meisten Personen zwischen fünf und sechs Fs finden. Folgende Hypothesen werden für das Verfehlen der richtigen Summe angeführt:

- das Übersehen des unbedeutenden Worts "of", wann immer es auftritt;
- wenn man den Text laut liest, klingt die Phonetik von "of" wie "ov"; daher entgeht einem der weiche "f" Klang.
- der Zeitfaktor erzeugt Streß;
- die Aufgabe erscheint so einfach, man sucht daher auch nicht nach Fallen oder "Hineinlegern", die auch gar nicht da sind:
- beim Lesen konzentriert man sich nur auf Hauptwörter, Verben und Eigenschaftswörter.

Können diese Hypothesen als Erklärung für Wahrnehmungsfehler akzeptiert werden? Tatsächlich eignet sich diese Übung gut, um den Unterschied zwischen Fehler und *bevorzugter Einstellung* (Bias) zu verdeutlichen: Ein Fehler ist die Folge eines Fehlverhaltens, eine bevorzugte Einstellung ist die

Folge einer Disposition, zu hören, zu sehen, zu riechen, zu tasten oder Dinge auf eine besondere Art und Weise zu tun.

Die Frage ist hier berechtigt, was der Beobachter tun kann, um seiner bevorzugten Einstellung entgegenzuarbeiten? Eine Möglichkeit besteht hier, den Text von hinten nach vorne oder verkehrt zu lesen und auf jedes F zu achten. In jedem Fall soll man die Fs mit einem Bleistift markieren. Sofort erhöht sich die richtige Summe. Versuchen Sie es nun selbst, wenn Sie nicht die richtige Anzahl gezählt haben. Warum ist die von mir vorgeschlagene Methode effektiver? Im ersten Versuch lesen wir, begleitet von unseren Lesegefühlen. Wir gehen an den Text nach einer gewohnten, ritualisierten Weise heran. Diese zu verlassen, ist nicht leicht.

1.3 Wir lesen nicht, um Bedeutung zu gewinnen!

Wenn man die Fs zählen will, muß man auf Bedeutung verzichten, diese in der Signifikanz-Hierarchie nach unten verbannen. Nach der Übung hat man meistens keine Ahnung vom Inhalt des Texts.

Ein wichtiger Unterschied zwischen Sehen und Beobachten ist der, daß der Beobachter, die Beobachterin, Schritte unternimmt, um seine/ihre angeborenen Vorlieben auszuschalten. So wie man den Text umdreht um ihn zu verfremden, so stellen BeobachterInnen die Welt auf den Kopf, um sie weniger vertraut zu machen. Das Schlagwort dafür ist, *"das Alltägliche exotisch zu machen"*. So können sich z.b. Ethnomethodologen[2] das Dienstbuch von Krankenschwestern ansehen, um zu sehen, wie diese ihre Berufswelt erklären. Wenn nun im Dienstbuch große Teile dieser Alltagswelt fehlen, heißt das, daß diese Welt den Schwestern zu vertraut wurde, als daß sie sie noch sehen könnten?

Es bedurfte einer TV-Dokumentation über die polizeilichen Vernehmungsmethoden von Vergewaltigungsopfern, um öffentlichen Druck auf die Polizei auszuüben, ihre Methoden zu ändern. Bis dahin konnten die Polizisten selbst nicht sehen, welche Vorurteile ihre Handlungen bestimmten. Sie hatten die Dokumentation freigegeben in der Annahme,

---

2 Ethnomethodologie ist die Erforschung von Menschen in ihrer natürlichen Umgebung durch die Analyse ihrer Aufzeichnungen über ihren Lebensalltag, ihre Arbeit und über andere Erfahrungen (z.b. anhand von Tagebüchern, Notizen und verbalen Reflexionen).

daß ihre Praktiken vollkommen akzeptabel waren. Ich (Jack Sanger) habe einmal mit einem Polizisten gesprochen, der sich selbst als nicht-sexistischer Professioneller bezeichnete. Ich machte ihn auf die Cartoons aufmerksam, die am schwarzen Brett in der Kantine hingen. Er wurde sehr verlegen, da ihm deren Existenz in diesem Zusammenhang nicht bewußt war. Er hielt sie einfach für Witze.

Die Methoden, die wir verwenden, um unseren Vor-Einstellungen entgegenzuwirken, sind die Methoden der Beobachtung. Im weiteren Verlauf des Buches werden wir einige davon als individuelle Verfahren der Deutung unserer Lebenswelt näher kennenlernen oder als kombinierte Verfahren, um an die Wahrheit im Alltagsverständnis heranzukommen.

1.4 Postskriptum

Ich (Jack Sanger) fragte einmal eine Bekannte, die sich offen als Skeptikerin gegenüber allen übernatürlichen Dingen bezeichnete, was sie tun würde, wenn ein fremdes Raumschiff in ihrem Garten landete. *"Ich würde es gar nicht sehen"*, antwortete sie.

Wir müssen hart daran arbeiten, mit neuen Augen oder mit den Augen anderer zu sehen. Sonst bewirkt gerade diese Vertrautheit mit unserer Umgebung, daß unser Scharfblick erblindet.

Es war kurz nach Weihnachten des Jahres 1648 als John Aubrey mit seinen Freunden auf der Jagd durch Avebury ritt, einem Ort in Wiltshire. Dort sah er einen ausgedehnten prähistorischen Tempel, den bedeutendsten dieses Zeitalters in Europa, der bis dahin unentdeckt war. Er lag nicht verborgen in einer abgelegenen, verwahrlosten Gegend, denn innerhalb seiner Befestigungsanlagen erhob sich ein blühendes Dorf, noch war er zu diesem Zeitpunkt besonders verfallen. Und dennoch war Aubrey der erste Mensch seines Zeitalters, der diesen Tempel bemerkte (Michel 1973, 27)[3]

---

3   Der berühmte prähistorische Tempel in der Grafschaft Wiltshire im Süden Englands ist "Stonehenge".

Von den beiden erwähnten Beobachtungsfallen ist der Fehler der eher sichtbare Feind der Beobachtung, die Vor-Einstellung dagegen der unsichtbar wirkende Agent.

> Ergebnis der Aufgabe von S. 16: Vom Standpunkt einer faktischen Wahrheit aus betrachtet, finden sich im eingerahmten Text 10 Fs.

Kapitel 2

"Das ist Dein Ausgangspunkt!"

Ein Forscher, eine Forscherin, zu werden gleicht oft dem Schicksal eines Schülers, einer Schülerin, in einer exotischen Schule, die als Ergebnis einer Mischung von privater Elite-Schule und öffentlicher Schule für sozial Bedürftige entstanden ist: Einerseits leidet man unter dem elitären Glauben, daß die Aktivitäten des eigenen Forschungszentrums denen anderer Institute methodologisch überlegen sind. Man hat einen sicheren Platz an der Sonne und kann die Bildungspolitik seines Landes für einige Zeit beeinflussen. Andererseits entdeckt man, daß man abhängig ist von den kleinen Almosen der Leiter des Zentrums, daß man keine weiteren Ressourcen zu erwarten hat und daß die Kritik am bestehenden Paradigma oder der Einsatz von methodologisch neuen Strategien diese Almosen gefährden kann.

Vielleicht ist das hier gezeichnete Bild etwas übertrieben, aber es zeigt, daß ForscherInnen ausgebildet sind, ihren Job zu tun und daß die Ausbildung sie auf einem bestimmten Punkt einer sich historisch entwickelnden Landkarte positioniert: Für einige Neulinge, die gleich nach ihrem Universitätsabschluß in die Forschung eintreten, gibt es oft nur die Möglichkeit, zu "Klonen" der vorherrschenden Konventionalität ihres Forschungsinstituts zu werden. Für die anderen, die sich erst in der Mitte ihres Arbeitslebens zum Forscher ausbilden lassen, können die folgenden Jahre sehr unbequem werden: Eine Vielzahl von Konflikten können entstehen zwischen den wissenschaftstheoretischen Vorgaben und forschungsethischen Einschränkungen einerseits und den "common sense"-Vorstellungen der berufs- und lebenserfahrenen Forschungs-AnfängerInnen andererseits.

Es ist eine Ironie, daß eine menschliche Tätigkeit, die Prinzipien, wie Objektivität, Distanziertheit, Vorurteilsfreiheit und die Notwendigkeit von stützenden Belegen so hoch bewertet, sich oft während des Ausbildungsprozesses Scheuklappen aufsetzt.

Die Sozialwissenschaften sind in viele Lager gespalten, jedes Lager hat seine eigene, selbst definierte Lehrmeinung. Daraus folgt in der Praxis ein Prozeß des "Territorialismus" und des Erfindens von Unterschieden. Oberflächlich besehen mag sich die Untersuchung menschlichen Verhaltens in eine Vielzahl von Ansätzen aufgliedern, die alle versuchen, einen Überlegenheitsanspruch geltend zu machen und davon zu profitieren. Nach Foucault (1989) ist die Erforschung menschlichen Verhaltens eine späte kulturelle Anstrengung des 18. und 19. Jahrhunderts. Trotz der oberflächlichen Unterschiede, so behauptet Foucault, weist die zugrundeliegende Ordnung, die uns bei der Bildung von Visionen über unsere Identität leitet, eine stark geregelte Gemeinsamkeit auf. Es überrascht daher auch nicht, daß man in den sozialwissenschaftlichen Untersuchungen mehr Ähnlichkeiten als Unterschiede vorfindet.

Am Beginn meiner Ausbildung zum Forscher hatte ich (Jack Sanger) weder eine klare Vorstellung von der Forschungs-Philosophie meines Instituts, noch wußte ich, was Sozialwissenschaft war. Seither bewege ich mich zwischen dem Gefühl, ein klares Bild zu haben, und dem Gefühl, daß es dieses klare Bild gar nicht gibt. Trotz der Tausenden von Stunden, die ich mit Interviewen, Beobachten, Analysieren und Verschriftlichen verbrachte, weigert sich mein Gehirn, leicht zugängliche Abteilungen zu schaffen, in die sich unterschiedliche Forschungsansätze klar einordnen ließen. Es gibt auch kein klar definiertes Forschungsmodell, das sich wie ein Werbespot anbietet. Aus mir wurde schließlich ein erfahrener Forscher ohne den, wie manche meinen, notwendigen Ballast von theoretischen Konventionen, die mich in die richtige Richtung weisen sollten.

CARE, das "Zentrum für Angewandte Pädagogische Forschung" an der Universität von East Anglia in Norwich war einmal ein solcher Ort, der das Unkonventionelle zu einer Tugend machte. Damals nahm die sozialwissenschaftliche Erziehungs- und Bildungsforschung stark zu. Die resultierende Dynamik neu entstehender Forschungsfelder und innovativer Untersuchungsmethoden, die entdeckt, importiert oder umbenannt wurden, gab dieser Zeit einen besonderen Reiz. Man konnte sein, was man wollte, vom zielfreien Evaluator bis zum forschenden Künstler (vgl. Parlett/Hamilton et al. 1977). Du wolltest das Genre "Roman" als Forschungsverfahren einsetzen, warum nicht? (vgl. Walker 1982). Die vorherrschende Doktrin war die eines liberalen Fortschrittsglaubens, gestützt auf demokratische Absichten.

Vor Antritt meiner Forscherlaufbahn war ich Lehrer, dann Sozialarbeiter in einer therapeutischen Wohngemeinschaft für emotional gestörte jugendliche Mädchen. Schon damals gehörte es zu meiner professionellen Kompetenz, Beobachtungen zu machen und aufzuzeichnen. Seither wurden meine impliziten Forschungstheorien immer expliziter, lassen sich aber dennoch keiner spezifischen Richtung der Sozialwissenschaften zuordnen. Meine Theorien schränken mich auch nicht ein, Phänomene in unterschiedlicher Weise zu sehen: Sie basieren auf Praktikabilität und Nützlichkeit. Wenn sie in den Augen mancher an Validität zu wünschen übrig lassen, so liegt das in der Natur der Sache. Zu meiner Rechtfertigung kann ich anführen, daß ich eher Wirksamkeit als größtmögliche Genauigkeit erzielen will. Ich möchte verständlich und mitteilbar bleiben und nicht umfassend und geschwollen erscheinen. Ich möchte zur Diskussion anregen, keine neuen Rubriken erschaffen. Der tiefere Grund jedoch dafür, daß eindeutige Verfahrensweisen sich nicht so einfach herauskristallisieren lassen, liegt darin, daß die Welt ein unordentlicher, klinisch unreiner Ort ist und es schwierig ist, "reine" Forschung zu betreiben, wenn man von soviel "Unreinheit" umgeben ist. Unter diesen Umständen ist es besser, mit den vorhandenen Mitteln die besten verfügbaren Belege zu erzeugen, gleichzeitig aber die Unzulänglichkeiten zuzugeben und Öl ins Feuer der kritischen Diskussion zu gießen. In manchen Fällen mag das Personen, die auf der Basis von Forschungsergebnissen Entscheidungen treffen, irritieren, wenn sie gewohnt sind, sich auf gute Rhetorik, bloße Ideologie, oder nur auf theoretisch gut abgesicherte Kritik ohne konkrete Lösungsvorschläge zu verlassen.

In dieser ersten Phase meines Forscherlebens marschierte ich unter dem ethnographischen Forschungsbanner, "Naturalistische Forschung". Innerhalb der marschierenden Forschergemeinde sah es so aus, als ob wir in kaum einem Punkt übereinstimmten. Von außen betrachtete man uns jedoch als TeilnehmerInnen einer eng miteinander verbundenen Gemeinschaft mit einer besonderen Mission und einer gemeinsamen Philosophie (vgl. Barton/Lawn 1980). Ich trat in das Forschermilieu zu einer Zeit ein, da die Aufspaltung in Schulen, Zugangsweisen, Strömungen und Methodologien zunahm, alles getragen von einer vagen anti-positivistischen bzw. anti-naturwissenschaftlichen Haltung. Eine unvollständig Liste dieser Richtungen enthält folgende Namen: Ethnographie, Naturalistische Forschung, Ethnomethodologie, Symbolischer Interaktionismus, Hermeneutik, Fallstudien, Qualitative Forschung, Diskursanalyse, Sozialanthropologie und

Semiologie. Die Konzepte sind nicht klar voneinander abgrenzbar, nur die Anhänger der einzelnen Richtungen können überzeugend die Unterschiede zwischen den Positionen darlegen. Im daraus entstandenen Diskurs werden heute üblicherweise die Begriffe "Ethnographie"[4] oder "Naturalistische Forschung" verwendet, um den Leser in die qualitative Forschungsrichtung zu verweisen, auf deren Hintergrund Beobachtung stattfindet, klar abgegrenzt von quantitativen oder positivistischen Ansätzen.

Während der Begriff "Naturalistische Forschung" im deutschen Sprachraum wenig geläufig ist, bildet er nach Guba/Lincoln (1981) im angloamerikanischen Sprachraum einen gemeinsamen Nenner für bestimmte Richtungen der Ethnographie, die den Forschungsschwerpunkt auf die Sprache, Wahrnehmung und Handlungen der Untersuchungssubjekte legen. Die Etikette "naturalistisch" in der pädagogischen Forschung würde demnach bedeuten, daß die Forschung in einem pädagogischen Milieu stattfindet und daß vor allem die Handlungen der an den Prozessen, Projekten oder anderer Rahmenbedingungen teilnehmenden Personen charakterisiert werden sollen.

2.1 Die Spaltung in den Sozialwissenschaften: Positivismus und Naturalismus

Wie ist es zu dieser Forschungsvielfalt gekommen, die für einige eher unerfreulich ist? Dazu eignet sich am besten der Vergleich von zwei Bildern: Das eine Bild zeigt einen natürlich aussehenden Baum, das andere zeigt ein stilisiertes, geometrisches Modell eines Baumes. Das erste Bild enthält alle Charakteristika eines Baumes, die rauhe Rinde, Spuren von Beschädigungen, gewundene Äste, Momente von Asymmetrie. Der zweite Baum ist perfekt ausbalanciert von der Krone bis zur Wurzelspitze. Niemand würde dieses Baum-Modell für einen echten Baum halten, jeder weiß, was es darstellt. Um diesen Baum herzustellen, wurden viele Details geglättet, Informationen wurden weggelassen, um grundlegende Konturen zu erzeugen.

---

4   Ethnographie ist die beschreibende Untersuchung von Menschen in ihrer sozialen Umgebung durch externe ForscherInnen.

Das Ergebnis kann beliebig oft wiederholt werden: Man kann damit auf einem abstrakten Niveau spielen, es ist wie ein computerisiertes, mathematisches Symbol. Aus der Basiseinheit können Wälder geformt werden. Unsere beiden Baum-Bilder repräsentieren zwei Möglichkeiten, wie man sich Methoden des Verstehens von sozialen Ereignissen bildhaft vorstellen kann. Das erste Bild versucht die Realität so zu erzeugen, wie sie zur jeweiligen Zeit verstanden wurde, mit all ihrer Komplexität. Das zweite Bild wählt nur solche Daten sozialer Ereignisse aus, die durch strenge Objektivitäts-Tests verifiziert werden können. Die daraus gewonnene Information erlaubt die Rekonstruktion von Ereignisbildern, die manipuliert werden können und von denen man Voraussagen (Extrapolationen) machen kann. Versuche, den natürlichen Baum mit Hilfe von naturalistischen Methoden zu rekonstruieren, schlagen dagegen fehl, da diese Methoden Schwierigkeiten haben, einen Baum zu erzeugen, der uns die Vorhersage der Gestalt eines Wäldchens oder gar der eines Waldes ermöglicht. Aber auch die Entwicklung des mathematischen Baum-Modells kann zu dem Grundproblem führen, daß der so hergestellte Wald noch weiter von einem echten Wald entfernt ist als der ursprüngliche Baum.

Dieser zweite, mathematisch-naturwissenschaftlich modellierte Baum hat eine lange Vorgeschichte, die im logischen Positivismus der 30er und 40er Jahre gipfelte. Dieser hatte einen großen Einfluß auf die Sozialwissenschaften, da er logisch reduzierte Rahmenbedingungen für die Erforschung menschlichen Verhaltens zu liefern schien, die eine sichere und unwiderlegbare Basis für die Erzeugung von Wissen über die soziale Welt darstellten. Der logische Positivismus hat auch heute noch überzeugende methodische Zugangsweisen hervorgebracht, wie Umfrage-Methoden, experimentelle und quasi-experimentelle Forschungsdesigns und statistische Modellbildungen. Während die Diskurse des späten 19. und frühen 20. Jahrhunderts nicht über Zahlen als adäquate Basis für die Beschreibung und Analyse von sozialer Realität abgehalten wurden, sondern vielmehr darüber, welche praktische Methode die geeignetste sei, hat sich die Kluft seither vertieft (vgl. Hammersley/Atkinson 1983). Die Kritik konzentriert sich heute auf Schwächen der wissenschaftstheoretischen Merkmale positivistischer Methoden.

Hammersley/Atkinson zitieren Cohen/Wartofsky (1983) und Giddens (1979), die eine Bestandsaufnahme von Schwächen in den sogenannten naturwissenschaftlichen Zugängen zur Sozialforschung erstellten. Als größte Schwäche wird die Verwendung von *naturwissenschaftlichen*

Modellen für methodologische Ansätze angeführt, die auf der Logik von Experimenten und der Manipulation von Variablen zur Identifizierung von Zusammenhängen aufbauen. Das Verhalten von Menschen, deren Einstellungen und Gefühle werden unter Laborbedingungen untersucht, wobei mit großem Aufwand versucht wird, standardisierte Verhältnisse für alle Untersuchungssubjekte herzustellen. Außerhalb des Labors bemüht man sich wichtige, "nicht kontaminierte" Ergebnisse der Laboruntersuchungen mit Kontrollgruppen, sorgfältigen Stichprobentechniken und Vor- und Nachtestverfahren zu reproduzieren. Für die Beobachtung bedeutet das, mit vorstrukturierten Indikatoren und standardisierten Beobachtungskategorien zu arbeiten.

Die zweite Charakteristik des quasi-naturwissenschaftlichen Forschungszugangs ist die Orientierung an *universalen Gesetzen* menschlichen Verhaltens, die regelmäßige Beziehungen zwischen Variablen, unabhängig von situativen Bedingungen, annehmen. Diese Beziehungen können systematisiert und statistischen Berechnungen zugeführt werden.

Ein dritter Bereich, der für diese Denkschule typisch ist, bezieht sich auf die *Neutralität der Forschersprache* und die *Unsichtbarkeit des Forschers, der Forscherin*. In Anlehnung an die Naturwissenschaften zählt nur das als Tatsache, was direkt beobachtbar ist. Theorien werden nur über bestätigbare Belege aufrechterhalten. Da sich dieser Ansatz im Lichte einer immer stärker philosophisch-relativistisch orientierten Wissenschaftstheorie entwickelte, nahm die Sorge über die Willkürlichkeit der Sprache zu (vgl. Saussure zit. n. Culler 1976; Wittgenstein 1953; später Derrida 1987; Barthes 1977). In der Folge wurde die Standardisierung von Beobachtungsverfahren immer stärker betont. Messungen oder Daten sollten von einer stabilen, neutralen, faktenorientierten Sprache abgeleitet werden. Strukturierte Zugänge mit vorgegebenen Kategorien würden ForscherInnen "draußen in der Welt" mit der Sicherheit einer distanzierten Unparteilichkeit unterstützen.

Als Forscher hatte ich keine Probleme, diese Ansätze zurückzuweisen: Hatte ich nicht selbst die Erfahrung gemacht, daß Sprache ständig rekonstruiert wird? Sind Menschen nicht inkonsistent und unberechenbar? Gibt es nicht zu jedem Ereignis ebenso viele Geschichten wie Personen, die in dem Ereignis vorkommen? Als Therapeut wünscht man sich weniger, daß Menschen über das, was geschehen ist, einer Meinung sind, sondern daß sie einem für sie nützlichen Bericht über ein Ereignis zustimmen, so daß sie in ihrer Therapie wieder ein Stück weiterkommen. Man soll seine eigenen

Erfahrungen gebrauchen, wenn das hilfreich ist. Zweckdienlichkeit hat Vorrang gegenüber Objektivität. Eine solche Einstellung ist nicht leicht in konventionelle Forschungsdesigns zu integrieren, ist aber stimmiger für angewandte Forschung und Entwicklung. Die Positivisten nahmen an, daß die Methoden der Naturwissenschaften, kurz auch wissenschaftliche Methoden genannt, auch auf soziale Phänomene gleichwertig anwendbar seien (vgl. Toulmin 1972). Eine wissenschaftliche Methode setzt das Testen von Theorien voraus, wobei streng zwischen Entdeckungs- und Begründungs- bzw. Validierungszusammenhang unterschieden wird (vgl. Reichenbach 1938). Der Wert einer Theorie nimmt unter diesen Bedingungen mit ihrer Widerstandsfähigkeit gegenüber Falsifizierungsversuchen zu (vgl. Popper 1972). Die Standardisierung aller Forschungsaspekte stellt einen inhärenten Wert dar, da dadurch Wiederholungen formal überwacht werden können. Diese Standardisierung kann sich auf Fragen in einem Fragebogen beziehen, auf die Struktur von Interviews oder auf die Klassifizierung von beobachtbaren Ereignissen. Von dieser Perspektive aus gesehen würden demnach die meisten Verfahrensweisen ethnographischer Untersuchungen als unüberprüfbar und daher als unhaltbar bewertet werden. Solche Studien würden keine verläßlichen Kausalbeziehungen zwischen Variablen ermitteln. Von einer phänomenologischen Sichtweise aus betrachtet, würden Kausalbeziehungen dagegen keine wünschenswerte Ziele der Theoriebildung darstellen. Hier stehen Kontingenz und die Einzigartigkeit von Erfahrung im Vordergrund. Das umfassende Detail eines Einzelfalls ist wichtiger als die Verallgemeinerung auf andere Bedingungen. Alle Sozialwissenschaftler der naturwissenschaftlichen Tradition, von Comte (1978) bis Popper neigten dazu, die Möglichkeiten von Mehrdeutigkeit auszuschließen und nur solche Behauptungen zuzulassen, die von ihren wissenschaftlichen Kollegen akzeptiert wurden. Die positivistische Logik sieht den Wert ethnographischer Forschung nur darin, neue Formen der "Strenge" als Basis für Untersuchungen von sozialen Phänomenen zu entwickeln. Schütz (1971) sah in dieser Dichotomie der Ansichten ein Auseinanderfallen in zwei klar unterscheidbare Rationalitäten, in die naturwissenschaftliche Rationalität und in die Alltagsrationalität. Auch für ihn blieb die Alltagsrationalität problematisch.

Diese bisherigen Analysen tragen offensichtlich wenig dazu bei, die Kluft zwischen der phänomenologischen und der naturwissenschaftlichen Forschungstradition zu überbrücken. Bohm (1980) und Gauld/Shotter (1977) untersuchen diese Dichotomie von dem Aspekt aus, wie menschliche Handlungen unter diesen verschiedenen Rationalitäten behandelt werden. Bohm verwendet das Hologramm und die Fotografie als Metapher zur Beschreibung der Unterschiede: Der Sozialwissenschaftler Schütz'scher Prägung macht im wesentlichen Aufnahmen von der Welt, indem er die Kamera auf die durch die Theorie vorher als bedeutsam festgelegten Ausschnitte richtet. Was dabei herauskommt, ist aus dem Kontinuum seiner Existenz herausgerissen und enthält nichts mehr von der internen Beziehungsqualität, die diese Existenz durchdringt. Sobald man ein Stück aus dem Bild herausschneidet, kann man die vollständige Fotografie nicht mehr herstellen. Beim Hologramm dagegen ist das anders: Jeder herausgebrochene Splitter enthält immer noch das ganze ursprüngliche Bild. Bohm argumentiert, daß naturwissenschaftliche Methoden die Welt in handhabbare Einzelteile zerlegen, während doch ein Verständnis der ganzheitlichen Integrität ihrer Existenz benötigt wird. Ersteres Vorgehen bezeichnet er als *"extrikate Ordnung"*, letzteres als *"implikate Ordnung"*. Die extrikate Ordnung entfernt künstlich alle Unordnung aus der Lebenswelt, die implikate Ordnung versucht mit dieser Unordnung in ihrer gesamten Komplexität fertig zu werden.

2.2 Ethnographie und Naturalistische Forschung

Wir leben in einer intersubjektiv konstruierten Alltagswelt. Es ist dies die Welt, die den ForscherInnen täglich begegnet und der sie Sinn verleihen müssen. Die Variablen des gesellschaftlichen Lebens sind zu zahlreich, auf zu unterschiedlichem Niveau und sind vielfach der Kenntnis des Forschers zu wenig zugänglich, als daß sie hinreichend kontrolliert werden können. Dennoch müssen ethnographische ForscherInnen nachweisen, daß sie versucht haben, sie zu erklären. Dieses Erklären hat eine Tradition, die auf Kant, Dilthey und Weber zurückgeht. In jüngerer Zeit geht Bhaskar (1979) noch einen Schritt weiter und schlägt vor, daß die Untersuchungssubjekte und -objekte selbst die Forschungsmethoden bestimmen sollen. Ausgehend von der Vorstellung eines dreiphasigen Forschungsprozesses, im Verlaufe dessen forschende TheoretikerInnen Phänomene identifizieren, Erklärungen für diese konstruieren und überprüfen und so den Fokus auf die Mechanismen richten, die die Phänomene hervorgebracht haben, führt der Forschungsprozeß ForscherInnen von den oberflächlich sichtbaren zu den tieferliegenden Strukturen des sozialen Verstehens. Jeder andere Weg, so Bhaskar, würde Forscher zu *"Gestrandeten in einer Gesellschaft machen"*. Der Positivismus würde sie fest im Griff haben in einem Spiel, dessen Regeln nicht mit ihnen gemacht wurden. Im Gegensatz dazu böte der naturalistische Ansatz die Möglichkeit, sich selbst durch Introspektion zu erkennen. Wegen der ausschließlichen Subjektivität solcher Aussagen könnte er aber keine zusammenhängenden Erklärungen dafür liefern, was außerhalb von uns ist.

Für Blumer (1969) konzentriert sich die Frage darauf, ob Verfahrensweisen zum Verstehen der Welt für diese Aufgabe geeignet sind oder ob sie nur sich-selbst-erfüllende Mittel zu diesem Verstehen sind, d.h. bloß die bestehenden Theorien bestätigen. Er sieht ein zentrales Problem naturalistischer Forschung darin, trotz Bemühen um Wertfreiheit, dennoch unbewußt Theorien sozialen Phänomenen überzustülpen. Wenn man die gelebte Erfahrung von Untersuchungssubjekten erfassen will, so ist die Glaubwürdigkeit deren Wahrnehmung wichtiger als die Glaubwürdigkeit von Methoden und Vorschriften. Im Lichte einer vorher aufgestellten Theorie sind subjektive Meinungen meistens nicht real oder akzeptabel, aber sie sind real genug für die Betroffenen und real genug für die Folgen ihres künftigen Lebens (vgl. Thomas 1919). Innerhalb der naturalistischen Forschung gibt es unterschiedliche Bemühungen, eine einheitliche Logik zu entwickeln, die sich außerhalb des Forschers, der Forscherin, befindet und auf die man sich berufen kann. Das Gemeinsame an diesen Ansätzen ist das Aufzeigen von Grenzen, innerhalb derer soziale Handlungen entstehen. Diese Grenzen werden oft Fallgrenzen genannt und sind ein Definitionsmerkmal für Fallstudien.

Aus der Perspektive der qualitativen Forschung werden soziale Phänomene als unterscheidbar von anderen Phänomenen der natürlichen Welt angesehen, unabhängig von der zugrundeliegenden Methodologie. Der Grund dafür liegt darin, daß sozial Handelnde untrennbar als beides angesehen werden, als Produkte und Hervorbringer der Gesellschaft. Nach Bhaskar wird das Individuum bereits in eine es aufnehmende gesellschaftliche Welt hineingeboren. Durch seine Handlungen und durch die Handlungen anderer wird die Gesellschaft dazu gebracht, wiederum andere Individuen in der selben Weise aufzunehmen. Es herrscht eine kontinuierliche Dialektik: Die Gesellschaft ist in ständigem Wandel und die Sozialwissenschaften müssen ihre Methoden ständig modifizieren, um diese Gesellschaft zu interpretieren. Kernpunkt der ethnographischen Antwort auf die sich verändernde Welt ist das Akzeptieren der Tatsache, daß wir als Hervorbringer unserer Gesellschaft auch sehr gut geeignet sind, viele ihrer Bedeutsamkeiten zu erkennen. Wir selbst sind kulturelle "Veränderungsagenten". Der Ethnograph ist jemand, der über sein Eintauchen in soziale Ereignisse reflektiert. Dieses Reflektieren über sein Eintauchen wird noch genauer, wenn der Ethnograph weniger vertraute Bereiche erforscht, wie z.B. die Subkulturen der Polizeiarbeit oder der Krankenpflege (vgl. Garfinkel 1964; Cicourel/Kitsuse 1963). Der Einsatz von unstrukturierten Interviewmethoden (vgl. MacDonald/Sanger 1982) stellt eine Möglichkeit dar, wie der Ethnograph sich Zugang zur impliziten Bedeutung eines spezifischen subkulturellen Verhaltens verschaffen kann. Auch die Beobachtung erfordert oft ähnliche unstrukturierte Zugänge (vgl. Kapitel 8).

Der Ethnograph nimmt keine Messungen vor. Das Herstellen von künstlichen Bedingungen in klinischen Versuchen oder rigiden Befragungstechniken setzt Untersuchungssubjekte einer Umgebung aus, die von ihnen als unterschiedlich zu ihrer natürlichen Lebenswelt wahrgenommen wird. Die Folge ist, daß sie unter solchen Bedingungen anders wahrnehmen und sich anders verhalten. Generalisierungen dieses Verhaltens sind mit dem Problem konfrontiert, wie sie die Trennung zwischen dem künstlich stimulierten bzw. eingeschränkten und dem natürlichen Milieu bewältigen (vgl. Harre/Secord 1972; Cronbach 1975). Dagegen liegt die Stärke einer naturalistischen Perspektive darin, daß sie die Einzigartigkeit eines momentanen Ereignisses akzeptiert und einem neutralen Leserkreis zutraut, aus den Forschungsergebnissen das zu machen, was jeder einzelne will.

Sobald eine beobachtende Person das Forschungsfeld betritt, wird sie zu einer weiteren Variablen dieses Feldes. Sie wird als wichtiges Element in die Untersuchung einbezogen und muß daher auch die Bedeutsamkeit ihres Eintritts akzeptieren (vgl. Norris/Sanger 1984). Neutralität ist kaum ein Status für die Forscherrolle in einer Gesellschaft, die auf allen Ebenen von politischen Kräften bestimmt wird. Einige gehen sogar so weit, die Forscherrolle darin zu sehen, sich politisch aktiv für die Unterstützung der Unterdrückten einzusetzen (vgl. Becker 1967; Gouldner 1968). Andere wiederum suchen nach Gleichheit für alle, indem sie durch geeignete Verfahrensweisen sicherstellen, daß diejenigen, die bei der Ressourcenvergabe nicht mitentscheiden können, dennoch im Forschungsprozeß eine Stimme haben (vgl. MacDonald 1977 und 1978).

Naturalistische Forschung und Positivismus stehen sich bei Fragen der Validität und der Generalisierbarkeit von Ergebnissen diametral gegenüber.

Diese beiden Begriffe stellen die Säulen in der Theoriebildung dar und wurden schon an andere Stelle diskutiert. Dort haben wir zusammenfassend resümiert, daß der Positivismus zu einer reduktionistischen Sichtweise, zur Konkretisierung von abstrakten Konzepten, zur Künstlichkeit und Nicht-Generalisierbarkeit auf natürliche Kontexte führt. Die naturalistische Forschung dagegen vernachlässigt die Überprüfung von Theorien, neigt zur Überinterpretation und Vorurteilen und begegnet dem Konzept der Generalisierbarkeit in einigen extremen Fällen mit einer geradezu mutwilligen Feindseligkeit.

Um diese Schwächen der naturalistischen Forschung auszugleichen, wurde versucht, ihrem Forschungsprogramm mehr wissenschaftliche Strenge zu verleihen. So wurden z.b., im Gegensatz zu traditionellen Forschungsdesigns, bewußt alle jene Variablen in eine Untersuchung aufgenommen, die für die "Unordnung" von Variablenbeziehungen verantwortlich gemacht werden konnten (vgl. Simons 1980; Carr/Kemis 1983; Elliott 1985). Die Anerkennung der Stärke der *"Erfahrungsorientierten Theoriebildung"* ("Grounded Theories", nach Glaser/Strauss 1967; Guba/Lincoln 1981) und ihrer induktiven Methodologie haben seither zu einer stärkeren Verbindung von Theorie und Praxis geführt. Auch der Einsatz von "gemischten Methodologien" konnte Vorwürfe der Über-Subjektivität begegnen und die Gültigkeit von Forschungsergebnissen allgemein anheben (vgl. Fox/Hernandez-Nieto 1981; Hammersley/Atkinson 1983; Price 1981).

Wenn man akzeptiert, daß Theorien in dem sich ändernden Kontext der realen Welt verankert sein müssen, so folgt daraus, daß auch die Beobachtung unter diesen Bedingungen zu empirischen Einsichten und schließlich über progressives Fokussieren und induktive Schlußfolgerungen auch zu einem Theorie-Gebilde führen kann. Die Frage dabei ist, ob eine solche Theorie auch generell anwendbar ist und ob man damit reale Aussagen machen kann. Um diese Frage beantworten zu können, muß man sich zunächst die Unterschiede in den grundsätzlichen Realitätsauffassungen zwischen Positivismus und Naturalismus ansehen: Im Positivismus ist die Realität im Glauben an universelle Fakten verankert, im Naturalismus dagegen in historischen Fakten, d.h. in einer Wirklichkeit, über die zu einem gegebenen Zeitpunkt der Geschichte zwischen unterschiedlichen Standpunkten Übereinstimmung herrscht. Daraus folgt, daß wir unsere Welt in Begriffen von gesellschaftlichen Kräften zu verstehen trachten und dieses Verstehen theoretisch, d.h. z.B. nach Keynes, Marx oder Freud, absichern. Solche Theorien sind durch zeitliche Parameter und gesellschaftliche Konventionen nur begrenzt gültig (vgl. Giddens 1982). Die Generalisierbarkeit von Theorien wird dabei eher im Hinblick auf ihre Transformierbarkeit als auf ihre Übertragbarkeit zu bewerten sein. Der positivistische Ansatz würde für eine Übertragbarkeit des Verstehens über Fälle hinweg und für die Anwendung mit einer bestimmten Sicherheit plädieren, der Naturalismus dagegen würde kulturelles Verstehen, Kontexte und angenommene Realitäten untersuchen. Die Generalisierbarkeit liegt dann nicht in der Verantwortung des Forschers, sondern in der Verantwortung der Leserschaft, denn erst durch den dialektischen Prozeß von Engagement, Reflexion und Handlung kann Erkenntnis personalisiert, d.h. in Besitz genommen und umgewandelt werden. Zu Recht argumentiert hier Habermas (1972), daß eine Selbstreflexion ohne Handeln nicht zu gesellschaftlicher Veränderung führen kann. Diese Sichtweise von kritischer Reflexion und gesellschaftlichem Handeln hatte einen starken Einfluß auf bestimmte naturalistische Ansätze der pädagogischen Forschung. Einige forschende Praktiker, wie Stenhouse (1975) und Sanger (1990), motivierten forschende Subjekte zu einem Prozeß gemeinschaftlichen, kooperativen Forschens mit dem Ziel, dadurch bessere Einsichten in den Umwandlungsprozeß sozialer Veränderung zu gewinnen. Dabei entfernten sie sich bewußt vom heiligen Gral der Generalisierung und orientierten sich an Prinzipien, wie *Eigentumsrecht von Daten,* Fähigkeit zum Selbsturteil und *"empowerment",* d.h. der Fähigkeit, sich selbst für Entscheidungen stark zu machen.

2.3 Pädagogische Ethnographie

Die Wirkungen dieser allgemeinen Forschungslogik auf die pädagogische Forschung zeigten sich in Form von paradigmatischen Veränderungen der Methodologie, repräsentiert in den Arbeiten von Jackson (1968) und Smith/Geoffrey (1968). Diese konzentrierten sich auf detaillierte Untersuchungen von Protokollen schulischer Interaktionen und eröffneten damit neue Zugänge zur Interaktionsforschung. Theorien wurden zunächst durch das Anhäufen von im Forschungsfeld gewonnenen Einsichten entwickelt und dann immer genaueren, punktuellen Untersuchungen unterzogen. Smith/Geoffrey stellten dabei eine neue Form der Zusammenarbeit zwischen einem teilnehmenden "Insider" und einem ethnographischen "Outsider" vor. In Großbritannien wurde zu dieser Zeit in vielen traditionellen soziologischen Studien diese Mischung von statistischer und strukturierter, teilnehmender Beobachtung verwendet (vgl. Hargreaves 1967; Lacey 1970). Diese und spätere Untersuchungen von Woods (1979) und Ball (1981) wurden nicht von "empowerment"-Theorien vorangetrieben, sondern hielten an der konventionellen ethnographischen Tradition fest: Eintauchen in eine Kultur, Beschreibung und Analyse derselben für einen vorwiegend akademischen Leserkreis. Die Problematik der Unterschiedlichkeit, wie AkteurInnen und ForscherInnen ihre Lebenswelten verstehen, wurde nicht zum Thema des Forschungsprozesses gemacht. In dieser Hinsicht kann diese Forschung als summativ und wertend bezeichnet werden. Trotz der Bemühungen dieser ForscherInnen, ihren Einfluß durch die Einnahme von verschiedenen Rollen, wie KollegIn oder unscheinbare BeobachterIn, abzuschwächen, blieben die Abläufe solcher Forschungsprozesse doch fest in der Hand des Ethnographen.

Für uns sind solche Ansätze überholt und führen nur zu weiterer akademischer Vorherrschaft in Erziehung und anderen Disziplinen. Die meisten meiner (Jack Sanger) Forschungen der letzten zehn Jahre, die zu Beiträgen in diesem Buch geführt haben, folgten der Tradition von Smith/Geoffrey und können als "kooperativ" bezeichnet werden (vgl. Sanger 1990).

Die gegenwärtige Forschungslandschaft ist durch eine Vielzahl von Strömungen, wie feministisch, post-strukturalistisch, literaturkritisch, etc. gekennzeichnet, die sich unter dem Begriff "Postmoderne" lose zusammenfassen lassen. Griffiths (1995, 24) beschreibt die postmoderne Forschung als Unternehmen, das von folgenden Annahmen ausgeht:

"Es gibt keinen allgemeingültigen Text als sichere Grundlage. Alle menschlichen Ideen sind kontextspezifisch entstanden und beziehen sich nur auf diesen Punkt der Geschichte. Es gibt daher keine neutrale, universelle Vernunft als Schiedsrichterin für Wahrheit und Erkenntnis. Ebensowenig gibt es ein empirisch nachweisbares, erkennbares Objekt, das "Selbst" heißt und darauf wartet, entdeckt oder beobachtet zu werden. Das "Selbst" ist am besten als Subjektivität zu verstehen, die innerhalb eines Diskurses erzeugt wird, in dem es sich positioniert und positioniert wird."

In den folgenden Kapiteln werden wichtige Themen der Beobachtung auf dem Hintergrund konkurrierender Forschungsrichtungen und diesen zugrundeliegenden erkenntnistheoretischen Standpunkten erörtert. Der Schwerpunkt wird auf der Umsetzbarkeit und dem Veränderungspotential dieser Ansätze liegen. Wir werden dabei unsere eigene Position in der eingangs erwähnten Forschungs-Landkarte genauer bestimmen. Im Zentrum steht die Frage, wie man die Beobachtung in der Forschung sinnvoll einsetzen kann. Wir hoffen, daß unsere Gedanken auch für ForscherInnen nützlich sein können, die sich an unterschiedlichen kartografischen Punkten der Landkarte aufhalten.

Kapitel 3

Die Innenseite von außen oder die Außenseite von innen beobachten?

Erwartungen spielen im Beobachtungsprozeß eine zwiespältige Rolle. Einerseits kann die Beobachtung sinnvoll eingesetzt werden, um z.b. in der Evaluationsforschung mit Hilfe eines analytischen Modells zu prüfen, ob Erwartungen von Professionellen an ihre Praxisziele erfüllt wurden oder nicht. Andererseits können gerade diese Erwartungen, wie im Fall von Nazruddin's Esel oder Avebury, blind machen gegenüber dem Offensichtlichen. Forscher und Forschungssubjekt könnten dann unter falschen Annahmen und Sichtweisen agieren.

Barthes versucht in seinem Buch "Camera Lucida" (1982) die künstlerischen Verdienste der Fotografie aufzuzeigen. Sein ausdrücklicher Wunsch war es, *"... zu erfahren, koste es, was es wolle, was Fotografie im Grunde sei, aufgrund von welchen Merkmalen man sie von einer 'Gemeinschaft von Bildern' unterscheiden könne."* (a.a.O, .3)

Seine Nachforschungen brachten ihn dazu, Fotografie zu teilen in ein Forschungsfeld (*"studium"*), in dem alle Fotografien Bestandteile sind, und in einzelne, besondere Fotografien, deren Elemente (*"puncta"*) die Eintönigkeit des Feldes durchlöchern. Wir sehen hier in vielen Fällen eine Parallele zu einem allgemeinen Beobachtungsproblem: Ein Klassenzimmer ist z.b. für eine Lehrperson so vertraut, daß es Teil dieses eintönigen Forschungsfeldes werden kann. Eine Kantine besteht für einen Polizisten nur aus Wald mit identischen Bäumen. Die Fotografien, die Barthes auswählt, weil sie die Realität durchlöchern oder das Gewebe des Alltags zerreißen, sind höchst subjektiv. Ihre Bedeutung für ihn liegt darin, daß sie sein eigenes unbewußtes Eintauchen in die Kultur der Fotografie destabilisieren. Barthes schließt daraus, daß auch andere Wissenschaften, wie z.B die

Sozialwissenschaften, in ihrem Drang, die Welt zu beschreiben, vom phänomenologischen Wesen des Besonderen fasziniert sind, dieses aber dann
im weiteren Forschungsprozeß zu Tode beschreiben:
Dies führt ihn dazu, seine Forschung mit einer Hypothese zu
beginnen, ein Ansatz, der auch in der Fallstudien-Forschung gewählt wird:

*"Ich entschloß mich daher, meine Untersuchungen nur mit einigen
wenigen Fotografien zu beginnen. Ich wählte die aus, von denen ich
wußte, daß sie für mich existierten. Sie hatten nichts zu tun mit einem
geschlossenen Ganzen ("corpus"): sie lagen nur in einzelnen Gestalten
vor. In dieser konventionellen Auseinandersetzung zwischen Wissenschaft und Subjektivität bin ich zu folgender interessanten Auffassung
gekommen: Warum kann es nicht irgendwo eine neue Wissenschaft
für jedes Objekt geben? Eine mathesis singularis (im Gegensatz zur
mathesis universalis?)." (a.a.O., 8)*

Wir meinen, daß in diesen Gedanken von Barthes ein guter Ausgangspunkt
liegt für ForscherInnen, die mit einem anderen Blick beobachten wollen,
der nicht durch die Alltagsvertrautheit getrübt ist. Anstatt Menschen und
Objekte als Stichproben von Grundgesamtheiten in vorgegebenen Klassifi-
kationssystemen zu beobachten, wie z.B. den Unterrichtsstil von Lehrpersonen anhand der Qualität der Lehrer-SchülerInnen-Beziehung, soll man sie
in ihrer komplexen Einzigartigkeit untersuchen: Man steckt zuerst das
Beobachtungsfeld ab, sucht nach gemeinsamen Merkmalen von Personen
und entwickelt daraus ein Konzept für die Klassifizierung der Daten. Dies
scheint uns der einzige Weg zu sein, um implizite und explizite Unterschei-
dungssysteme zu testen, die durch kulturspezifische Annahmen tradiert
werden. Wenn wir so vorgehen, müssen wir nur aufpassen, nicht schon von
vornherein irgendwelche Klassifizierungssysteme zu bilden. Foucault (1989)
weist darauf mit Nachdruck hin, wenn er argumentiert, daß der Vorgang
des Klassifizierens selbst eine Dominanz der Rationalität und der Linearität
über subjektive und parallele Erfahrungen bedingt. Er nennt das "logozen-
trisches" Verhalten.
Für Barthes bedeutet das, die Gründe dafür auszumachen, warum eine
individuelle Fotografie seine Aufmerksamkeit fesselte, warum aus seinem
Sehen ein Beobachten wurde. Ein typisches Beispiel dafür findet sich im
folgenden Bild von Kertesz, Ernest (Paris 1931, 82), das einen Buben in
kurzer Hose neben seiner Schulbank zeigt. Hinten an der Wand hängen

Mäntel. Ein Ellbogen des Buben ruht in fast erwachsen wirkender Haltung auf der Schulbank. Ein Wissen liegt im Blick des Buben, der den Fotografen und damit den Seher einfängt. Hinter ihm sitzt eine Schülerin allein in einer Bank. Sie scheint ebenso zum Publikum zu gehören, wie alle, die das Foto ansehen. Das alles veranlaßt Barthes über *"das unerbittliche Aussterben der Generationen"* nachzudenken.

"Es ist möglich, daß Ernest heute noch lebt: aber wo? wie? Was für ein Roman!"

Dieser gedankliche Dialog führt ihn unausweichlich zu seiner eigenen Sterblichkeit. Wir, die aus den Scheuklappen der Beobachtung ausbrechen wollen, brauchen wahrscheinlich einen ähnlichen Aufmerksamkeitsfokus, etwas, das uns zu einem eher meditativem Umgehen mit dem Beobachtungsgegenstand veranlaßt.

Im folgenden Kommentar sieht sich Maxine Wood, eine Hauptschullehrerin, auf einer Videoaufzeichnung. Plötzlich wird sie sich ihrer Rolle wie in einem lebendigen Bild bewußt:

> *"Das Video meiner Klasse zeigt, daß ich sehr oft, wenn ein Kind mir sein Arbeitsbuch mit einer fertigen Arbeit bringt, ich das Heft nehme und eine Art physischer Kontrolle darüber ausübe. Das Eigentum der Arbeit wurde so auf mich übertragen. Jetzt mache ich es so, daß ich gemeinsam mit dem Kind die Arbeit ansehe, während das Kind seine Arbeit in der Hand hält ..."* (Wood 1989, 82)

Hier ist das "punctum" die plötzliche Beobachtung eines Selbstbildes, wie es im Alltag agiert. Dieses Bild wird nun festgehalten durch die Selbstwahrnehmung, und es wird ihm eine Bedeutung verliehen, die die Lehrerin zuvor noch nie dieser Handlung zugeschrieben hatte. Eine Handlung, die sie sicher unzählige Male in ihrem Lehrerdasein ausgeführt hatte.

Das ist im wesentlichen ein *induktives* Herangehen an Beobachtung. Es bedeutet, daß die Beobachtung zum Werkzeug wird, mit dem Verstehen aus dem Forschungsfeld entwickelt wird. Der alternative, *deduktive* Einsatz von Beobachtung in der Forschung bestünde darin, über das Forschungsfeld einen Bedeutungsrahmen zu stülpen, der die Beobachtung leitet. Quantitative Forschung verläßt sich auf solche Rahmen. Indem der Forscher die "Items" klassifiziert, die er auf einer Checkliste einfangen will, bevor er sich in die soziale Welt begibt, kann er Belege und Beweise sammeln: Jedesmal, wenn das gesuchte Verhalten eintritt, macht er dafür einen Strich (vgl. Kapitel 5).

Eine Möglichkeit, den Unterschied zwischen diesen beiden Ansätzen, die beide innerhalb eines spezifischen Forschungskontexts ihre Berechtigung haben, zu erklären, ist die, das folgende Beobachtungs-Dilemma zu lösen:

Wie würden wir Fußballrowdies während eines Fußballspiels beobachten und über deren Verhaltensmuster berichten?

Ein deduktives Vorgehen mit vorgegebenen Beobachtungskategorien würde voraussetzen, daß wir Rowdies aufgrund ihres Erscheinungsbildes erkennen können. Wir würden sie dann beobachten und festhalten, was sie im Schilde führen. So ein Kategoriensystem würde sicherlich das Tragen von T-shirts mit zerrissenen Ärmeln auch bei milden Wintertemperaturen beinhalten, kurzgeschorene Haare, Levis Jeans, Doc Martens-Schuhe etc., etc. Dieses verbreitete Image erhielt jedoch einen "punctum"artigen Schlag, als Überwachungskameras der Polizei enthüllten, daß die Hauptanstifter von Gewalt bei Fußballspielen junge, gut gekleidete Berufstätige waren. Damit es aber BeobachterInnen möglich ist, dieses Phänomen zu entdecken, müßte die stereotype Beschreibung von Fußballrowdies aus ihrem Gedächtnis entfernt worden sein. Die Klassifizierung von "Rowdie-Typen" würde offene Beobachtung in Fußballstadien voraussetzen. Gestützt auf unsere eigene Erfahrung und unter Verwendung des Kriteriums "gewaltsame Störung" statt "Erscheinungsbild" für eine offene Beobachtung, hätten wir ein interessantes Spektrum an Daten gesammelt. Weiters hätten wir Polizisten, Aufseher, Spieler und verschiedene Typen von Zusehern in unser Beobachtungsdesign aufgenommen.

Über diesen illustrativen Umweg kommen wir zum Kern der rätselhaften Überschrift dieses Kapitels: "*Die Innenseite von außen oder die Außenseite von innen beobachten?*" Wir werden uns damit noch ausführlicher im nächsten Kapitel beschäftigen, wenn wir über die Ethik der Beobachtung sprechen. Was wir aber an dieser Stelle klären müssen, ist die Frage, welcher allgemeine Beobachtungsstil für eine spezifische Aufgabe am besten geeignet ist. Das Beobachtungsproblem beim Identifizieren von Fußballrowdies zeigt, daß Entscheidungen zu Beobachtungsbeginn einen bedeutenden Einfluß auf die Ergebnisse am Ende des Forschungsprozesses haben können.

Beobachtungen können daher nach Barthes so gemacht werden, daß man sich die gesammelten Belege ansieht und dann versucht, das Bedeutende vom Unbedeutenden innerhalb dieser Belege zu unterscheiden. Entscheidungen über Bedeutsamkeit können aber auch *vor* der Beobachtung gemacht werden. Die Belege dazu werden dann eher *ausgewählt* als gesammelt. Dieser Diskurs ist interessant, leider ist er aber getrübt dadurch, daß ForscherInnen angeben, induktiv zu forschen, gleichzeitig aber ihre Beobachtungen innerhalb eines hypothetisch-deduktiven Rahmens vornehmen. Es wäre unsinnig, vorzuschlagen, daß wir beim Eintreten in das Forschungsfeld das Wissen um die Bedeutung dieser diskrepanten Forschungshypothesen ausschalten sollen. Es ist jedoch durch entsprechende Ausbildung und Erfahrung möglich, beiden Ansprüchen gerecht zu werden, und einmal die Beobachtung auf einen Ausschnitt zu konzentrieren, dann wieder quasi mit einem Weitwinkelobjektiv zu beobachten. Für den Beobachter bleibt jedoch das Problem, daß er um so eher das Bedeutende verfehlt, je weiter er den Blickwinkel öffnet. Der Grund dafür ist einfach: Je mehr wir über unsere Sinne aufzunehmen versuchen, desto größer ist die Vielfalt von Signalen, die unser Gehirn erreicht und je mehr müssen wir auswählen, um den Signalen Sinn zu geben. Ob dabei das Gehirn tatsächlich über sieben Kanäle gleichzeitig Informationen verarbeiten kann, ist für die sozialwissenschaftliche Beobachtung nicht so wichtig. Der Beobachtungsfokus funktioniert nicht so, wie ein Fluglotse, der sieben Flugzeuge hintereinander landen läßt, sondern eher so wie ein komplexer Strang von farbigen Fäden, die miteinander verschlungen sind, die Harmonien, Dissonanzen, Reibungen, Verschmelzungen und Kontraste erzeugen, und die alle in einer anderen Frequenz schwingen. Kein Wunder, daß der Beobachter sich da lieber, sagen wir, auf die Farbe rot innerhalb des Frequenzbereichs der C-Tonleiter konzentriert.

Was können wir durch Ausbildung erlernen? Sicherlich, wie man die Blickweite vergrößert. Möglicherweise auch die Fähigkeit zum "passiven Engagement", wo Geräusche und Gerüche das Gehirn überfluten dürfen und eine Art von induktiver Interpretation stattfindet.

"Dennoch herrscht im Kernbereich der Psychopathologie ein grundlegendes Durcheinander vor zwischen dem Selbst als Objekt und dem Selbst als reines Subjekt. Gefühle, Gedanken, Impulse und Empfindungen machen den Inhalt unseres Bewußtseins aus: Wir sind uns ihrer Existenz bewußt und können sie belegen. Ebenso sind unser Körper, das Selbstbild und das Selbstkonzept nur Konstrukte, die wir beobachten. Aber die Hauptquelle des Wissens über unsere Existenz – das "Ich" – ist im Bewußtsein selbst lokalisiert, nicht in dessen Inhalten." (Deikman 1982, 10)

Diese Überlegungen stellen eine Verbindung her zur Darstellung von Herrigel (1972), wie man mit Hilfe des Zen-Meisters die Kunst des Bogen-
schießens erlernt. Er spricht von einem Ziel, das den Pfeil abschießt, ihn in
sich selbst hineinzieht, als Symbol in einem spirituellen Sinn:

> *"Und folglich meint er, wenn er von der Kunst des Bogenschießens
> spricht, nicht die Fähigkeit des Sportlers, die durch körperliche
> Übungen mehr oder weniger kontrolliert werden kann. Er meint damit
> vielmehr eine Fähigkeit, deren Ursprung in spirituellen Übungen
> gesucht werden kann und deren Ziel darin besteht, ein spirituelles Ziel
> zu treffen. Dabei zielt der Schütze im wesentlichen auf sich selbst und
> kann dabei sogar sich selbst erfolgreich treffen."* (a.a.O., 14)

BeobachterInnen können ihre Wahrnehmungsfähigkeit so erweitern, daß
sie mehr von dem, was sich außerhalb des normalen Bewußtseinszustands
ereignet, aufnehmen: BeobachterInnen können lernen, gegenüber Daten
weniger selektiv zu sein und gegenüber ihrem Beobachtungsfeld eine nai-
vere Haltung einzunehmen. Ebenso können sie lernen, sich von dem
Begriff "bedeutungsvolle Daten" zu verabschieden. Dabei mag folgende
Vorgehensweise hilfreich sein: In der ersten Phase eines Forschungsprojekts
sollten BeobachterInnen eher unstrukturierte Beobachtungsstrategien einsetzen, im weiteren Verlauf des Forschungsprozesses sollten sie dann mehr
fokussiert beobachten, wenn sie von der Bedeutsamkeit von Phänomenen
überzeugt sind.

In beiden Forschungsphasen ist die Beobachtung dann am effektiv-
sten, wenn der Beobachter sich in seiner Rolle nicht bedroht, sondern sich
wohl fühlt. Welche Tricks dabei nützlich sein können, werden wir im nächsten Kapitel verraten. Soviel sei aber hier schon gesagt: Ein Beobachter, der
sich frei und ungezwungen fühlt, strahlt dieses Gefühl auch auf die Beobachtungssubjekte aus. Um das zu erreichen, muß der Beobachter fest überzeugt sein, daß alle Ereignisse, deren Zeuge er ist, wichtig sind.

Es ist bekannt, daß Forscherneulinge Einschränkungen in Kauf
nehmen müssen. Klassenzimmer, Krankenstationen, Büros oder Produkti-
onsstätten öffnen sich nicht leicht für Beobachter und erscheinen einmal
klar und durchsichtig, das andere Mal unklar und undurchsichtig. Lehrer-
Innen, SchülerInnen, KrankenpflegerInnen, PatientInnen oder Polizeiper-
sonal sind sprunghaft wechselnde Variablen, keine Konstanten, die man als
sichere Basis für die Verhaltensbeobachtung hernehmen könnte. Ereignisse

erscheinen meist idiosynkratisch oder als Einzelfälle. Kausalbeziehungen lösen sich mit der Zeit auf. Wenn man mit einer bewährten Theorie das Forschungsfeld betritt, hat man oft das Gefühl, für einen wichtigen Anlaß unzureichend oder zu gut gekleidet zu sein. Oft schwimmt man dahin, kann wegen der ungeheuren Vielfalt von Eindrücken nichts aufnehmen. Für viele ist die Ethnographie daher eher ein Ertrinken als ein Wellenreiten.

Ich (Jack Sanger) erinnere mich an meine Forschungen in London, hunderte Kilometer von meiner Forschungsbasis entfernt, als eine Art von "immersus interruptus" (unterbrochenem Eintauchen): Stellen Sie sich Malinovski[5] vor, der alle drei Tage von seinen Inseln zurückkommt, um Proviant zu holen.

In diesen Anfangsphasen meiner Forscherlaufbahn ereignete sich eine Art von Mutation dessen, was ich mir als Forschungsfeld vorstellte. Ich führte Beobachtungen, Interviews, informelle Gespräche durch, verfaßte Dokumentationen und Datenanalysen. Einiges war vorher ausgehandelt worden, vieles nicht. Ich fühlte mich als Opportunist, da ich vielleicht schon bald das Feld verlassen mußte. Ich begann, Bemerkungen von Leuten absichtlich zu überhören. Ich ertappte mich dabei, wie ich einem Nebengeschehen mit großem Interesse folgte, obwohl es für meine Forschung keine Bedeutung hatte. Warum ließ ich dieses Ausrutschen zu? Es gab Zeiten, wo ich mich als Ethnomethodologe fühlte, wenn z.B. LehrerInnen mir ihre Projekttagebücher oder ihre Stundenpläne erklärten. Manchmal erschienen mir meine Forschungen eher ethnologisch, besonders dann, wenn ich nach längerer Pause wieder ins Feld eintauchte und der Lehrkörper meine Existenz vergessen zu haben schien. Es gab sogar Momente von sog. "Kennerschaft"-Forschung" (vgl. Eisner 1972) in Bühnenspiel-Stunden, wenn LehrerInnen und SchülerInnen als Teil eines totalen Dramas das Stück nur für ein "Ein-Mann-Publikum" spielten. Nicht-teilnehmende Beobachtung verwandelte sich dann gelegentlich in aktive Teilnahme.

Einigen meiner Studienkollegen ging es noch schlechter. Ich konnte zumindest Daten sammeln und fand Trost in Stapeln von Interview-Transkripten und Beobachtungsaufzeichnungen. Für die anderen jedoch, die

---

5   Bronislaw Malinovski (1884–1942) war ein bekannter Sozialanthropologe, der sich lange Zeit auf unerforschten Südseeinseln aufhiel und durch teilnehmende Beobachtung neue Erkenntnisse über Gesellschaftssysteme, Sexualverhalten und kulturellen Wandel von sog. Primitivkulturen gewann.

keinen Unterschied erkannten zwischen Daten und Text und die in ihren Forschungen nichts vom Wesen der Bedeutsamkeit entdeckten, wurde das Forschungsfeld zur fühlbaren Angstquelle.

Wie kann man diesen Prozeß des Eintretens ins Forschungsfeld leichter machen? Wie kann sich der Forscherneuling mit sinngebender Beobachtung zum frühest möglichen Zeitpunkt vertraut machen?

3.1 Der Schlüssel zum Eintritt

Das folgende Diagramm entwarf ich für einen Kurs zur Curriculumentwicklung an der Open University. Es zeigt die Logik des Prozesses, mit dem man sich in den Kern eines Forschungsprojekts "hinein-beobachtet" aus der Sicht des Auges. Von dem Augenblick an, da man sich den Zugang zum Feld ausdenkt und aushandelt, kann jeder Weg darin sich als bedeutend herausstellen. Beispielsweise ist es erforderlich, bereits beim Aushandeln des Zugangs zur Erforschung des Verhaltens von Personen, die über sie vorhandenen reichhaltige Informationen zu beachten. Diese können in Form von Dokumenten, von architektonischen Aspekten ihres Arbeitsplatzes vorliegen, oder können sich auf ihre Lebens- und Arbeitsmuster und ihre vorgefaßten Meinungen beziehen.

Es gibt zwei unterschiedliche Ansichten darüber, wieviel an Vorinformationen und Erwartungen man vor Eintritt in das Forschungsfeld zur Hand haben sollte. Die einen fühlen sich erst sicher, wenn sie so viel wie möglich über ihre Forschungssubjekte wissen. Dies kann einerseits zur Bildung von Vorurteilen führen, sie aber andererseits als Experten glaubwürdig machen. Viel Wissen kann die unbewußte Theoriebildung und damit auch das Bilden von vorgefaßten Ansichten über das Forschungsgebiet fördern. Andererseits, wenn man sich nur für kurze Zeit im "Gelände" aufhält, ist das Vorwissen die einzige Möglichkeit, zu bestimmen, was man beobachten und welche relevanten Fragen man stellen will. Je länger man für die "Feldarbeit" Zeit hat, um so weniger Vorinformationen braucht man sich anzueignen. ForscherInnen können dann mit einer offenen Haltung ein Gefühl für Menschen und Themen entwickeln und sich allmählich ein Wissen aneignen, das darauf aufgebaut ist, wie die Akteure selbst ihr Wissen konstruieren. Es hängt somit ganz von der Art der Forschung ab, ob die Forschungsthemen bereits zu Beginn feststehen, wie es z.B. in der Evaluationsforschung sinnvoll sein kann, oder ob die Themen selbst erst Teil des Ergebnisses sind, wenn man z.b. herausfinden will, warum die Leistung in einer Institution unter den Erwartungen liegt. Es wäre zu naiv vorzuschlagen, Forscher sollten ihre Vor-Einstellungen beim Eintritt ins Forschungsfeld abgeben. Viel wichtiger ist, daß sie ihr Vorwissen und ihre vorgefaßten Meinungen durch kritische Selbstprüfung klar artikulieren können. Dies kann für einige bedeuten, daß sie ihre Neigungen zu unbewußten Vorurteilen zu Forschungsbeginn in den Griff bekommen, indem sie diese in ihr Forschertagebuch schreiben. Vorurteile können aber auch als Hypothesen, die man prüfen muß, aufgefaßt werden. Sie verlieren dann ihr Potential als Quelle unbewußter Kontamination.

Forschungsdesigns, die auf dem Überprüfen von Hypothesen aufgebaut sind, eignen sich vor allem für Personen, die sich schwer tun, mit all den Vieldeutigkeiten von offenen Forschungsaufgaben fertig zu werden.

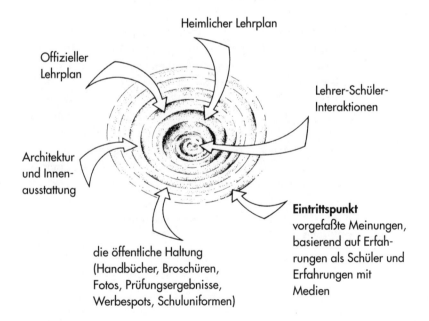

Heimlicher Lehrplan

Offizieller Lehrplan

Lehrer-Schüler-Interaktionen

Architektur und Innenausstattung

die öffentliche Haltung (Handbücher, Broschüren, Fotos, Prüfungsergebnisse, Werbespots, Schuluniformen)

Eintrittspunkt
vorgefaßte Meinungen, basierend auf Erfahrungen als Schüler und Erfahrungen mit Medien

3.2 Persönliche Vorbereitung

Vergewissern Sie sich, daß sie auf alle Eventualitäten vorbereitet sind. Dazu gehören passende Notizblöcke, genügend Bleistifte oder Kugelschreiber, aufgeladene Kameras und Kassettenrecorder, sowie das Wissen, wie man sie handhabt (vgl. Kapitel 7).

Nun zur Kleidung: Sind sie so angezogen, daß Sie in dem Milieu, in dem Sie forschen wollen, nicht auffallen? Sind Sie in der Lage, im Umgang mit Autoritätsfiguren (Direktoren, Betriebsleitern, etc.) und Forschungssubjekten (SchülerInnen, Rückfälligen, etc.) den entsprechenden Umgangsstil zu wählen? Haben Sie für Ihren ersten Kontakt mit der Institution, in der Sie als ForscherIn auftreten wollen, einen günstigen Termin vereinbart und werden von jemandem empfangen, so daß nicht alle Sie argwöhnisch beäugen? Oder ist es besser, etwas früher zu kommen, herumzustreifen, das Ethos der Institution herauszufinden, Anschlagtafeln zu lesen und so nebenbei mitzuhören, was die Leute sagen, bevor sie wissen, wer Sie sind? Wofür Sie sich entscheiden ist auch wiederum abhängig vom Forschungsdesign.

Haben Sie immer eine Erklärung parat, warum Sie hier sind, was Ihre Verfahrensprinzipien sind (Kapitel 4) und seien Sie in der Lage, eine knappe, nicht-wertende Zusammenfassung Ihrer eigenen Auffassung zu geben. Je weniger Sie verraten, was Sie bereits wissen oder zu finden meinen, desto besser. Viele Leute, die Sie als ForscherIn treffen, müssen erst über Zugänge zur Forschung aufgeklärt werden. Sprechen Sie nur über das Forschungsvorhaben, halten Sie sich sonst zurück und beobachten Sie genau. Gewöhnen Sie sich an, Beobachtungen sofort und unauffällig zu notieren, warten Sie nicht auf später. Man kommt sich zuerst komisch vor, vor allem, wenn man von Leuten umgeben ist; sie sollten sich aber dennoch nicht beirren lassen.

Trennen Sie dabei Tatsachen und Fakten von Einsichten, Erklärungen und Interpretationen.

3.3 Postskriptum

Ein Mann beobachtet, wie sein Hund das Lieblingskaninchen der Nachbarskinder in die Luft wirft und wieder auffängt. Er eilt herbei, findet aber das Kaninchen nur mehr schmutzig, blutend und tot an. Er überlegt blitzschnell, nimmt das Kaninchen ins Haus, wäscht und trocknet es mit einem Föhn und legt es wieder in den Hasenstall. Später am Abend trifft er den Vater der Kinder. Dieser ist sehr aufgebracht: *"Stellen Sie sich vor, das Kaninchen meiner Kinder starb heute morgen, und ich habe es begraben. Als ich von der Arbeit zurückkam, war dieses blöde Tier wieder im Stall!"*

Warum finden wir diese Geschichte lustig? Vermutlich, weil wir erkennen, daß ein äußeres Erscheinungsbild trügerisch sein kann, daß sich die Beobachtung auf zusätzliche Belege stützen muß und daß wir unter Umständen zu rasch mit Theorien zur Hand sind, um Ereignisse zu interpretieren, die wir zunächst für unwiderlegbare Tatsachen halten.

War der Hundebesitzer hier nun Teil des Geschehens, oder befand er sich außerhalb? Oder war es beides? In der folgenden Episode stellt sich dasselbe Problem für den Beobachter. Als uns ein frisch ernannter Schulleiter diese Geschichte über das Trügerische an sogenannten Beweisen und darauf basierenden Entscheidungen in einem Seminar erzählte, schüttelten sich die Teilnehmer Minuten lang vor Lachen:

"Ich verbrachte einen Teil meiner Osterferien damit, mich in meiner neuen Schule umzusehen. Ich wollte bei meinem Lehrkörper einen guten Eindruck hinterlassen, einen neuen Start setzen nach Jahren des Kräfteschwunds. Ich dachte mir, daß ich zwei Dinge tun könnte, bevor die KollegInnen von den Osterferien zurückkommen: Ich könnte das schäbige Mobiliar im Konferenzzimmer austauschen, und ich könnte etwas gegen die Tauben tun, die im Umkleideraum der SchülerInnen nisteten und die Kleider vollklecksten. Die erste Veränderung war leicht. Ich kaufte auf einer Auktion einige nette, bequeme Stühle und einen Teppich und verbrannte das alte Mobiliar. Das Taubenproblem war dagegen schwieriger zu lösen. Nach mehreren vergeblichen Versuchen sagte mir der Gesundheitsinspektor, daß ich die Tauben erschießen müßte, da sie sonst immer wieder mit den SchülerInnen zu ihrem Nistplatz kämen. Ich erledigte das. Am Morgen des ersten

Schultags nach Ostern kamen zwei Abordnungen zu mir, die eine von den Eltern, die andere vom Lehrkörper. Die Eltern waren bestürzt, weil die beiden Schultauben, Else und Georg, die die Kinder großgezogen hatten, verschwunden waren. Die LehrerInnen waren bestürzt, weil die Stühle, die sie aus ihren eigenen Wohnungen mitgebracht hatten und die für sie einen hohen gefühlsmäßigen Wert darstellten, plötzlich verschwunden waren! (Zum Schutz der Anonymität haben wir die Namen der beiden Tauben geändert)."

Außerhalb zu stehen kann dazu führen, daß man die Bedeutung, die Personen Ereignissen, Menschen und Gegenständen ihrer Lebenswelt beimessen, nicht versteht. Am Geschehen teilnehmen kann dem Beobachter die Möglichkeit bieten, dort etwas zu verändern und die Außenwelt davon zu informieren. Kann, wohlgemerkt! Der Schuß kann auch nach hinten losgehen! Erinnern Sie sich an die bekannten anthropologischen Seminartexte von Margret Mead über Samoa? Angeblich haben die Bewohner von Samoa selbst diese Ergebnisse entwertet. Sie hätten angegeben, daß sie die Anthropologin absichtlich während ihres langen Aufenthalts bei ihnen hineingelegt hätten. Aber dann ...

Kapitel 4

Die Ethik beim Eintritt ins Forschungsfeld

Stellen Sie sich vor, Sie befinden sich in ihrer vertrauten Arbeitsumgebung: Sie stehen vor Ihrer Klasse oder sitzen in einer Kommission, die Sie leiten, oder Sie interviewen gerade einen neuen Kollegen. Während Sie immer mehr Teil des Geschehens mit seiner impliziten oder expliziten Tagesordnung werden, spüren Sie plötzlich, daß Sie eine weibliche Person, die Ihnen nicht vorgestellt wurde, mit durchdringendem Blick anstarrt und Sie dadurch ablenkt. Darüber hinaus bemerken Sie, daß diese Person einen Kassettenrecorder laufen hat und Notizen macht. Welche Fragen gehen Ihnen jetzt durch den Kopf? Vielleicht einige der folgenden – und andere?

> "Wer ist das?"
> "Wer hat ihr erlaubt, da zu sein?"
> "Zum Teufel, was habe ich bisher gesagt?"
> "Für wen arbeitet sie?"
> "Welchen Reim macht sie sich aus all dem hier?"
> "Was macht eine Beobachterin wie Sie hier?"

Sie werden von starken Gefühlen, wie Unbehagen, Entrüstung, Schuld, Angst, überflutet. Was tun Sie? Stellen Sie sie mit Verärgerung zur Rede? Sie könnte mit Zustimmung eines Vorgesetzten hier sein. Verkürzen Sie rasch die Sitzung? Das könnte sich negativ für ihr professionelles Image auswirken. So tun, als ob nichts wäre? Aber Sie sind der Meinung, daß diese Sitzung privat und vertraulich ist. Sie sind in einem Dilemma. Vielleicht beeinträchtigt das unter Umständen ihr sonst kompetentes Verhalten. Sie verlieren den Faden, beginnen zu stottern und so weiter.

Diese Episode ist nicht so weit hergeholt wie Sie vielleicht denken. Als Forscher befindet man sich oft in Situationen, in denen Leute über die bevorstehende oder tatsächliche Anwesenheit eines Beobachters nicht informiert sind. Das kommt vor allem in streng hierarchisch gegliederten Institutionen, wie Schulen, Krankenhäusern und Polizei, vor, in denen die MitarbeiterInnen von einer tief verwurzelten Überzeugtheit in die eigene Autorität und in die Unterordnung von KollegInnen unter diese Autorität geprägt sind. Eine einfache Erklärung würde jedem die Chance geben, sich auf das Eindringen in ihre Arbeitswelt vorzubereiten. Statt dessen muß man jeder Person, mit der man in Kontakt tritt, sich selbst, seine Arbeit, seine ethischen Prinzipien und methodische Vorgangsweise vorstellen. Es gab auch Situationen, z.b. in London Mitte der 80er Jahre, wo eine einfache Erklärung meiner (Jack Sangers) Anwesenheit nicht genügte: Als ich die Sichtweisen von jungen "Skinheads" erfassen wollte, mußte ich mir die Haare ziemlich kurz schneiden und Jeans tragen. Der Schlüssel zum erfolgreichen Eintritt in die Welt der Skinheads lag jedoch in meiner Freundschaft zu einem ihrer Gruppenmitglieder.

"Dieser Mensch ist ein Forscher. Er ist OK."

Das Problem für jeden Beobachter ist, daß allein schon seine Anwesenheit den Beobachteten deutlich macht, daß ihr Arbeits- und Privatleben auch eine öffentliche Dimension besitzt.

Die Fragen, die wir zu Beginn dieses Kapitels über die fremde Dame gestellt haben, machen deutlich, daß Personen sich auch dann beunruhigt fühlen, wenn sie über die Absichten eines anwesenden Beobachters informiert sind. Es ist daher wichtig, sich zu fragen, wie der Zugang zu einem Beobachtungsfeld am besten ausgehandelt werden kann, und ob dieses Aushandeln eher die Datenqualität erhöht oder die Forschungen behindert. Wann ist es besser, *verdeckt* und wann *offen* zu forschen?

In den meisten Situationen ist es angebracht, beim Aushandeln einer Beobachtung auch die unwahrscheinlichsten Aspekte zu berücksichtigen. Berechtigterweise sind die meisten Menschen sehr besorgt, daß Beobachtungsdaten auch ihre Fehlleistungen zum Vorschein bringen und daß sie möglicherweise dadurch ihren Job, ihren Projektauftrag oder ihre Finanzierungsquelle verlieren könnten. Je umfassender man daher die Beobachtungsbedingungen aushandelt, desto eher werden sie die Anwesenheit eines Beobachters akzeptieren. Im folgenden haben wir einige typische Verfah-

rensweisen zusammengestellt, die wir mit LehrerInnen für die Unterrichtsbeobachtung entwickelt haben. Nähere Hinweise über die Entwicklungsar-
beit sind im Kapitel 9 beschrieben.

Allen PraktikerInnen ist gemeinsam, daß sie ihre traditionelle Autonomie am Arbeitsplatz durch Beobachtung bedroht fühlen. Sie wissen, daß
es schwierig ist, ihre Ziele in der Zusammenarbeit mit anderen Menschen
zu erreichen. Sie wissen, daß durch Beobachtung Schwächen und Fehler
aufgedeckt werden können. Sie wissen aber auch, daß zeitlich gleiche
Arbeitssituationen sich dennoch nicht vergleichen lassen: Kinder, Patienten
und andere Beobachtungssubjekte sind stark schwankende Variablen, die an
einem Tag die Bedeutung von Ereignissen verstehen und am anderen Tag
sich stur weigern, diese Bedeutung zu akzeptieren. PraktikerInnen wissen
auch, daß ihr instinktives Handeln in Alltagssituationen durch die Anwesenheit eines Fremden stark beeinträchtigt wird. Sie wissen weiters, daß ihre
eigenen emotionalen Befindlichkeiten, ihre Moralvorstellungen und die
professionelle Kultur in der sie arbeiten, aber auch die jeweiligen Befindlichkeiten ihre Klienten all ihre Bemühungen behindern können. Welche
ethischen Prinzipien müssen daher bei der Beobachtung eingehalten
werden, wenn man den Beobachteten unter diesen Umständen Fairness,
praktische Relevanz und Genauigkeit bieten will?

Das folgende Beispiel bezieht sich auf die Beobachtung im Rahmen
der beruflichen Weiterentwicklung von professionellen PraktikerInnen:

> ### Verfahrensprinzipien für die Beobachtung am Arbeitsplatz
>
> Alle Beobachtungsdaten, die über Aktivitäten am Arbeitsplatz gewonnen werden, sind als vertraulich zu betrachten, außer es wurden Ausnahmen vorher vereinbart. Die Hauptverantwortung für und die Kontrolle über diese Aktivitäten und deren Konsequenzen liegt beim Beobachteten. Die Beobachtung soll durch den Beobachteten und nicht durch den Beobachter gesteuert werden.
>
> Die Beobachtung am Arbeitsplatz erfordert das Aushandeln folgender Punkte zwischen BeobachterInnen und PraktikerInnen:
>
> - Festlegen und Verfeinern des Beobachtungsschwerpunktes im Bereich des Arbeitsplatzes in offener Kommunikation.
> - Gemeinsames Erkunden der verwendeten Beobachtungsmethoden für die Datengewinnung.
> - Festlegen der Anwesenheit, des Status und des Verhaltens des Beobachters.
> - Planen des Feedback-Termins nach der Beobachtung.
>
> Die Beobachteten sind die Eigentümer aller Daten und Produkte der Beobachtung (Notizen, Bandaufzeichnungen, Checklisten) und können diese auch vernichten, wenn sie wollen.
>
> Die Beobachtung soll in einem offenen Klima professionellen Vertrauens durchgeführt werden, mit der Überzeugung, daß sie das Wissen über die Arbeit der Professionellen verbessern kann.

Aus diesem Beispiel wird deutlich, daß die Beobachtung durch Verfahrensprinzipien (Protokolle) geleitet wird, die den möglichen Schaden für die Beobachteten auf ein Minimum reduzieren. Entscheidend ist dabei, daß durch diese Protokolle die Autonomie der Beobachteten gesichert ist und daß für PraktikerInnen die Möglichkeit besteht, selbst die Kriterien für professionelle Entwicklung und Veränderung zu bestimmen.

Wenn der Beobachtungsanlaß jedoch nicht die berufliche Weiterentwicklung, sondern ein Forschungs- oder Evaluationsprojekt ist, müssen dann die Verfahrensprinzipien geändert werden?

Das folgende Beispiel aus einem Protokoll eines Evaluationsprojekts (Norris/Sanger 1984) zeigt, daß nicht so sehr die Autonomie als vielmehr das Selbstinteresse und der Schutz der Würde der TeilnehmerInnen im Mittelpunkt der Verfahrensprinzipien stehen:

Vertraulichkeit

(1) Alle Daten, gleichgültig ob aus Interviews, Beobachtungen, Sitzungen, mündlichen oder schriftlichen Interaktionen, werden als öffentlich betrachtet. Die Betroffenen haben jedoch die Möglichkeit, Aussagen zu korrigieren und in bestimmten Situationen die Weitergabe der Information zu verbieten oder einzuschränken.

(2) Eindeutig identifizierbare Aussagen, Zitate, Meinungen und Urteile werden nur mit Zustimmung der Personen, die sie gemacht haben, veröffentlicht.

(3) Allgemeine Informationen über Erfahrungen von individuellen Personen oder Institutionen, deren Anonymität gesichert ist, werden ohne Zustimmung der Quelle, aus der die Information stammt, veröffentlicht.

(4) Das Evaluationsteam anerkennt die Tatsache, daß die Validität der Berichte, die es verfaßt, entscheidend von der Unterstützung der Teilnehmer abhängt. Das Team verpflichtet sich daher, jede Gelegenheit zu nützen, um zwischen der Zeit der Datenerhebung und der Berichterstattung, die Genauigkeit, Fairness und Relevanz ihrer Berichte mit denjenigen zu überprüfen, von denen die Daten gewonnen wurden.

(5) Auf die Prinzipien der Vertraulichkeit und des Aushandelns kann man sich nicht berufen, um Evaluationsberichte zu blockieren oder um wichtige Forschungsthemen anläßlich einer Projektpräsentation auszuklammern.

Zugang zu Daten und deren Freigabe

(1) Die Evaluation wird sich nur so weit Zugang zu Personen und ihren Arbeitsplätzen verschaffen, als dies den Betroffenen zugemutet werden kann.

(2) Personen, von denen Daten erhoben wurden, haben die Gelegenheit, zur Fairness, Genauigkeit und Relevanz des schriftlichen
Berichts Stellung zu nehmen. Diese Kommentare werden dann im
Regelfall in den Bericht eingearbeitet. Sollte es aus triftigen Gründen
nicht mehr möglich sein, einen fertigen Bericht zu ändern, würden
die Kommentare auf jeden Fall im Anhang aufscheinen! Die Veröffentlichung des Evaluationsberichts erfolgt in Phasen, so daß durch
das Einarbeiten von kritischen Rückmeldungen und Verbesserungs-
vorschlägen die Qualität des Berichts gehoben werden kann.

In diesen Verfahrensprinzipien spiegelt sich deutlich die Intention wider,
die Evaluation unabhängig zu machen: Einflüsse mächtiger Interessengruppen werden von vornherein nicht zugelassen. Das zeigt sich darin, daß
methodologische Aspekte nicht zum Gegenstand des Aushandelns gemacht
werden und jede mögliche Mehrdeutigkeit oder Erkenntniswillkür ver-
mieden wird. Einerseits stützt man sich hier stark auf das Modell "demo-
kratischer Evaluation" von MacDonald (1977), andererseits bleibt man aber
in Grundsatzfragen hart. Wittgenstein (1953) hätte seine Freude gehabt mit
den Sprachspielen und der Lebensform, die hier zum Ausdruck kommen.
Das Festlegen von Regeln zur Klärung der Machtbeziehungen zu Forschungsbeginn erscheint hier als beispielhaft. Dennoch würde Wittgenstein
ernste Fragen stellen: Wurde das hier festgelegte Verfahrensmanifest auch
wirklich von allen Beteiligten so gut verstanden, daß es mehr als nur symbolische Bedeutung hat?

Dazu ein Beispiel: Die Regel, "etwas ist nicht für die Öffentlichkeit
bestimmt", ist bei einer Evaluation kaum einzuhalten. Letztlich ist alles
öffentlich, was aufgezeichnet wird. Dennoch würde sich jeder von uns
scheuen, das so in das Protokoll aufzunehmen. Es impliziert eine Ausführ-
lichkeit, die wir nicht einlösen können. Es ermöglicht uns, Bedeutsamkeit
aus der Datenfülle herauszufiltern mit all ihrer Mehrdeutigkeit und Unge-
wißheit, so daß wir vorgeben können, der nicht berücksichtigte Datenrest
ist das Ergebnis sorgfältiger Abwägungen. Eine post-strukturalistische Kritik
an dieser Vorgangsweise würde darauf hinweisen, daß die Verfahrensproto-
kolle nur dazu dienen, eine Erzählstruktur ohne Rand und ohne Auslas-
sungen zu erzeugen, damit der Text die ganze Seite füllt. Die großartige
Erzählung, die keine Alternativen zuläßt. Die Tatsache, daß die Beteiligten

aufgefordert werden, die Erzählung zu verbessern, verstärkt die Auffassung, daß es nur eine, alles überlagernde Geschichte zu erzählen gibt. Und diese Geschichte hat der Evaluator aus dem Mund und den Augen der anderen konstruiert. Der Hinweis, daß Fairness, Genauigkeit und Relevanz die Beziehung zwischen Evaluator und Evaluierten gestalte, verdeckt nur eine autoritäre Absicht. Das folgende Zitat Foucaults, mit dem sich Rouse (1994) ausführlich auseinandersetzt, veranschaulicht das:

"So etwas wie Wahrheit, die unabhängig ist von ihrer Herrschaft, kann es nicht geben, außer es ist die Herrschaft eines anderen Systems. Daher stellt die Befreiung im Namen der Wahrheit nur die Substitution des einen Machtsystems durch ein anderes dar." (a.a.O., 104)

In den Punkten 2 und 3 des Protokollbeispiels von Norris/Sanger findet sich ein wirkungsvoller Nachweis von Machtausübung auf Kosten der Subjekte der Evaluation. Das Anonym-Machen von Berichten und/oder die Generalisierung von Erfahrung sind offensichtlich der Versuch, die Geschichte nach expliziten oder impliziten Kriterien umzuschreiben. Das Auslöschen der Erfahrung und der Standpunkte von einzelnen Personen hat einen totalitären Beigeschmack.

Im Protokoll "Zugang zu Daten und deren Freigabe" stehen Begriffe, wie "zumutbar", "Fairness", "Genauigkeit" und "Relevanz", neben der Möglichkeit, daß die Evaluierten im offiziellen Bericht eine kritische Stellungnahme abgeben können ("Minderheitenbericht"), wenn dazu ein berechtigter Anlaß besteht.

Bei der Abfassung solcher Verfahrensprinzipien beruft man sich unausweichlich auf den forschenden Beobachter als selbstverwirklichtes Individuum im Sinne von Maslow. Es ist sehr schwierig, diesem Anspruch gerecht zu werden. Man hat oft das Gefühl, daß das Unterzeichnen des Verfahrensprotokolls einem Vertrag über den Ankauf von Sachgütern gleichkommt: einem Vertrag, mit dem man letztlich auf seine Rechte verzichtet. Die Forschungssubjekte sind da in einer viel stärkeren Position: Sie können solche Protokolle ablehnen und sie können sich in ihrer Interaktion mit den "Außenseitern" ihrer Lebenswelt auf subtilere Mittel verlassen.

Worauf können wir also, wenn es ums Aushandeln geht, noch zurückgreifen? Setzen wir auf Reflexion, d.h. denken wir über unser Anliegen nach, die Forschungssubjekte richtig zu verstehen, um damit Validität zu erzielen? Oder berufen wir uns auf unseren besonderen Status, Milieuveränderer zu sein, Spezialisten in einem bestimmten Forschungsbereich, die mit den jeweiligen Sprachspielen gut vertraut sind? Im ersten Fall überlassen wir die Verantwortung für die Interpretation den Subjekten, im zweiten Fall bleibt diese Verantwortung in der Hand der ForscherInnen oder EvaluatorInnen.

Meistens sind wir gezwungen, beide Wege zu gehen, da unsere Belege immer auch das Verstehen und das Bedeutung-Verleihen der Subjekte beinhalten. Die beiden Protokolle, die wir analysiert haben, stellen das bestmögliche Modell dar, wie wir die Beziehung während einer Evaluation durch einen Vertrag formalisieren können. Dieses Modell geht von der Annahme aus, daß die Evaluation als eine Form von vertraglich festgelegter Informationsgewinnung zwischen informationsbereiten und informationsunwilligen Personen zu betrachten ist.

Im Gegensatz zur Evaluation soll Forschung, oberflächlich betrachtet, für die Betroffenen weniger identitätsgefährdend sein. Die Parameter sind hier meistens breiter gesteckt und die Ergebnisse sind im allgemeinen nicht so eng mit Veränderungsvorschlägen verbunden. Das heißt aber nicht, daß die Subjekte nicht auch hier geschützt werden müssen. Im Gegenteil: Forschungsergebnisse setzen die Subjekte meistens der Überprüfung durch die (Laien)-Öffentlichkeit aus, während Evaluationsstudien viel häufiger von Experten geprüft werden.

Der Prozeß des Aushandelns beinhaltet immer auch das Entwickeln von Vertrauen oder das Festlegen von expliziten, schriftlichen Garantien. Der folgende Brief an die Eltern ist ein gutes Beispiel dafür. Er wurde im Zusammenhang mit einem Forschungsprojekt am CARMET (Centre for Applied Research in Management, Education and Training) des Norwich City College verfaßt. Der Brief beschreibt die Intentionen, Ziele und Methoden des Projekts und ersucht die Eltern um Zusammenarbeit. Er enthält keine Versprechungen, weist nur sehr allgemein darauf hin, daß das Projekt der Schulbildung der Kinder nützen könnte. Die Eltern können jederzeit aus der Untersuchung aussteigen.

In der heutigen Zeit, in der die Medien das Vertrauen ständig mißbrauchen, ist es schwer, Individuen für die Mitarbeit an Forschungsprojekten zu gewinnen. Das zeigt sich auch darin, daß das Abfassen von Verfahrensprinzipien leicht torpediert werden kann. Am Ende eines Forschungsprozesses müssen die ForscherInnen oder EvaluatorInnen ohnedies die Szene betreten und wie in einer strengen Sicherheitszone ihre Identität und Rolle durch entsprechende Dokumente nachweisen. Es gibt dazu keine Alternative, außer man will auf verdeckte oder stellvertretende Forschungsdesigns zurückfallen.

Liebe Frau, Lieber Herr ...

Ich schreibe Ihnen und Ihrer Familie, um Sie um Unterstützung zu bitten bei einem Forschungsprojekt, das derzeit am City College, Norwich, durchgeführt wird. Dieses spannende Projekt wird vom Britischen Film Institut und der British Library geponsert.

Wir möchten mögliche Wirkungen von verschiedenen Unterhaltungsmedien (z.B. Videos, Computerspiele, etc.) auf das Denken und Verstehen von Kindern untersuchen. Geplant ist, daß wir im Rahmen dieser Untersuchung 100 Kinder im Alter von 4 – 9 Jahren aus Schulen in Norwich und Umgebung beobachten und interviewen. Wir hoffen, dadurch wertvolle Informationen zu gewinnen, wie Kinder heute Medien verwenden und wie sie die dadurch gewonnenen Fertigkeiten anwenden.

Um möglichst umfassende Informationen zu bekommen, ist es notwendig, die Kinder in der Schule und zuhause zu beobachten.

Schulleitung und Lehrkörper Ihrer Schule sind ebenfalls überzeugt von der Sinnhaftigkeit dieser Untersuchung, von der sie sich wertvolle Hinweise über zukünftige Lehr- und Lernstrategien erwarten. Sie werden uns daher so weit wie möglich unterstützen.

Alle Kinder, die am Projekt teilnehmen, werden von ForscherInnen ein paar Tage lang im Unterricht beobachtet. Ein Mitglied des Forschungsteams wird dann Ihr Kind zuhause besuchen und es beim Spielen beobachten. Dabei wird sich auch die Gelegenheit ergeben, mit Eltern und anderen Familienmitgliedern über deren Einstellungen zum Fernsehen, zu Video- und Computerspielen zu sprechen.

Die Ergebnisse dieses anspruchsvollen Forschungsprojekts werden auch auf nationaler Ebene von Bedeutung sein. Das Forschungsteam besteht aus einer kleinen Gruppe von erfahrenen ForscherInnen und LehrerInnen, die bei ihren Untersuchungen so wenig wie möglich in Ihre Privatsphäre eindringen und größtmögliche Vertraulichkeit garantieren werden. Identifizierbare Daten über ein Kind werden nur mit Ihrer Zustimmung veröffentlicht, und Sie haben das Recht, jederzeit aus dem Projekt wieder auszusteigen.

Wir hoffen sehr, daß Sie Ihrem Kind erlauben, an diesem interessanten Projekt mitzumachen. In diesem Fall bitten wir Sie, den Abschnitt am Ende des Briefes auszufüllen und ihn so rasch wie möglich an die Schule Ihres Kindes zu schicken. Ein Mitglied des Forschungsteams wird sich dann mit Ihnen in Verbindung setzen und einen für Sie günstigen Termin für den Hausbesuch vereinbaren.

Sollten Sie weitere Informationen über das Projekt haben wollen, wenden Sie sich bitte an Ihre Schulleitung. Diese wird Sie gerne detaillierter über das Projekt informieren oder auf Wunsch Ihnen ermöglichen, mit einem Teammitglied zu sprechen.

Mit freundlichen Grüßen

Prof. Jack Sanger

Rückmelde-Abschnitt
Ich bin einverstanden, daß mein Kind .... am Unterhaltungs-medien-
Projekt teilnimmt.
Ich nehme zur Kenntnis, daß ich mein Kind vom Projekt jederzeit abmelden kann.

Unterschrift des/der Erziehungsberechtigten:..

4.1 Verdecktes Forschen

Wir können nicht behaupten, daß wir sehr viel Erfahrung hätten im
Umgang mit ahnungslosen Forschungssubjekten. Gelegentlich haben wir
aber schon gemerkt, welches Potential in der *verdeckten* Forschung liegt:
Ich (Jack Sanger) habe einmal heimlich mit einer Kamera einen Kinder-
spielplatz gefilmt und ein Fußballstadium durch eine TV-Überwachungsan-
lage beobachtet. Ich erinnere mich auch an einen Vorfall, bei dem ein Kol-
lege das Gespräch mit einem anderen Kollegen heimlich aufnahm, um es
dann später als Beweisstück in einem Disziplinarverfahren zu verwenden.
Auch wenn ich das Verhalten des getäuschten Kollegen als höchst unpro-
fessionell und sogar als psychisch schädigend bewertete, schien es mir dennoch moralisch unhaltbar zu sein, daß jemand sich mit ihm unterhielt und
das Tonband heimlich mitlaufen ließ. Ich selbst habe auch einmal das
Gespräch mit einem Vorgesetzten, der als Rassist galt, heimlich aufgenommen, obwohl ich versprach, es nicht zu tun. Ich verbrachte auch einige
Zeit mit den übelsten Fußballrowdies und nahm heimlich auf, wie sich ihre
neuen Schlachtgesänge wie ein Lauffeuer verbreiteten.
  In bestimmten Situationen scheint uns die verdeckte Forschung
durchaus angebracht zu sein. Wenn man z.B. die Haltung von Angestellten
eines Geschäfts gegenüber Kunden herausfinden will und sich als Kunde
ausgibt; oder als Forscher in der Rolle eines Touristen in einer Touristenin-
formation herausfinden will, wie fähig die Angestellten sind, nützliche
Informationen zu geben. Diese als Rollenspiel getarnte teilnehmende Beobachtung wird in unserer Gesellschaft durchaus akzeptiert, vorausgesetzt, die
vereinbarten ethischen Prinzipien werden bei der Informationsweitergabe
nicht verletzt.
  Diese Art von verdeckten Recherchen, wie sie im Aufdeckungsjourna-
lismus, bei Privatdetektiven und bei innerbetrieblichen Nachforschungen
praktiziert werden, wird normalerweise nicht in der Auftragsforschung und

Evaluation eingesetzt. Es kommt aber durchaus vor, daß z.b. Dissertant-
Innen mit sensiblen Forschungsthemen, wie Rassismus, Diskriminierung
von Frauen, Prostitution, Kindesmißbrauch, etc. mit solchen verdeckten
Strategien arbeiten. Über die damit verbundenen Gefahren brauchen wir
hier wohl kein Wort zu verlieren.

Es gibt auch wissenschaftliche Argumente für verdeckte Forschung,
die mit dem Hawthorne-Effekt zusammenhängen: Menschen werden durch
die Anwesenheit des Forschers beeinflußt und verhalten sich nicht mehr
natürlich. Es ist daher legitim, sich als Forscher zu tarnen, um Menschen
so zu erforschen, wie sie sich normal verhalten. Dazu gehört auch der Einsatz von Einwegspiegeln in der Verhaltensbeobachtung. Die Frage, wie stark
tatsächlich die Anwesenheit des Forschers die Daten eines Forschungsfeldes
verzerrt, ist nicht eindeutig beantwortbar. Vieles hängt vom Kontext ab
und davon, wer, was zu verlieren hat. Wenn z.b. das Forschungsziel das bessere Verstehen des Kontexts ist, kann der Informationsverlust durch die
Anwesenheit des Forschers sehr gering sein. Wenn jedoch der Verlust von
Arbeitsplätzen auf dem Spiel steht, kann man sich nicht Neutralität und
Offenheit erwarten!

4.2 Wenn Wildhüter zu Wilderern werden

Selbst wenn alle wissen, wer Sie sind und warum Sie da sind, gibt es ein
paar Tricks, die es Ihnen erlauben, relativ verdeckt im Rahmen von unterschiedlichen Forschungsbedingungen zu beobachten. Diese Tricks sind einfach und können rasch erlernt werden. Sie alle laufen darauf hinaus, die
Rolle eines *Chamäleons* einzunehmen:

- Versuchen Sie, Blickkontakte zu vermeiden.
- Fokussieren Sie nicht Ihren Blick auf das Forschungssubjekt. Schweifen Sie mit Ihren Augen umher und streifen Sie dabei in Intervallen auch das, was Sie beobachten wollen.
- Passen Sie sich in Ihrer Körperhaltung und in Ihren Aktivitäten der Norm zum Zeitpunkt Ihrer Beobachtung an (z.B. Sitzen, Stehen, Schreiben, Lesen).
- Sagen Sie wenig und zeigen Sie nur mäßiges Interesse an den Abläufen.
- Wählen Sie für Ihre Beobachtung einen Standort aus, von dem Sie möglichst vieles sehen können, ohne daß Sie mit einer bestimmten Rolle identifiziert werden (z.B. wird man Sie mit einer Lehrperson identifizieren, wenn Sie in einer Klasse vorne sitzen).
- Betreten Sie möglichst gleichzeitig mit den zu Beobachtenden das Feld. Spätes oder zu frühes Erscheinen weist auf Ihren Außenseiterstatus hin.
- Teilen Sie schon im voraus die Gründe Ihrer Anwesenheit mit.

4.3 Stellvertretende Beobachtung

Forschungsprojekte beschäftigen manchmal eine Reihe von BeobachterInnen, die in einer ihnen *vertrauten* Lebenswelt ihre Beobachtungen machen. Da diese Beobachter in ihrem Milieu als "Insider" gelten, haben sie meist keine Schwierigkeiten, Daten zu gewinnen. Darüber hinaus können sie auch ihre Gefühle, Gedanken, Einsichten und Vorurteile den Daten beifügen. Diese "Maulwürfe" können vor allem im Rahmen von Handlungsforschungs-Konzepten sehr effektiv sein.

Handlungsforschung kann in vielfältigen Formen ablaufen. Im Zentrum des Konzepts steht die Auffassung, daß PraktikerInnen selbst am besten in der Lage sind, ihre eigene Praxis zu erforschen, mit dem Ziel, diese Praxis zu verstehen und zu verbessern. Wir haben in verschiedenen Arbeiten immer wieder darauf hingewiesen, daß die Handlungsforschung aber auch von den "imperialistischen" Interessen der universitären Forschung dominiert werden kann (z.B. Sanger 1995c). Idealerweise wird Handlungsforschung durch PraktikerInnen ohne Hilfe von externen "Facilitators" betrieben. In der Praxis werden jedoch PraktikerInnen zum Nutzen der Forschungsprojekte engagiert, die dann im Sinne der Projektziele ihre Handlungsforschung betreiben, unterstützt durch die Zunft der professionellen ForscherInnen.

Mit Hilfe der Handlungsforschung ist es oft möglich, durch gutes Aushandeln und durch eine Forschungsideologie, die sich den praktischen Interessen der Teilnehmer unterordnet, subtile, heikle und komplexe Daten zu gewinnen. Forschung durch "Außenseiter" tut sich da viel schwerer.

In einem derzeit laufenden Forschungsprojekt am CARMET, das die Sexualerziehung von Jugendlichen mit Lernschwierigkeiten untersucht, versuchen PraktikerInnen aus allen relevanten Gesundheitseinrichtungen genau das zu tun: Geleitet von strengen Richtlinien, die von einer Ethik-Kommission überwacht werden, untersuchen sie individuelle Biographien, ihre eigenen professionellen Praktiken und die ihrer KollegInnen, sowie die Qualität von Sexualerziehungsprogrammen innerhalb ihrer Institution. Die Informationen, die sie bisher gewonnen haben, könnten mit konventionellen Befragungsmethoden durch Außenseiter-Forschung nicht gewonnen werden. Im folgenden sind einige Protokollausschnitte aus einer Sitzung der "kritischen Gruppe" angeführt. Die Vornamen beziehen sich auf die HandlungsforscherInnen, die Buchstaben auf die KlientInnen:

Das Verstehen von Begriffen

Sharon veranschaulichte mit ihrer Fallstudie über D., daß einige Personen das Bedürfnis haben, sich körperlich-sexuelle Informationen in einem überzeichneten "Schwarz-Weiß-Bild" vorzustellen. Der Klient D. z.B. stellt sich den Körper als Tank vor, der mit Essen gefüllt wird, und die Menstruation als ein zerbrochenes Ei im Körper.

Sexualität als Fortpflanzungsfunktion

Sharon und Edward lieferten Beispiele von Klienten, die glauben, daß der Geschlechtsverkehr nur notwendig sei, um Kinder zu zeugen.

Mißbrauch ist nicht sexuell

Gorete erwähnte, daß einige KlientInnen Schwierigkeiten hatten, bestimmte Situationen als sexuell zu empfinden; als Beispiel berichtete sie vom Erlebnis einer Frau, die eine brutale Vergewaltigung deshalb nicht anzeigte, weil sie in ihrem Leben Sex bisher immer so erlebt hatte.

4.4 Postskriptum

Wir sind Docker (1994, 29) für das folgende Zitat von Apuleius (1980) dankbar:

> "Die fürchterliche Lage dieser armen Kreaturen, die womöglich bald meine eigene sein würde, machte mich so depressiv, daß ich den Kopf hängen ließ wie sie, grämte mich über die Herabsetzung, die ich erdulden mußte, seit den Tagen als ich nicht mehr Lord Lucius war. Meine einzige Tröstung bestand in der einmaligen Gelegenheit, alles, was um mich herum gesprochen und getan wurde, beobachten zu können; denn niemand hatte etwas gegen meine Anwesenheit. Homer hatte recht, Odysseus, den er für den weisesten und klügsten hielt, als einen zu charakterisieren, der 'viele Städte besuchte und viele unterschiedliche Menschen kennenlernte'. Ich erinnere mich mit Dankbarkeit an jene Tage, an denen ich als Esel verkleidet viele Abenteuer erlebte und dadurch meine Erfahrung erweiterte, auch wenn diese mich keine Weisheit lehrten. Es war an einer Mühle, wo ich die Geschichte erlebte, die euch hoffentlich ebenso amüsieren wird, wie sie mich amüsiert hat."

Kapitel 5

Die Gültigkeit – ein nützlicher Begriff?

"Truth is never pure, and rarely simple"
(Oscar Wilde, The Importance of Being Earnest, 1. Akt)

"Wenn man sagt, daß Gerichtsverfahren objektive und unparteiische Mittel sind, um Rechtsurteile zu fällen, so meint man im Klartext, daß Verfahren von einer standardisierten Form der Informationsverarbeitung abhängen, nämlich von der Story. Die Rekonstruktion von Beweisen in Form einer Story garantiert aber nicht, daß die Wahrheit in einem Prozeß ans Tageslicht kommt, noch daß damit alle möglichen Interpretationen von Beweisen in Betracht gezogen werden. Das Erzählen der Fallgeschichte ermöglicht dem Angeklagten, ein Ereignis möglichst vorteilhaft zu rekonstruieren und diese Rekonstruktion einer Öffentlichkeit zu präsentieren, die diese nach ihrer Plausibilität beurteilt. Im Prinzip müßte daher diese Verfahrensweise eine universelle Absicherung gegen falsche Anklagen und Verurteilungen bieten. In der Realität bewährt sich dieser Schutzmechanismus bei Gerichtsprozessen aber nur, wenn alle Beteiligten dieselbe Fähigkeit haben, Fallgeschichten zu präsentieren und zu beurteilen." (Bennett/Feldman 1981, 171)

Wir schauen zu, wie eine Frau im Zirkus in zwei Teile zersägt wird, da wir wissen, daß ihr nichts passiert. Warum ist diese Nummer aber heute noch so ein Publikumshit angesichts einer Technologie, die viel komplexere und verwirrendere Wunder hervorbringen kann? Liegt der Grund dafür nicht darin, daß wir Erfahrungen aus erster Hand lieben, das prickelnde Gefühl, daß unsere Augen uns täuschen? Es ist der Konflikt zwischen Rationalität und authentischen Daten, der uns fasziniert, sowie die Fähigkeit, diesen

Konflikt spürbar zu machen. Er bestätigt uns, was wir immer schon gewußt haben, daß nämlich Erscheinungen täuschen können und daß wir täglich beim Anschauen eines Phänomens hineingelegt werden. Aus unserer Alltagserfahrung wissen wir, daß Gewissheiten eher brüchig sind, nicht aus festem Material bestehen. Aber der Einfluß der positivistischen Wissenschaften des 19. und 20. Jahrhunderts auf Sprache und Denken ist so stark, daß wir uns täglich über die Mehrdeutigkeiten und Zweifel unserer Sinneswahrnehmung mit rationalistischer Logik hinwegsetzen und Konzepte, wie Wahrheit, Gültigkeit und Objektivität, als gegeben bestätigen. Trotz der Hinweise von Schütz (1967), daß man Wissenschaft von Alltagserfahrung strikt trennen muß, gibt es kaum eine Auseinandersetzung darüber, welche Sichtweise sich bei gesellschaftspolitischen Entscheidungen durchsetzt. Die Schlüsselbegriffe des Positivismus prägen immer noch die Wertvorstellungen unseres meritokratischen Gesellschaftssystems.

Sehen wir uns den Begriff der Gültigkeit (Validität) etwas genauer an, da er in allen Forschungskonzepten eine besondere Bedeutung hat. Im wesentlichen bezieht er sich darauf, wie genau und abgesichert ein Forschungsprozeß durchgeführt werden kann. Forschungsprozesse, d.h. das Sammeln und Analysieren von Daten, werden nach dem Kriterium der *internen Gültigkeit* überprüft: Wie gut sind die gewählten Forschungsmethoden geeignet, Fragen zu einem bestimmten Forschungsthema zu beantworten oder ein bestimmtes Forschungs- oder Evaluationsproblem zu lösen. Die Beziehung zwischen dem Forschungsprozeß als ganzem und seiner Bedeutung für die Gesellschaft wird durch die *externe Gültigkeit* geprüft. In diesem Zusammenhang werden die Begriffe *"Generalisierbarkeit"* und *"Vorhersage"* eingeführt. Forschungsprozesse in bestimmten Paradigmen werden als robust, streng und generalisierbar beschrieben. Meistens beanspruchen sie eine *Konstrukt-Validität*, d.h. die Gültigkeit wird durch eine bewährte Theorie abgesichert. Gültigkeitskonzepte müssen sich ändern, wenn die Forschung eher angewandt ist, in Teams durchgeführt wird und darauf abzielt, die Handlungsqualität zu verbessern und Handelnde zu befähigen, sich weiterzuentwickeln und aus der eigenen Geschichte zu lernen. An die Stelle traditioneller Gültigkeitskriterien treten dann andere, wie z.B. Fairness, Glaubwürdigkeit, Genauigkeit und *"Responsiveness"*, d.h. die Fähigkeit des Forschers, sich den Forschungssubjekten gegenüber authentisch zu verhalten und ihnen keine Paradigmen, Theorien oder Hypothesen überzustülpen.

Die Auffassungen darüber, welche Prüfkriterien Gültigkeit erzeugen, gehen weit auseinander. Am strengen, naturwissenschaftlichen Ende des Spektrums wird Gültigkeit durch positivistische Prozesse, wie "Replizieren" oder "Doppelter Blindversuch", erreicht, am anderen Ende stehen eher relativistische Konzepte, wie *"reichhaltige Beschreibung"* oder *"Triangulierung"*, womit die Datenerhebung aus drei verschiedenen und von einander unabhängigen Perspektiven bezeichnet wird. Die Vertreter der ersteren Auffassung gehen davon aus, daß jeder, der die Ergebnisse gelesen hat, den Forschungsprozeß wiederholen und die gleichen Ergebnisse erzielen kann. Ebenso wird erwartet, daß die erfolgreichen ForscherInnen ihre Hypothesen durch alternative Forschungsinstrumente zu widerlegen versuchten, daß sie logische Anwendungen und Folgen getestet und nach Beispielen gesucht haben, die ihren Ergebnissen widersprechen könnten (vgl. Popper 1972).

Die Vertreter der zweiten Auffassung gehen davon aus, daß die Analyse der Beziehungen zwischen Ereignissen und Menschen eine höhere Gültigkeit erzielt, wenn die Personen, die beobachtet und erforscht wurden, sich selbst, ihre Motive und ihre Handlungen in den Aufzeichnungen und Rekonstruktionen der Forscher wiederfinden können. Gültigkeit ist auch dann gegeben, wenn die Abnehmer der Forschung erkennen, daß die Ergebnisse in irgendeiner Form ihre eigenen Ansichten von richtig und falsch widerspiegeln, oder daß die Forschung ihre analytische Strenge dadurch erzielt, daß sie schon von Anfang an ihre Strategien der Datengewinnung umfassend anlegt.

Ein Grundproblem aller Gültigkeitskonzepte bleibt jedoch bestehen: Menschen sind in ihren Bemühungen, Validität zu erzielen, nicht sehr verläßlich. Sie ändern ihre Geschichten, sie lügen, sie weigern sich zu sprechen, sie vergessen, sie ändern ihren Wohnsitz und sind unauffindbar. In der naturwissenschaftlichen Forschung geht man davon aus, daß unter standardisierten Bedingungen z.B. bestimmte chemische Reaktionen immer dieselben Ergebnisse erzielen. Aber wer kann das von Menschen sagen? Würde eine Gruppe von Individuen auch nur zweimal unter denselben experimentellen Bedingungen in derselben Weise reagieren? Kann man überhaupt dieselben Bedingungen mit einer identischen Gruppe zweimal herstellen? Sicherlich nicht. Individuen und Gruppen sind in ihrer Ganzheitlichkeit so einzigartig wie Fingerabdrücke. Reale Handlungen lassen sich im Leben nicht wie in einem Film wiederholen.

In einer meiner letzten Arbeiten habe ich (Jack Sanger) dieses Problem näher untersucht. Es läßt sich definieren als Verwechslung von *Kausalität* und *Kontingenz.*

"David Hume wies nach, daß die Kausalität als leitendes Prinzip für menschliche Handlungen auf eher zweifelhaften Prämissen beruhe (Noxon 1973). Man sagt beispielsweise, daß der Nagel in die Wand eindrang, weil er hineingehämmert wurde. Hume ist jedoch der Ansicht, daß diese beiden Ereignisse nicht kausal miteinander verbunden sind. Er zeigte auf, daß die Beobachtung der Beziehung zwischen den beiden Ereignissen nur darauf hinweist, daß der Nagel in die Wand eindringt als Folge dessen, daß ein Hammer auf ihn eingeschlagen hat. Streng genommen kann daher niemand vorhersagen, daß Ereignisse durch andere Ereignisse verursacht werden, sondern nur, daß Ereignisse auf andere Ereignisse mit einer gewissen Regelmäßigkeit folgen. Es gibt so viele Einflußfaktoren, die sogar bei diesem einfachen Vorgang mitspielen: Die Wucht des Schlags, die Genauigkeit, die Stärke des Nagels, die Qualität der Hammeroberfläche, der Zustand der Wand, die Schwerkraft usw. Ganz gleich, wie oft wir Zeugen eines erfolgreichen Hineinhämmerns sind, wir dürfen Hammer und Nagel keine kausalen Beziehungen zuschreiben. Solche kausalen Beziehungen können nur in einer Welt absoluter Konformität auftreten. Was machen wir also in einer Welt von sozialen Phänomenen, wo Uniformität nur der Traum eines Statistikers sein kann? Wenn wir es mit Managern zu tun haben, die etwas verändern wollen, oder mit LehrerInnen, die erfolgreiche Lernstrategien in ihrem Unterricht erproben wollen, wo ist dann unsere Wahrheit und wo unser Irrtum?" (Sanger 1995b, 93)

Das heißt nicht, daß wir aufhören sollten, die Lebensgeschichten von Menschen, ihre Handlungen und Motive zu erforschen. Die Untersuchung von Chemikalien kann mehr Gewißheit zutage fördern, aber macht das die Chemikalienforschung deshalb interessanter? Das gleiche gilt für die Vorhersagbarkeit von Verhaltensweisen: Bei Chemikalien ist dies sicher möglich, bei Menschen jedoch nicht. Wer hätte z.B. den Fall der Berliner Mauer und den Zusammenbruch der UdSSR vorhersagen können, wenn es nichteinmal ein Jahr vor diesen Ereignissen irgendwelche Anzeichen dafür gegeben hatte? Wer kann das Sichverlieben vorhersagen oder ahnen, welche Worte man genau im nächsten Moment äußern wird?

Die Erforschung menschlichen Verhaltens war immer schon mit Problemen behaftet . Sogar in Laborstudien, wo jede mögliche Einflußvariable kontrolliert werden kann, trotzen Versuchspersonen der Gewißheit von Hypothesen oder Theorien. Ausgenommen sind nur Experimente mit ganz einfachen Designs. Daraus müßte man schließen, daß es in der komplexen Welt außerhalb des Labors unmöglich sei, durch Forschung zu einigermaßen brauchbaren Interpretationen von menschlichen Handlungen zu gelangen. Dem ist jedoch nicht so, warum? Warum wissen wir, daß die meisten Kinder aufgrund einer Kombination von Unterrichtsmethoden lesen lernen? Warum wissen wir, daß in einem Spitalsystem, das Ärzten erlaubt, hundert Stunden in der Woche zu arbeiten, die Qualität der Patientenpflege abnimmt? Oder daß der bloße Anblick von Polizeiattrappen entlang einer Straße die Geschwindigkeit von Autos reduziert?

Die Antwort darauf ist die, daß wir *Muster für allgemeines menschliches Verhalten* von Erwartungen und Vorhersagen über das Verhalten von *bestimmten Individuen* trennen müssen. Dazu ein Beispiel: Eine Mutter fordert ihr Kind auf, alles, was auf dem Teller ist, aufzuessen. "Denk an all die hungrigen Kinder in Afrika", sagt sie mit Nachdruck. "Kannst du mir den Namen auch nur eines Kindes sagen", ist die niederschmetternde Antwort des Kindes.

Die Gültigkeit von statistischen Aussagen hängt von der Erforschung *des Allgemeinen* und nicht von der Untersuchung des Besonderen ab. Je größer die Anzahl von Fällen in einer Zielpopulation ist, desto mehr solcher Muster werden auftauchen und sich als signifikant erweisen. Diese Muster haben ihren Nutzen eher für allgemeine Trends, weniger jedoch für einzelne Fälle. Zu wissen, daß Mädchen oder Burschen einer Altersstufe in bestimmten Gegenständen besser oder schlechter sind, hilft einer Lehrperson in einer konkreten Klasse wenig. Ebenso trägt die Tatsache, daß der Mangel an Freizeitangeboten für Jugendliche zu mehr Jugendkriminalität führt, wenig zur Erklärung bei, warum gerade in bestimmten Gegenden trotz großer Armut die Kriminalitätsrate nicht höher ist. Statistisch gewonnene Ergebnisse, daß Krebspatienten im allgemeinen mit Fortschreiten der Krankheit sterben, erklären nicht außergewöhnliche Fälle von Krebsheilung. Individuelles menschliches Verhalten kann nicht und sollte daher auch nicht auf der Basis von generalisierbaren Ergebnissen beschrieben und interpretiert werden. Beide Ebenen, die individuelle und die allgemeine Ebene, leben in der Forschung glücklich nebeneinander, obwohl sie unterschiedlichen Zwecken dienen und verschiedene Arten des Sehens und Ver-

stehens darstellen. Da wir Forscher diese Ebenen erzeugen, sind sie willkürlich gewählt. Solange wir ihre Funktion anerkennen, geben sie uns die
Gewähr, daß wir auf der Basis von Beweisen handeln. Während Politiker
eine breite Beweisbasis für politische Entscheidungen verlangen, um z.b.
die Ausbreitung von Aids innerhalb einer Bevölkerung einzuschränken,
wird ein einzelner Aidskranker einen spezifisch auf ihn abgestimmten
Behandlungsplan benötigen. Für Betreuer von Aidskranken werden
dagegen Fallstudien über sexuelle Beziehungen eine bessere Datenbasis für
die Beratung von sexuell Aktiven darstellen.

Versuche, beide Ebenen, die allgemeine und die individuelle, miteinander so zu verbinden, daß Vorhersagen von einer Ebene auf die andere
möglich sind, waren in letzter Zeit mit Hilfe der Chaos-Theorie teilweise
erfolgreich (vgl. Gleick 1987). Komplexe Systeme mit einer turbulenten
Dynamik, wie z.b. das Wetter, die Börse, Epidemien, der Zerfall von
Sternen oder Herzzustände, sind abhängig von relativ einfachen, nicht-
linearen Mustern von sich wiederholenden Ereignissen. Schon die gering-
sten Besonderheiten bzw. geringfügigsten Veränderungen innerhalb dieser
Ausgangsmuster können jene gewaltigen System-Turbulenzen hervorbringen, wie wir sie manchmal in unserem Körper oder mit Aktien an der
Börse erleben. Die dafür häufig verwendete Metapher ist die des "Schmet-
terling-Effekts": Der Flügelschlag eines Schmetterlings kann ausreichen, um
z.b. die lokalen Luftbedingungen so zu verändern, daß dadurch
großflächige Wettersysteme entstehen.

Hier ergeben sich auch Parallelen zu den Sozialwissenschaften: Die
Untersuchung eines Einzelfalls kann uns helfen, Aspekte des Allgemeinen
zu verstehen. Durch die Anhäufung von Daten, die an einzelnen Individuen und Gruppen gewonnen wurden, können weit verbreitete gesellschaftliche Verhaltensmuster verstanden werden. Dazu ein Beispiel: In
einem Forschungsprojekt (Sanger 1992), das das Verhalten von Jugendlichen untersuchte, die sich für oder gegen den Besuch einer weiterführenden
Schule entscheiden mußten, wurden die Entscheidungsabläufe von 500
Jugendlichen unter verschiedenen Bedingungen erfaßt. Ihre Berichte, ob in
Form von Gruppen- oder Einzelinterviews, schriftlicher Befragung oder
Diskussion, wurden daraufhin nach gehäuft auftretenden Entscheidungs-
mustern untersucht. So z.b. war Lethargie ein wichtiger Faktor, der die Entscheidung zum Besuch einer höheren Schule (Sekundarstufe 2) mitbe-
stimmte. Dieses Verhaltensmuster konnte durch Beobachtungsdaten aus
einem breiten Spektrum von Schultypen gestützt werden: Die meisten

Schulen stellten keine Information zur Verfügung, die Jugendliche zum kritischen Nachdenken anregten, wie sie dieser Apathie begegnen könnten, oder die über Alternativen Auskunft gaben. Schulen sind sich nicht bewußt, daß die Mehrheit der Jugendlichen, die einen weiterführenden Schultyp besuchen, dies nicht aus idealistischen Motiven heraus tun. Gründe, die für den Schulbesuch angegeben wurden, waren:

- Sicherheitsgefühl, durch Vertrautheit mit der bisherigen Institution
- Noch nicht für das harte Leben draußen gerüstet zu sein
- Freundschaften in der Schule
- Bei Lehrerpersonen bleiben wollen, die man mag
- Familientradition: Ältere Brüder und Schwestern blieben auch in dieser Schule
- Lethargie oder Trägheit

- *"Ich blieb an meiner Schule........, weil es mir zu mühsam war, woanders hinzugehen. Hier habe ich meine Freunde, hier kenne ich alles."*
  (Sanger 1991, 26)

Die ForscherInnen dieses Projekts hatten den Auftrag, typische Muster des Entscheidungsverhaltens in verschiedenen Schulbezirken zu identifizieren. Gleichzeitig wollten individuelle LehrerInnen wissen, nach welchen Motiven sich ihre SchülerInnen für eine weiterführende Schule entschieden. Daten darüber würden ihren täglichen Unterricht beeinflussen und ihre Wahrnehmung für negative Indikatoren des SchülerInnenverhaltens sensibilisieren. Auf dieser Ebene war das Projekt erfolgreich: Es lieferte Schulen eine Reihe von praktischen Ideen zur Steigerung des Anteils derjenigen SchülerInnen, die eine weiterführende Schule besuchten, und es steigerte die Beratungsqualität für jene SchülerInnen, die sich für alternative Bildungswege entschieden. Auf der allgemeinen Ebene war das Projekt jedoch weniger erfolgreich: Warum kam es an manchen Schulen plötzlich zu einem Rückgang an SchülerInnen, die eine weiterführende Schule besuchen wollten? Warum gab es an anderen Schulen unvorhergesehene Steigerungsraten? Was war hier das Äquivalent zum Schmetterling-Effekt? Hatte ein bestimmter Schüler sich dort zum weiteren Besuch der Schule ent-

schlossen und seine Schulkameraden ebenfalls in diese Richtung beeinflußt? War es ein Fernsehprogramm oder eine neue Lehrperson? Um dieses
Rätsel zu lösen, hätten individuelle Schulen den Schwerpunkt des Forschungsprojekts bilden müssen. Darüber hinaus hätten weitere, sehr sen-
sible und neue Forschungsmethoden eingesetzt werden müssen.

Bei der Erstellung eines Forschungsdesigns ist es daher sehr wichtig,
sich darüber klar zu werden, was als das Allgemeine und was als das Besondere anzusehen ist. Aus der Sicht einer lokalen Schulbehörde ist z.b. eine
Schule das Besondere, während eine bestimmte Klasse das Besondere in
einer Schule darstellt, in der allgemeine Verhaltensnormen untersucht
werden. Innerhalb einer Klasse können dagegen eine Subgruppe oder einzelne SchülerInnen das Besondere ausmachen. Die Bestimmung der beiden
Ebenen hängt einmal von der Ausgangsfragestellung ab, zum anderen
davon, wo wir unsere Parameter zur Abgrenzung jenes Stück Lebens setzen,
das wir in unserer Untersuchung als Forschungsbereich oder Fallstudie ausgewählt haben.

5.1 Gültigkeit und Pragmatismus

Die gegenwärtige Forschungsszene wird dominiert von quasi-naturwissenschaftlichen Auffassungen darüber, was gültige Forschung ist. Die interne
Gültigkeit wird durch die Überprüfung der Forschungsinstrumente erzielt,
wobei folgende Fragen von Bedeutung sind: Wie wurden beeinflussende
Vorurteile ausgeschaltet? War die untersuchte Stichprobe groß bzw. repräsentativ genug? War die Datenanalyse ausreichend und welche Fehler
tauchten dabei auf?

Aus unseren Erfahrungen mit zahlreichen Gesprächen mit Forscher-
Innen über diese Fragen, können wir uns an keine einzige Situation erinnern, wo ForscherInnen nicht irgendeinen Aspekt ihres Forschungsprozesses als unbefriedigend einschätzen mußten. Es kann so ablaufen wie
beim Angeln: In den Fällen, wo sich das Forschungsdesign rigoros an den
"Köder" gehalten hatte, wurde der große Fisch einfach nie gefangen. In den
Fällen, wo der große Fisch gefangen wurde, hatten die Forscher in pragmatischer Weise den ursprünglichen "Köder" entfernt und sich nach einem
alternativen "Verführer" umgesehen. Grundlagenforschung rechtfertigt sich
meistens selbst durch Bezugnahme auf ihre Gültigkeit, während ange-

wandte Forschung sich hauptsächlich durch ihre Nützlichkeit rechtfertigt. Oft werden Forscher nur durch pragmatische Motive geleitet: z.b. durch die Aussicht auf die Finanzierung eines weiteren Projekts, wenn das abgeschlossene hinreichend erfolgreich verlief. Trotz aller schönen Worte in Projektanträgen wird Forschung letztlich durch Pragmatismus und Kompromisse bestimmt. Forschung leidet meistens an Ressourcenmangel und muß unter forschungspolitisch eher instabilen Bedingungen ablaufen. Jedes Ergebnis, das das Wissen und Verstehen irgendeiner Abnehmergruppe vermehrt, sollte als erfolgreich angesehen werden. Es gibt genug Regale in Universitätsbibliotheken, Verwaltungszentren und Büros von politischen Entscheidungsträgern, voll mit Projektberichten, die keinen oder nur einen geringen Einfluß auf den Lebensalltag von Menschen außerhalb des Projektteams hatten.

Der beste Maßstab für die Bewertung der Gültitgkeit von Forschungsprojekten ist die Überprüfung, inwieweit das Projektteam vom ursprünglichen Design abgewichen ist. Wenn dieses Nichterreichen von Zielen in einem Projekt offen artikuliert und selbstkritisch begründet wird, können die Ergebnisse, so bescheiden sie auch ausfallen mögen, als valide betrachtet werden. Dort, wo Forschung evaluativ ist und wo dadurch z.b. Arbeitsplätze gefährdet sind, wird die Forderung nach totaler Offenlegung des Forschungsprozesses noch wichtiger.

5.2 Gültigkeit und naturalistische Forschung

Unsere bisherigen Argumente lassen nicht den Schluß zu, daß ForscherInnen ohne ein entsprechendes Konzept in ein Forschungsfeld gehen sollen. Vielmehr ist es wichtig, daß sie ein Konzept aufgeben, wenn es nicht die entsprechenden Resultate erzielt, und daß sie ihre Entscheidungen offenlegen. Die Abnehmer und Leser können dann viel über die Pragmatik des Umsetzens von Forschungsüberzeugungen lernen: Wie wird mit Kontingenz und Unordnung umgegangen? Was konstituiert Gültigkeit in Evaluationsprojekten unter unterschiedlichen bildungspolitischen Rahmenbedingungen?

Im folgenden geben wir einen Brief von Kyriacou (1990) an das British Education Research Association Journal wieder, der einige interessante Gültigkeitskriterien enthält. Man beachte, daß er sich dabei auf die von

Guba/Lincoln angegebenen Gütekriterien für qualitative Forschung bezieht, die auch im Kap. 2, S. 30 dieses Buchs behandelt werden. Es sind dies:

* Längeres Engagement
* Kontinuierliche Beobachtung
* Triangulierung (von Quellen, Methoden und Theorien)
* Einbeziehen von professionellen Kollegen (peer debriefing)
* Negative Fallanalyse durch ständiges Verfeinern der Hypothesen im Lichte von neuer Information
* Adäquatheit von Referenzen (Überprüfen von vorläufigen Ergebnissen auf dem Hintergrund von Rohdaten)
* Überprüfen der Ergebnisse durch Vergleich mit Reaktionen von Betroffenen
* Einsatz von reichhaltiger Beschreibung (rich description)
* Stufenweise Verfahrenswiederholung unter Verwendung von parallelen und unabhängigen Analysen des halben Datensatzes.
* Externe Überprüfung der Untersuchung (inquiry audit), wobei sich die kritischen Fragen auf alle Aspekte der Untersuchung beziehen sollen.
* Führen eines Forschungstagebuchs (Aufzeichnungen über Methoden und über Veränderungen im Selbstkonzept des Forschers)

Was hier auffällt ist, daß die angeführten Kriterien für gültige Forschung sich von den traditionellen Forschungskriterien deutlich unterscheiden. Sie sind induktiv gewonnen, und leiten sich empirisch aus wiederholten Forschungserfahrungen ab, in deren Mittelpunkt das Verstehen eines Forschungsprozesses stand.

Wenn man diese Gütekriterien in Beziehung zu den in Kap. 4 behandelten Kriterien für ethische Gültigkeit setzt, eröffnet sich eine neue Dimension für das Verstehen der Parameter, unter denen Beobachtungen in natürlichen Situationen stattfinden.

5.3 Postskriptum

"Als Forscher steht man immer vor derselben Entscheidung: Man kann sein Modell komplexer und getreuer gegenüber der Realität machen, oder man kann es einfacher und leichter handhabbar machen. Nur ein sehr naiver Wissenschaftler wird annehmen, daß das perfekte Modell dasjenige ist, daß die Wirklichkeit perfekt abbildet. Ein solches Modell wird all die Schwächen aufweisen, die ein Plan enthält, der eine ganze Stadt exakt abbilden will: Jeden Park, jede Straße, jedes Gebäude, jeden Baum, jedes Straßenloch, jeden Bewohner. Auch wenn ein solcher Plan theoretisch möglich wäre, würde seine Spezifität den eigentlichen Zweck, nämlich zu verallgemeinern und zu abstrahieren, zunichte machen. Die Konstrukteure von Plänen arbeiten diejenigen Merkmale besonders heraus, die für ihre Klienten wichtig sind. Jedes Modell, jeder Plan muß daher in dem Maße vereinfachen, in dem er die Welt getreu abbilden will." (Gleick 1987, 278)

Kapitel 6

Beobachtungsmethoden überprüfen

"Wenn ich von einem anti-repräsentativen Bericht spreche, meine ich einen, der Erkenntnis nicht darin sieht, die Realität richtig zu stellen, sondern der unter Erkenntnis das Sichaneignen von Handlungsstrategien meint, um mit der Realität fertig zu werden". (Rorty 1991, 1)

6.1 Ein Video als Erinnerungshilfe für Forschungsmethodologie?

Ich (Jack Sanger) erinnere mich an ein Video der Open University aus dem Jahre 1970, das die unterschiedlichen Zugangsweisen zur Unterrichtsbeobachtung von zwei bekannten Forschern verglich. Den einen, John Elliott, würde man am ehesten als Ethnographen bezeichnen, den anderen, Maurice Galton, als "Schematiker", der alles nach einem Plan exakt aufzeichnete. Die vagen Bilder, die ich von beiden noch habe, lassen folgende Situationen rekonstruieren: Elliott saß nahe bei einer SchülerInnengruppe, machte Notizen und fragte sie, was sie gerade machten. Galton saß von den Schülern entfernt und zählte die Häufigkeiten von bestimmten Verhaltensweisen auf einem umfassenden Beobachtungsschema. Während man Elliotts Arbeit als phänomenologisch bezeichnen könnte, war die Aufzeichnungsgeschwindigkeit Galtons als wahrlich phänomenal zu bewerten. Ich zeigte damals das Video LehrerInnen, die alle alarmiert reagierten. Elliotts Arbeit erschien ihnen zu geheimnisvoll und zu sehr auf seine eigene, interne Kodierung bezogen, Galtons Tätigkeit wiederum stuften sie als eine zu komplexe und zu sehr auf von außen an den Unterricht herangetragene, externe Kodierung ein. Worauf will ich mit dieser Erinnerung hinaus? Ich sehe diese beiden Zugänge heute nicht mehr als so verschieden an, als ich es damals tat. Was sich oberflächlich als Versuch darstellt, Subjektivität von

Objektivität zu trennen, verschwimmt allmählich bei genauerer Analyse.
Sehen wir uns zunächst Galtons Position an:

6.2 Die Position Galtons

Galton konstruierte sein differenziertes Beobachtungsschema, das den
schönen Namen ORACLE trug, als Ergebnis vielfältiger Beobachtungserfahrungen. Als er an dem Punkt angelangt war, daß für ihn alle denkbaren
und sinnvollen Beobachtungskategorien ausgeschöpft waren, beendete er
seine Entwicklungsarbeiten und begann sein Instrument zu erproben. Auf
den ersten Blick erscheint sein Ansatz hinreichend objektiv, vergleichbar
dem Zählen von Autos auf einem frequentierten Streckenabschnitt. Bei
genauem Hinsehen erkennt man jedoch, daß die Differenzierung des Verhaltens vor jeder Kategorisierung ein Interpretationsvorgang ist. Ist z.b.
das Aus-dem-Fenster-Schauen eines Schülers ein Zeichen seines Nachdenkens
über das, wovon der Lehrer gerade gesprochen hat, oder ist es als
Abschweifen einzuordnen? Ist das Aufzeigen eine Handlung, die Wissen
anzeigt, oder nur eine Strategie, LehrerInnen im Glauben zu lassen, daß
man etwas weiß? Erfolgte der Fußtritt eines Schülers absichtlich, zufällig
oder als Akt der Revanche? Signalisiert das Über-ein-Lehrbuch-gebeugt-Sein
einer Schülerin Konzentration, auch wenn die dem Lehrbuch entnommene
Übung bereits erfolgreich abgeschlossen ist? Gibt es überhaupt eindeutige
Verhaltenskategorien? Die physisch wahrnehmbaren Erscheinungsformen
eines SchülerInnenverhaltens können kategorisiert werden, aber das, was
Schüler dabei denken und fühlen, bleibt immer Gegenstand der Interpretation.

Sehen wir uns das an dem relativ einfachen Beispiel eines Beobachtungsschemas zum *"Kooperativen Verhalten"* an (siehe Seite 74):

Nehmen wir als Übungsbeispiel die Gegensatzpole von "Rat geben"
und "Rat suchen" zur Hand und versuchen wir damit, folgende Szene einzuordnen:

Schülerin A lehnt sich zu ihrer Freundin Schülerin B hinüber, zeigt
dieser ihr Heft und fragt: *"Macht man das so?"*

Kooperative Gruppenarbeit	SchülerIn A	SchülerIn B	SchülerIn C	SchülerIn D
... gibt Rat				
... sucht Rat				
... sagt seine Meinung				
... holt die Meinung anderer ein				
... gibt praktische Hilfe				
... erhält praktische Hilfe				
... arbeitet selbständig				
... anderes Verhalten				

Schülerin B schaut interessiert in das Heft ihrer Freundin. Plötzlich beugt sie sich über ihr eigenes Heft und schreibt ab, was im Heft von Schülerin A steht.

Ist das "Rat geben" oder "Rat erhalten"? Oder ist es beides? Die Freundin kann z.b. nur dann einen Rat annehmen, wenn dieser in einer verkleideten Form gegeben wird. Schülerin A weiß, daß Schülerin B Schwierigkeiten hat und bietet ihr Hilfe an. Schülerin A ist aber ebenfalls in Schwierigkeiten und sucht nach einer Bestätigung für die Lösung ihrer Aufgabe. Und so weiter...

Wittgenstein (1953) würde sagen, daß man die Kommunikation nur über Sprachcodes verstehen kann, auf die sich Sender und Empfänger geeinigt haben. Er nennt diese Codes "Sprachspiele". Für Galton, dem Schematiker, ergeben sich Interpretationen, die, wie Wittgenstein gezeigt hat, auch willkürlich sein können:

"Jemand, der in ein fremdes Land kommt, wird die dortige Sprache manchmal über Definitionen lernen, die die Bewohner ihm durch Gesten und Hinzeigen geben; und er wird oft die Bedeutung dieser Definitionen nur erraten können, und wird manchmal richtig, manchmal falsch raten." (a.a.O., 32)

Daraus folgt, daß die meisten Kategorien eines Beobachtungsschemas ihre eigenen Mehrdeutigkeiten haben und aufgrund der subjektiven Auffassung von Bedeutsamkeit eines Forschers, einer Forscherin, in das Schema aufgenommen wurden (vgl. Sanger 1985). Auch Galton mußte Kategorien von geringer Bedeutsamkeit gegen solche von größerer Bedeutsamkeit austauschen. Jedem Beobachtungsschema liegt daher eine mehr oder weniger explizite Klassifizierungsordnung zugrunde. Diese Kategorisierungen erfolgen auf der Basis von Ähnlichkeiten und Unterschieden. Foucault beschreibt im Vorwort zu "Die Ordnung der Dinge" (1971, 15) wie die übliche Logik der Klassifizierung in amüsanter Weise von dem südamerikanischen Schriftsteller Borges unterlaufen wird:

"Diese Passage zitiert eine "bestimmte chinesische Enzyklopädie", in der Tiere folgendermaßen eingeteilt werden: (a) dem Kaiser gehörend, (b) einbalsamiert, (c) zahm, (d) Spanferkeln, (e) Sirenen, (f) Fabeltiere, (g) streunende Hunde, (h) wahnsinnige, (i) unzählbare, (j) die mit einem sehr feinen Kamelhaarpinsel gezeichnet wurden, (k) et cetera, (l) die gerade den Wassereimer zerbrochen haben, (m) die aus großer Entfernung wie Fliegen aussehen. Im Wunderland dieser Taxonomie ist das, was wir sofort erfassen und das, was sich mit Hilfe der Fabel als exotischer Charme eines anderen Denksystems zu erkennen gibt, gleichzeitig die Begrenztheit unseres eigenen Systems, die reine Unmöglichkeit des daß-Denkens."

Jedes Schema ist in seiner Leistungsfähigkeit begrenzt, da die Konstruktion eines Schemas durch den Akt der Klassifikation selbst und durch die Mehrdeutigkeit der Sprache erfolgt und gleichzeitig eingeschränkt wird. Das Schema in der Hektik eines Beobachtungsverlaufs auszufüllen, ist für den Forscher noch zusätzlich belastend. Es ist oft überraschend zu beobachten, wie der Zwang des Ankreuzens unter Zeitdruck unseren freien Willen massiv einschränkt. Die Kategorien sind da, man muß Entscheidungen treffen und Eintragungen machen. Wenn wir im Zweifel sind, halten wir inne und überlegen, ob die Kategorien passen, oder füllen wir sie aus, weil wir da sind, um sie anzukreuzen? Wir befolgen die Befehle des Schemas. Wenn jemand anderer das Schema entworfen hätte, würde dann das Bild, das sich aus den Ankreuzungen ergibt, dem Bild des Galton-Schemas ähnlich sein? Wenn jemand anderer an meiner Stelle die Ankreuzungen vornähme, würden diese zum selben Ergebnis führen? Für Checklisten und viele andere Forschungsinstrumente gilt das Axiom, daß sie ihre Existenz zunächst einmal selbst rechtfertigen und sich dann später auch selbst bestätigen. Das heißt, daß ihre Konstruktionslogik abhängig ist von den Forschungszielen, die die Konstruktion untermauern. Es ist eher eine Logik des Bekannten, als des Unbekannten, eine Logik des Etablierten, nicht eine des noch-nicht-Etablierten, eine Logik des Theoretischen, nicht des Atheoretischen. Da alle Kategorien vorgegeben sind, können sich überraschende Ergebnisse nur im Unterschied zwischen erwarteten und tatsächlich beobachteten Häufigkeiten ergeben: z.b. *im welchen Ausmaß* eine Lehrerin Buben gegenüber Mädchen bevorzugt.

Galton mag hier einwenden, daß seine häufige Anwesenheit im Unterricht es ihm ermöglichte, Verhalten zu differenzieren. Er war nicht mehr der Fremde, den Wittgenstein beschrieb. Er hatte auf dem Weg dorthin einige Kleidungsstücke des Ethnographen angezogen. Er konnte daher sowohl die Vorteile einiger Ansätze von Elliott nutzen, als auch die relative Objektivität von ORACLE. Worin bestehen nun die Vorteile der Position von Elliott?

6.3 Die Position Elliotts

Diese läßt sich mit folgendem Bild beschreiben: Jemand sitzt am Rande eines Bühnengeschehens, nimmt alles auf und geht gelegentlich auf die Bühne, um die Akteure nach dem Was, Wie oder Warum zu fragen. Ein SchülerInnenknäuel ist gerade mit einer Aufgabe beschäftigt, und der Forscher schaut ihnen mit ernstem Gesicht zu. Besitzt er ein Notizbuch? Oder zeichnet er alles im Kopf auf? Ich erinnere mich an den Kritiker und Schriftsteller Malcom Bradbury, der einmal auf einer Party zu uns sagte, er müsse schnell aufs Klo gehen, um seine Partybeobachtungen aufzuschreiben. Nehmen wir an, Elliott hatte ein Notizbuch. Wir können ebenso davon ausgehen, daß Elliott sich genügend oft im Unterricht aufhielt, um sich selbst mit dem Geschehen vertraut zu machen und um den SchülerInnen so vertraut zu werden, daß sie ihn kaum bemerkten. Da wir den ethnographischen Ansatz im Kapitel 1 ausführlich beschrieben haben, können wir uns hier kurz fassen: Was auch immer sich in Elliotts Kopf abspielt, wird uns verborgen bleiben. Nur seine Aufzeichnungen und deren Analyse werden uns mit der Zeit sichtbar. Auch sein Kategoriensystem ist für uns unsichtbar, vielleicht ist es das auch für ihn? Vielleicht hat er ein halb-strukturiertes Beobachtungsverfahren gewählt und in seinem Notizbuch einige Hinweise geschrieben, worauf er schauen soll. Er könnte dann wörtliche Kommentare aufschreiben, um seine Beobachtungen zu veranschaulichen. Bei anderen Gelegenheiten wird er vielleicht einen Kassettenrecorder benutzen. In jedem Fall verhält er sich eher als interaktiver, menschlicher Beobachter. Dennoch bleiben die Logik seines Vorgehens, sein implizites Kategoriensystem und die Interpretationsvorgänge ein Berufsgeheimnis.

Wir können weder die Ankreuzungen Galtons, noch die Fähigkeit Elliotts überprüfen, Interaktionen aufzuzeichnen und zu interpretieren. Nur ihre Ergebnisse und die eigene Analyse dieser Prozesse sind überprüfbar. Ob wir ihre Ergebnisse annehmen oder zurückweisen wird daher vor allem von ihrer Fähigkeit abhängen, uns von der Gültigkeit der Berichte zu überzeugen. Überzeugung führt zu Vertrauen und Vertrauen basiert auf der Einsicht, daß solche Ergebnisse möglich sind und mit unserer eigenen Erfahrung übereinstimmen. Je weniger sie das tun, um so mehr Beweise brauchen wir, um unsere fixen Annahmen zu ändern. Wir sind wiederum bei dem zentralen Konzept der Beweise angelangt: Wie werden sie gefunden? Wie können sie aus den Köpfen der ForscherInnen zu uns, dem Publikum, gelangen? Sagen uns die ForscherInnen akzeptable Versionen der Wahrheit oder verhalten sie sich wie der Architekt in dem folgenden Gedicht von Morgenstern (1947, 59):

Es war einmal ein Lattenzaun,
mit Zwischenraum hindurchzuschauen.

Ein Architekt, der dieses sah,
stand eines Abends plötzlich da-

und nahm den Zwischenraum heraus
und baute draus ein großes Haus.

Der Zaun indessen stand ganz dumm,
mit Latten ohne was herum.

Ein Anblick gräßlich und gemein.
Drum zog ihn der Senat auch ein.

Der Architekt jedoch entfloh
nach Afri- od Ameriko.

Oder helfen uns die ForscherInnen, wie Rorty es sich wünschen würde, bei der Bewältigung von Realität? Hat das einen Einfluß darauf, wie ich die Erinnerung an dieses Video der Open University beurteile? Ich glaube schon. Ich fühle mich veranlaßt, meine Vorurteile gegenüber Checklisten und deren überbeanspruchte Beziehung zur Objektivierung und zum Positivismus über Bord zu werfen.

6.4 Warum Checklisten nützlich sein können

Bevor wir hier verschiedene methodische Zugänge zur Verhaltensbeobachtung mittels vorgegebener Kategoriensysteme vorstellen, möchten wir kurz auf das Problem der *methodischen Artefakte* eingehen. Aufgrund unserer Erfahrungen mit angehenden ForscherInnen stimmen wir der Aussage Rortys zu, daß man sich nicht zu sehr über Artefakte, d.h. über Diskrepanzen zwischen Rekonstruktionen der Forschung und den Realitäten, die diese Rekonstruktionen veranlaßt haben, den Kopf zerbrechen sollte. Vielmehr sollte man sich auf die Aussagekraft dieser Rekonstruktionen konzentrieren und prüfen, inwieweit sie als Katalysatoren helfen können, Dinge neu zu sehen, Handlungen einzuleiten, oder individuelle Muster des Umgangs mit Realität zu verändern.

Wie immer man Forschungsartefakte interpretiert, ihre Bedeutung liegt darin, Diskurse zu bereichern, unsere Annahmen in Frage zu stellen und neue Handlungsstrategien zu erproben. Artefakte dienen nicht dazu, die Realität gleichsam wie ein Schmetterlingssammler an der Wand aufzuspießen. Das geschieht oft dadurch, daß in Forschungsprozessen Instrumente, seien es Beobachtungsbögen oder Interviewleitfaden, mit Begeisterung der Realität übergestülpt werden. Als Forscher sind wir jedoch verpflichtet, unseren Methodeneinsatz zu begründen und nachzuweisen, daß wir die gröbsten Vorurteile, Fehler und Mehrdeutigkeiten aus unseren Designs zu entfernen versuchten. Gleichzeitig müssen wir die verbleibenden methodischen Probleme klar und ehrlich darstellen.

6.5 Häufigkeitszählungen

Die einfachste Form der Datengewinnung ist, zu zählen, wie oft ein Ereignis auftritt. Das Ergebnis kann manchmal überraschend sein, vor allem, wenn uns dadurch erst die Vielzahl an auffälligen Verhaltensmustern, wie z.b. Spracheigenheiten, Ticks oder Kleidungsgewohnheiten, bewußt wird. Oft sind es jedoch die Häufigkeitsdaten von weniger auffälligen Verhaltensweisen, die uns herausfordern. Hier einige Beispiele:

* die Zeit, die Ärzte und Pflegepersonal an einem Krankenbett verbringen;
* die Anzahl von Berührungen von Koma-PatientInnen durch KrankenpflegerInnen;
* die Länge der Stille zwischen einer LehrerInnenfrage und der SchülerInnenantwort;
* die Häufigkeit von Fragen an Buben und Mädchen in einer Klasse;
* das Verhältnis von LehrerInnengespräch und SchülerInnengespräch;
* die Dauer von Übergängen in einer Stunde;
* die Häufigkeit, mit der Buben und Mädchen nachsitzen müssen;
* die Häufigkeit der Benutzung von Spielautomaten durch Burschen und Mädchen;

Die Häufigkeiten dieser Ereignisse können auf unterschiedliche Weise gemessen werden, wie z.b. mittels einer Stoppuhr oder durch Ankreuzen in vorgegebenen Beobachtungsbögen. Unter der Annahme, daß die Ergebnisse unverfälscht und verständlich dargestellt werden, können einfache Häufigkeitsangaben sehr aussagekräftig sein. Wie würde z.b. eine Lehrperson auf folgende Häufigkeitsverteilung des Sprachverhaltens im Unterricht reagieren?

> Analyse des Transkripts einer Klassendiskussion
>
> LehrerInnengespräch = 75% der gezählten Worte
> SchülerInnengespräch = 25% der gezählten Worte

Oder, wie würden folgende Daten aus einer Krankenstation aufgenommen werden?

> Durchschnittliche Zeit, die mit Koma-PatientInnen verbracht wurde
> = 12 Minuten
> Durchschnittliche Zeit, die mit normalen PatientInnen verbracht wurde
> = 23 Minuten

Was Beteiligte am stärksten beschäftigt, sind zunächst die Fragen, *Warum?* *Warum ist das so?*, dann erst die Frage nach den Konsequenzen. Gewöhnlich führt das zu Versuchen, komplexere Forschungsdesigns mit Hypothesen-prüfendem Charakter zu erstellen. Das heißt, die Beteiligten möchten gezieltere Belege über ihr Handeln sammeln, sie sind bereit, ihr Verhalten zu ändern und neue Strategien zu entwickeln, um die Bedeutung der ursprünglichen Datenanalyse besser zu verstehen.

Daraus sieht man, daß Häufigkeitszählungen durchaus als Katalysatoren wirken können, vorausgesetzt, sie sind einfach, relativ eindeutig und sie können die Grundstruktur von Ereignissen aufzeigen. Was sie nicht können, ist, die *Qualität* von Ereignissen wiederzugeben. Im ersten Beispiel haben wir daher auch keine Kenntnis des echten Interesses der Klasse am LehrerInnengespräch oder darüber, ob die Lehrperson absichtlich Informationen für eine weitere Diskussion geben wollte. Wir können auch nicht beurteilen, ob die SchülerInnen in die Tiefe gehende Fragen gestellt hatten, die eine ausführlichere Stellungnahme der Lehrperson erforderten.

Wir wissen nichts über die Art des Körperkontakts zwischen PflegerInnen und PatientInnen im zweiten Beispiel. Sie könnten z.b. die Hände der Koma-PatientInnen halten, die normalen PatientInnen dagegen nur flüchtig berühren. Die Zeit, die mit Koma-PatientInnen verbracht wird, könnte doppelt so hoch sein wie die in anderen Stationen. Wichtig bei der Konstruktion von Checklisten ist, darauf zu achten, daß sie die vom Forscher gewünschten Daten auch tatsächlich erheben können. Dazu ein Beispiel:

> Häufigkeit des Fragens einer Lehrperson innerhalb von 30 Minuten
>
> Offene Fragen: 2
> Geschlossene Fragen: 12

Wenn die Lehrperson sich überzeugen läßt, daß das Ergebnis eine Kritik an ihrem Unterrichtsstil darstellt, könnte sie nachdenklich werden. Eine qualitative Analyse ihrer Fragen könnte aufzeigen, daß geschlossene Fragen manchmal zu einer offenen Diskussion führen und daß offene Fragen umgekehrt eine Diskussion abwürgen können.

Sehen Sie sich dazu den Ausschnitt aus einer Aufzeichnung eines Lehrervortrags an. Die Zahl der sogenannten geschlossenen Fragen und Interventionen ist hier sehr hoch. Wenn man jedoch die zehn Minuten, die dieser Sequenz vorausgingen, mit in Betracht zieht, bekommt die Sequenz eine ganz andere Bedeutung. In diesen vorausgegangenen zehn Minuten las eine Gruppe von SchülerInnen einen vorbereiteten Text einer anderen Gruppe eher apathisch wirkender SchülerInnen vor. Die Einwürfe des Lehrers, der hier die Rolle des gewählten Gesprächsleiters ignoriert, scheinen die Diskussion in eine andere Richtung zu lenken.

Lehrer:	(zum Gesprächsleiter) *Darf ich etwas fragen? ... kann ich ... kann ich nochmals auf diese Frage zurückkommen? (zu Ronnie) Du hast gesagt, daß die Machtaufteilung von allen akzeptiert wurde, außer von der IRA.*
Ronnie:	*Wurde akzeptiert ... als allgemeine Idee.*
Lehrer:	*Ist das richtig, was du gesagt hast?*
Ronnie:	*Nach dem Video, das ich mir angeschaut habe, ja. Sind Sie anderer Meinung?*
Lehrer:	*Würdest du das noch einmal sagen und schauen, ob die Leute hier mit dir übereinstimmen?*

(Protestrufe von der Gruppe. Man übertreibt vor der Kamera)

Lehrer:	*Ich bin ganz baff. Was hast du über die Machtaufteilung gesagt?*
Ronnie:	*Ich habe gesagt, daß die Machtverteilung im Jahre 1974 versagt hat.*
Lehrer:	*Das ist richtig.*
Ronnie:	(Zitierend) *"Diese Option wird von allen Parteien akzeptiert, außer der IRA."*
Lehrer:	*Hmmm. Ich glaube, jemand sollte dazu etwas sagen ...* (Aufruhr). *Ich glaube, jemand sollte dazu etwas sagen ...*
Fred:	*Sind Sie sicher, daß Sie das richtig verstanden haben?* (starker Lärm)

(Lehrer ruft Fred auf)

Fred: *Ich hab mir gerade gedacht, ob Sie da richtig liegen. Ich kann*
            mich nicht erinnern, irgend etwas darüber gehört zu haben ...
            Vielleicht hat man vorgeschlagen ...
Ronnie: *Ich habe das aufgeschrieben, das ist nicht auf dem Video ...*
Lehrer: (bringt Sam ins Gespräch) *Ich glaube, wir sollten hören, was*
            Sam zu sagen hat.
Ronnie: *Wenn Sie sich erinnern, da gab es eine graphische Darstellung*
            mit verschiedenen Ausschnitten eines Laubsägepuzzles und es
            gab fünf Optionen.
Sam: *Darauf kam es aber nicht an. Worauf es ankam war, daß die*
            IRA die Diskussion mit ihnen verweigerte, sie waren nicht
            dagegen. Sie wollte nicht mit ihnen diskutieren, weil sie Gewalt
            anwenden.
Ronnie: *Darüber weiß ich überhaupt nichts.*
Lehrer: *Ja, Sam, bitte? Ich glaube nicht, daß Ronnie unrecht hat, es*
            hängt davon ab, worauf man hier das Gewicht legt, es ist eine
            Sache der Interpretation ... würdest du vielleicht ...
Sam: *Diese Sache mit der Gewaltaufteilung ... ich glaube nicht, daß*
            die Ulster Unionisten damit von Anfang an einverstanden
            gewesen wären ...
Lehrer: *Ich bin sicher, daß das richtig ist. Das große Hindernis für die*
            Machtaufteilung ist nicht die IRA, es sind die Ulster Unioni-
            sten. Ich glaube Sam hat recht, aber könntest du Ronnie korri-
            gieren und sagen, was er mißverstanden hat?
Sam: *Ich glaube, er hat die Graphik mißverstanden.*
Lehrer: *Ja, das ist richtig.*
Sam: *Die IRA wurde nicht mit einbezogen, aber nicht, weil sie nicht*
            mit einbezogen werden wollten. Die Unionisten wollten nicht
            mit ihnen reden, weil sie (die IRA) keine politische Macht zu
            diesem Zeitpunkt waren. Jetzt haben sie Sinn Fein. Aber die
            Unionisten wollen mit diesen auch nicht reden. (Sanger 1989a,
            34)

Aus diesem Gesprächsverlauf können wir entnehmen, daß offene und
geschlossene Fragen und Aussagen sich jeweils nur von ihren Konsequenzen her bestimmen lassen. Die ursprüngliche Checkliste mit der Zahl
der offenen und geschlossenen Fragen dürfte nicht das eingefangen haben,
was beabsichtigt war.

In Instrumenten zur Erhebung von Häufigkeiten wird sich immer eine Spannung ergeben zwischen Subjektivität und Objektivität, die zu unterschiedlichen Bewertungen führt. Wenn wir uns darüber einig sind, daß auch in den rigorosesten Instrumenten immer ein Element von Mehrdeutigkeit zu finden ist, sollte der Beobachter von vornherein mit einem bestimmten Fehlerspielraum rechnen. Im folgenden Beispiel nimmt dieser Fehlerspielraum zu:

Kreuzen Sie an, welche Ausprägung am ehesten das Verhalten Ihres Personalchefs wiedergibt

Freundlich	I__I__I__I__I__I	Unfreundlich
Bemüht	I__I__I__I__I__I	Gleichgültig
Ermutigend	I__I__I__I__I__I	Entmutigend
An Ihrer Meinung interessiert	I__I__I__I__I__I	An seiner Meinung interessiert

---

Graphische Schätzskalen enthalten hohe Anteile von Subjektivität. Wenn damit jedoch die Sichtweisen einer größeren Zahl von unterschiedlichen Teilnehmern erfaßt werden, liefern sie Daten, die als Hinweise für Kompetenz, Fähigkeit oder persönliche Qualität angesehen werden können.

Am besten man betrachtet Checklisten als distanzierte und sachliche Verfahren der Datengewinnung. Vorausgesetzt, die Sprache ist eindeutig, die Kategorien sind einfach und enthalten nicht zu viele Wahlmöglichkeiten, dann können damit gültige Daten erhoben werden. Ihr Vorteil besteht auch in ihrer Variationsfähigkeit. Eine Lehrerin aus einem Forschungsprojekt stellte die folgende Checkliste zur Erfassung der Lehrer-Schüler- und der Schüler-Schüler-Interaktion im eigenen Unterricht zusammen:

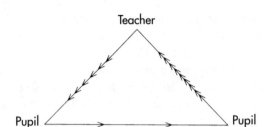

Die Checkliste wurde in einer Stunde eingesetzt, in der die Lehrerin sich
frei im Klassenzimmer bewegen und die Fragen der SchülerInnen an sie
bzw. die gegenseitigen SchülerInnenfragen notieren konnte. Das Instrument
bewährte sich deshalb so gut, weil die Lehrerin die relevanten Fragen
kannte, an denen sie interessiert war und andere, nicht zum Thema
gehörende Fragen ignorieren konnte. Das Ergebnis zeigt, daß die meisten
Fragen an sie gerichtet sind. Sollte sie die intellektuelle Unabhängigkeit
ihrer SchülerInnen fördern wollen, müßte sie ihre dominante Position als
Fragebeantworterin aufgeben und mit innovativen Strategien das gegensei-
tige Fragen der SchülerInnen verstärken.

6.6 Interaktionsbeobachtung

Das oben beschriebene Dreieck ist eine einfache Version zur Darstellung
von Interaktion. Interaktionsverfahren sind vergleichbar mit einfachen
Plänen, die abbilden, wo Personen sitzen oder stehen. Das Problem dabei
ist, daß diese Verfahren zwar für komplexe Interaktionsmuster entwickelt
wurden, aber nur Beziehungen zwischen Personen erfassen können, die sich
nicht bewegen. Je größer die Zahl der zu beobachtenden Personen ist,
desto schwieriger wird das Arbeiten mit Interaktionsdiagrammen.

Das folgende Beispiel bezieht sich auf eine Dienstbesprechung von
KrankenpflegerInnen auf einer Krankenstation. Die Stationsschwester wollte
herausfinden, ob ihre Art, ihr Team über die Diensteinteilung zu informieren, effizient sei. Die Sitzordnung bei der Dienstbesprechung ist ein
offenes Viereck. Die Stationsschwester sitzt am offenen Ende, die Teammitglieder sind mit Buchstaben des Alphabets bezeichnet und sitzen entlang
der Seiten des Vierecks. Der Beobachter sitzt in der rechten unteren Ecke.

Verbale Kommunikation zwischen einer Stationsschwester und ihrem Team über die Diensteinteilung

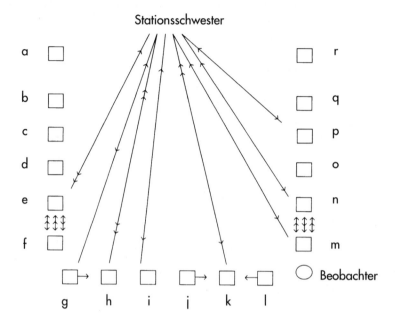

Welche nützliche Information kann die Stationsschwester dem Diagramm entnehmen? Die Pfeile markieren die Kommunikationsrichtung zwischen Sprecher und Empfänger. Die Anzahl der Pfeilspitzen repräsentiert die Anzahl der Kommunikationen. Auch hier geht es nicht um die Qualität der Kommunikation. Dennoch wird ihre Sorge um die Teammitglieder m, n, e und f durch das Diagramm bestätigt. Diese hatten öfters etwas nicht verstanden und sie im nachhinein um zusätzliche Informationen gebeten. Es wurde ihr auch bewußt, wie unterschiedlich ihre Instruktionen von der Gruppe aufgenommen wurden, d.h. wer sich eher aktiv und wer sich eher passiv verhielt. Die Daten veranlaßten sie, den Ablauf der Dienstbesprechung neu zu organisieren.

Das Interaktionsdiagramm stellt in diesem Fall eine differenzierte Checkliste dar. Der Informationsgehalt kann dadurch erweitert werden, daß z.B. die Uhrzeit für die Fragen eingetragen werden. Daraus läßt sich erkennen, ob Interaktionsmuster innerhalb einer bestimmten Zeit auftauchen. Auf die Unterrichtssituation bezogen, würde man z.b. vermuten, daß Fragen im Zusammenhang mit dem Bearbeiten von Lernaufgaben oder mit der Einführung eines schwierigen, neuen Themas gestellt werden, und daß sie dann, wenn die SchülerInnen in die Arbeit vertieft sind, abnehmen. Am Ende der Stunde, wenn die Hausaufgabe gestellt wird, kann dann die Zahl der Fragen wieder zunehmen.

Eine Folge von Interaktionsbeobachtungen kann die Beziehungsstruktur von Gruppen wie in einem Soziogramm abbilden. Gesellige Personen werden dann durch viele auf sie gerichtete und von ihnen wegführende Pfeile charakterisiert, die Zurückgezogenen werden ohne Pfeile dastehen. Die "Ablenker" werden nur von sich wegführende Pfeile aufweisen. Alle diese Informationen können nützlich sein, um Lernprozesse in Gruppen zu optimieren: Was und wie man lernt hängt oft entscheidend von der Sitzordnung ab. Dies gilt für Unterrichtssituationen ebenso wie für therapeutische Sitzungen.

Interaktionsbeobachtungen sind zwar Kommunikationspläne, sie bilden aber die Umgebung, in der die Aktivitäten stattfinden, nicht ab. Es gibt z.b. keine Differenzierung nach *Vordergrund und Hintergrund*. Die Aufzeichnung solcher Eigenheiten eines Plans, wie das in-den-Vordergrund-Rücken von Akteuren, die bisher im Hintergrund agierten, war bisher den Videokameras vorbehalten. Wenn Interaktionsdiagramme sich in diese Richtung erweitern, werden interessante neue Möglichkeiten eröffnet.

6.7 Beobachtung als Bühnengeschehen

Wenn ForscherInnen mit dem Hintergrund von Ereignissen vertraut sind, können sie den Akteuren wie Schauspielern in einem Stück zusehen, wie sie mit ihrer Umgebung interagieren. Um das zu tun, muß man eine Karte dieser Umgebung anfertigen, so als ob man ein Theaterdirektor wäre. Sobald die Akteure auftauchen, kann man ihre Bewegungsverläufe auf der Bühne aufzeichnen und dabei ein Gefühl für ihre Choreographie entwickeln. Sehen wir uns das anhand des folgenden Klassenzimmerplans an:

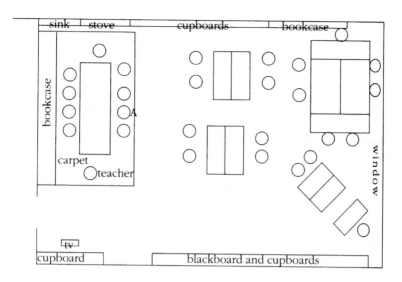

Anhand dieses Plans kann der Forscher verschiedene Aktivitäten wie auf einer Bühne aufzeichnen. Greifen wir die Wege und Aktivitäten des Schülers A heraus, die ein Beobachter innerhalb einer halben Stunde aufgezeichnet hat. Dieser Plan könnte so aussehen:

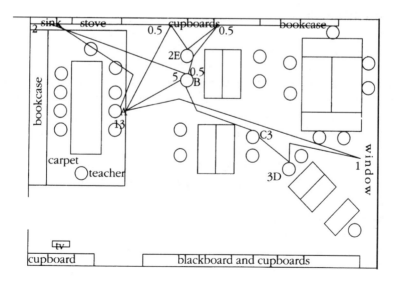

Schüler A besuchte die MitschülerInnen B, C, D, und E. Die Zahl neben den Aufenthalten stellt die Zeit dar, die der Schüler mit seinen Kamerad-Innen bzw. bei verschiedenen Lernorten verbrachte. Interessant ist z.b., daß Schüler A nur drei Minuten bei den eigens für diese Stunde hergerichteten Lernmaterialien (Wasser und Farben) verbrachte: Zwei Minuten am Waschbecken ("sink") und je eine halbe Minute vor den offenen Wandschränken mit den Farben. Dreizehn Minuten saß er an seinem Platz, die restliche Hälfte der Stunde verbrachte er mit anderen SchülerInnen beim Malen. Der Beobachter kann auf diese Weise die Lernaktivitäten im Klassenzimmer von einer kleinen Anzahl von SchülerInnen gleichzeitig erfassen und so interessante Beispiele von Schüleraktivitäten im Unterricht zusammenstellen. Wenn nur ein Schüler, eine Schülerin, beobachtet wird, ist es einfacher eine differenzierte Beschreibung des Bewegungs- und Aktivitätsablaufs ("Schattenstudie") dieses Schülers, dieser Schülerin, anzufertigen. Dabei können bestimmte Aspekte, wie Ablenkung/Unterbrechung, Übergänge zwischen Aktivitäten, soziales Engagement, allgemeines Klassenmanagement (z.B. ob die Lernressourcen einfach zugänglich sind), die Beziehung zwischen den Geschlechtern und andere Themen, untersucht werden. Pläne stellen auch nützliche Gedächtnishilfen für die Aufzeichnungen eines Forschers dar.

6.8 Postskriptum

Ich (Jack Sanger) erinnere mich an eine Geschichte, die man mir als Chorknabe erzählte, gerade als ich meine Uniform wegen schlechten Benehmens ausziehen mußte. Pfarrer Tillard sagte, daß manche Wissenschaftler sich Gott ebenbürtig erachteten. Sie wetteten mit dem Oberpriester eines Landes, daß sie all das, was Gott tun könnte, ebenfalls tun könnten.

Der Priester nahm einen Kressesamen aus seiner Tasche und sagte: "Könnt ihr das machen?" Die Wissenschaftler lächelten und gingen mit dem Samen weg. Nach sorgfältigen Analysen hatten sie eine Checkliste zur molekularen Struktur des Samens entwickelt. Damit identifizierten sie die Samenbestandteile und stellten einen identischen Samen her. Sie zeigten ihr Ergebnis dem Priester: "Du siehst, wir haben geschaffen, was wir versprochen hatten. Kannst du uns jetzt sagen, ob zwischen unserem Samen und dem Samen Gottes irgendein Unterschied besteht?"

Jetzt lächelte der Priester. Er legte die beiden Samen auf einen nassen Schwamm. Nach kurzer Zeit verkündete er: "Das ist euer Samen und das ist Gottes Samen." Aus letzterem war eine kleine Wurzel gewachsen.

Kapitel 7

Beobachtung und Aufzeichnung beim Interview

"Ist die wörtliche Wahrheit wichtig?"
Sie dachte darüber nach. "Ja, für die Person, für die sich diese Wahrheit ereignet hat." (A Compass Error, Sybille Bedford)

In den frühen achtziger Jahren schrieb ich (Jack Sanger) gemeinsam mit Barry MacDonald einen Artikel über das Interview. In der qualitativen Forschung kann diese Methode der Datengewinnung, gemessen an ihrer Beliebtheit in der Evaluationsforschung, als die vielleicht wichtigste angesehen werden. Damals versuchten wir den Unterschied in der Verwendung eines Kassettenrecorders gegenüber von handschriftlichen Aufzeichnungen beim Interview herauszuarbeiten. Zu diesem Zeitpunkt gab es wenige in die Tiefe gehende Analysen des technologischen Aspekts beim Interview.

"Es liegt die Schlußfolgerung nahe, daß der Interviewprozeß nicht beschreibbar bzw. nicht begründbar ist. Er erscheint autodidaktisch, eigenartig, nicht wert, darüber zu reden. Selbst wenn man alle relevanten Fragmente der zahlreichen Interviews eines renommierten Experten, wie Lou Smith, zusammenfügt, der wie kein anderer sein Feldforschungsverhalten im Hinblick auf Ziele, Strukturen und Prozesse exzellent beschrieben hat, bleibt der Eindruck bestehen, daß ein sehr bedeutsames Instrument der Evaluationsforschung in einer ungewöhnlichen normativen Freiheit charakterisiert wird." (MacDonald/Sanger 1982, 175)

Interviews finden innerhalb eines Beobachtungskontexts statt. Dieses Kapitel konzentriert sich daher auf das Zusammenspiel dieser beiden Methoden.

Trotz der großen Bandbreite von heutigen Interview-Konzepten gibt es Übereinstimmung darin, daß Interviews im Forschungsprozeß letztlich *öffentliches* Wissen über unterschiedliche professionelle Aktivitäten erzeugen sollen, das sich aus *privatem* Wissen herleitet. Das Interview als beste Zugangsmethode zu diesem privaten Wissen muß daher den Qualitätskriterien Effektivität, Fairness und Gültigkeit genügen. Diese Übereinstimmung in den methodologischen und ethischen Kriterien reicht aber nicht aus, eine Lösung für die großen erkenntnistheoretischen, politischen und technischen Unterschiede beim Intervieweinsatz zu finden. Diese Unterschiede beeinflussen unsere Verfahrensweisen, unsere Rollen und damit letztlich auch die Ergebnisse.

Wir möchten versuchen, einige dieser Unterschiede aus der Sicht der Beobachterrolle beim Interview sichtbar zu machen. Der Schwerpunkt unserer Überlegungen liegt bei den unstrukturierten und halb-strukturierten Interviews. Strukturierte Interviews können ja als mündliche Fragebögen bzw. Checklisten aufgefaßt werden, die wir im Kapitel 6 ausführlich beschrieben haben.

Ein entscheidender technischer Unterschied beim Interview liegt in der Verwendung von Kassettenrecordern gegenüber eigenen Aufzeichnungen. Beides sind Instrumente, um Beobachtungsergebnisse festzuhalten. Während der Kassettenrecorder auf den ersten Blick den Beobachter zu entlasten scheint, wird jedoch die Komplexität der Interviewsituation erhöht.

Der Begriff *"unstrukturiert"* wird ebenfalls unterschiedlich aufgefaßt: Am einen Ende des Spektrums stehen InterviewerInnen, die bereits mit spezifischen Interessen, Annahmen und Schlußfolgerungen in die Interviewsituation hineingehen. Sie verstehen unter "unstrukturiert" nur, daß sie die Fragelinie erst dann festlegen können, wenn sie wissen, welche Informationen verfügbar sind. "Unstrukturiert" bedeutet hier so viel wie taktischer Opportunismus. Am anderen Ende des Spektrums stehen die meisten qualitativen ForscherInnen. Für sie bedeutet "unstrukturiert" eine Art von erkenntnistheoretischer Empfindsamkeit: Wie gut verstehen Interviewte ihre Erfahrungen? Wie weit können sie den Interviewthemen und ihren Biographien "treu bleiben". Der Begriff "treu bleiben" wird jedoch sehr unterschiedlich interpretiert: Für die einen bedeutet er Gültigkeit, die durch die subjektive, individualisierte Organisation der Gedanken und Gefühle zustande kommt, für andere die strenge, wörtliche Auslegung des Begriffs "Interview", für die Metatheoretiker bedeutet er die Rekonstruktion von Erfahrung, die für das Selbst-Wissen anderer Rechenschaft ablegt, und für andere ist das Interview ein Artefakt, das die bestehenden politischen Einflußkräfte in einer Kultur oder Geschichte symbolisiert. Die meisten vertreten zwar die Auffassung, daß Validität von der intersubjektiven Übereinstimmung abhängt, würden sich aber hinsichtlich der Rollen, die Interviewte, InterviewerInnen und Öffentlichkeit beim Validieren von Daten spielen, unterscheiden. Ungeklärt ist auch, in welcher Hinsicht sich Vertreter unterschiedlicher wissenschaftstheoretischer Positionen, wie z.b. Symbolische Interaktionisten, Poststrukturalisten, Ethnographen oder Ethnomethodologen in der Interviewpraxis unterscheiden würden.

Für den Evaluationsforscher ergibt sich die Schwierigkeit, daß die Interviewprobleme, die er lösen will, eng mit den jeweiligen forschungspolitischen Bedingungen verknüpft sind. EvaluatorInnen eines Forschungsprojekts arbeiten beispielsweise in einem Überzeugungskontext, innerhalb dessen sie Ergebnisse für Ressourcenentscheidungen liefern müssen. Bei dieser engen Verknüpfung von Wahrheit[6] und Konsequenzen ist eine distanzierte Haltung nur schwer möglich. Dazu kommt noch, daß InterviewerInnen sich allen Personen gegenüber, deren Interessen auf dem Spiel stehen, gleich fair verhalten müssen. Diese ethische Verpflichtung kann einerseits das Sammeln von Privatwissen sehr stark einschränken, andererseits durch die geforderte Interessenrepräsentativität aller Betroffener die Stichprobengröße zu groß werden lassen.

Die meisten EvaluatorInnen haben weder Zeit, Ressourcen, noch die Freiheit, jene persönliche Beziehung zu ihren InterviewpartnerInnen aufzubauen, die aus der Sicht der Sozialwissenschaft als Voraussetzung für ein ergiebiges und gültiges Interview gesehen wird. In der Praxis läuft das Interview als einmalige Begegnung zwischen relativen Fremden ab. Kann es da mehr leisten, als den Betroffenen eine Chance zu geben, angehört zu werden?

Für Evaluator und Forscher ist es wichtig zu wissen, welche Bedeutung es für die Betroffenen hat, an der zu evaluierenden bzw. zu erforschenden Aktivität teilzunehmen und was ihr Antwortverhalten im Interview bestimmt. ForscherInnen oder EvaluatorInnen sind "Outsider", die in das Forschungsfeld hineinsehen, um herauszufinden, was es bedeutet, ein "Insider" zu sein. Sie sind weiters verpflichtet, ihre Erkenntnisse anderen

---

6   Wir vertreten hier eine individualistische Wahrheitsauffassung. Jeder von uns hat ein Gefühl von Wahrheit, das für sein Leben bedeutsam ist. Es ist die Aufgabe von ForscherInnen oder EvaluatorInnen, den Gemeinsamkeiten und Gegensätzen dieser Wahrheitsauffassungen Sinn zu verleihen.

mitzuteilen. Diese anderen stellen die Öffentlichkeit dar, die sich aus den verschiedensten Interessengruppen zusammensetzt: aus Teilnehmern, aus Nicht-Teilnehmern, aus Nutzern und Empfängern ihres Wissens, aber auch aus Personen, die ihnen ihr Wissen gegeben haben.

Unstrukturierte Interviews sind aus zwei Gründen gut geeignet, die Anliegen und Interessen der Forschungssubjekte zu erfassen: Zum einen erlauben sie den Interviewten, sich aktiv an der Themenstellung zu beteiligen, zum anderen können sie das Problem, welche Informationen für das Verstehen wichtig sind, besser lösen. Dieses taucht vor allem dann auf, wenn man die Motive für gescheiterte Ansprüche, für das Nicht-Erreichen von Zielen und für unterschätzte oder unerwartete Forschungserfahrungen herausfinden will.

Bei der Erörterung der Frage, welche Bedeutung die Beobachtung beim Interview hat, ist es wichtig, zwischen "Notizen-Machen" und "Einsatz eines Kassettenrecorders" als Aufzeichnungsverfahren zu unterscheiden. In der Literatur dazu werden unterschiedliche Standpunkte vertreten. Guba/Lincoln (1981) z.B. sehen beide Aufzeichnungsverfahren als identische Methoden der Datengewinnung an und empfehlen schriftliche Aufzeichnungen, um sich die Mühen der Folgearbeit (Transkriptionen) zu ersparen. Johnson (1975, 38) dagegen weist in seiner Analyse von Interviews bei SozialarbeiterInnen auf zwei Phänomene hin, die ihm beim Vergleich der beiden Aufzeichnungsverfahren aufgefallen sind:

"Zuerst fiel mir auf, daß die schriftlichen Aufzeichnungen alle Aussagen eines bestimmten Sozialarbeiters enthielten, die er bei der Fallpräsentation und der anschließenden Diagnose machte. Die Aufzeichnungen gaben auch die grammatischen und syntaktischen Strukturen dieser Aussagen wieder. Die Transkripte dagegen veranschaulichten meine Illusionen. Sie enthüllten nur meine Grammatik und meine Syntax."

Ein einfühlsamer und aufmerksamer Beobachter ist in der Lage, diese Diskrepanzen in den Aufzeichnungsverfahren zu entdecken. Was aber können wir von den Aufzeichnungen eines stärker involvierten Interviewers erwarten? Ist diese Frage überhaupt wichtig? Ein bekannter Soziologe, der über die Bedeutung dieser Unterschiede bei einer Tagung über naturalistische Forschung befragt wurde, tat das Problem als eine pedantische Haarspalterei ab: "Es ist mir egal, ob er wirklich das gesagt hat, was ich behaupte, er habe es gesagt. Entscheidend ist, daß er es gesagt haben könnte". Einige der Anwesenden waren über diese Antwort schockiert, andere nickten zustimmend. Im weiteren Verlauf seiner Analyse kehrt Johnson wieder zu dem Vergleich zurück, attackiert aber jetzt die Tonbandaufzeichnungen:

> *"Als ich mir die Tonbandaufzeichnungen meiner Hausbesuche anhörte, bemerkte ich, daß ich über bestimmte Aspekte von Handlungen Bescheid wußte, obwohl darüber in den ausführlichen Aussagen nicht gesprochen wurde. Das heißt nicht, daß ich zwischen den Zeilen des Transkripts lesen oder die Aussagen in einem ironischen oder metaphorischen Ton sehen mußte, um sie zu verstehen. Was ich meine ist, daß einige wesentlichen Elemente der Handlung einfach nicht durch Worte ausgedrückt wurden."* (a.a.O., 39)

Das Aufzeigen solcher Diskrepanzen in den Aufzeichnungsstilen macht nicht nur die Relevanz wichtiger Gütekriterien, wie Genauigkeit, Validität und Authentizität, fragwürdig, sondern zeigt auch auf, wie stark Aufzeichnungsverfahren den Ablauf des Interviews als sozialen Prozeß beeinflussen.

Das unstrukturierte Interview stellt InterviewerInnen vor drei Probleme. Das erste ist die Frage, wie man ein in die Tiefe gehendes Gespräch mit relativen Fremden in kurzer Zeit führen kann. Das zweite Problem betrifft die Fairness gegenüber dem Interviewten, dessen Interessen auf dem Spiel stehen. Das Herstellen einer Balance zwischen *dem "Recht auf Wissen"* und dem Recht des Interviewten auf *"Meinungsschutz"* ist ein zentrales ethisches Problem der Forschung. Im unstrukturierten Interview ist die Gefahr für den Interviewten am größten, daß seine persönliche Meinung aufgedeckt und damit die Balance nicht eingehalten wird. Das dritte Problem bezieht sich auf die Frage, welche Wahrheitsansprüche mit Interviewergebnissen verbunden sind. Jedes Aufzeichnungssystem muß sich daher mit diesen Fragen auseinandersetzen und Lösungsvorschläge anbieten.

Die Wahl zwischen schriftlicher und elektronischer Aufzeichnung kann auch als Unterscheidung zwischen zwei Argumentationslinien aufgefaßt werden, die sich auf unterschiedliche Wertstandpunkte, Ziele und Ansprüche von Feldforschung beziehen. Auf sie möchten wir im folgenden näher eingehen.

7.1 Argumente für das Aufzeichnen mit Kassettenrecorder

Das Interview kann als kreativer Prozeß angesehen werden, der vom Interviewer vollstes Engagement bei der Datengewinnung abverlangt. Mit Hilfe des Kassettenrecorders ist es nun möglich, die beiden Tätigkeiten des Aufzeichnens und Wiedergebens, die den kommunikativen Austausch im Interview sehr stark einschränken, auf später zu verschieben. Der Interviewer kann sich nun ganz auf die Aufgabe des Beobachtens, auf die Körpersprache und auf das Herstellen einer zwischenmenschlichen Beziehung konzentrieren. Das Aufzeichnungsgerät ist somit gut geeignet, die Intentionen des unstrukturierten Interviews zu unterstützen, d.h. die affektiven und kognitiven Erfahrungen des Interviewten mit dem Thema wachzurufen und weiter zu entwickeln. Der Interviewte fühlt sich nicht durch die Aufzeichnungen des Interviewers gezwungen, etwas zu sagen, was unmittelbar für die Öffentlichkeit bestimmt ist. Er spürt, daß ihm ein aufmerksamer und interessierter Zuhörer gegenüber sitzt und sieht das als Gelegenheit, seine eigenen Bereiche von Bedeutsamkeit zu erkunden.

Die Aufzeichnung ist für die weiteren Phasen der Forschungsarbeit sehr entscheidend. Zum einen garantiert sie, daß das, was beide Interviewpartner im Frage- und Antwortverhalten gesagt haben, chronologisch genau festgehalten wird. Zum anderen dient sie als Basis für das Aushandeln von Interviewauszügen, die veröffentlicht werden können. Darüber hinaus stellt sie eine unabhängige und unanfechtbare Datenquelle im Falle von kritischen Rückfragen und möglichen Beeinspruchungen dar. Wichtig ist, daß der Interviewte als Besitzer der Aufzeichnung sich der Verantwortung für den Schutz des wertvollen Dokuments bewußt ist. Das Wissen um das Eigentumsrecht über Daten ("ownership of data") kann dazu beitragen, daß der Interviewte sich besonders um die Gültigkeit der von ihm produzierten Daten bemüht.

Zusammenfassend läßt sich für die Aufzeichnung mit Kassettenrecorder argumentieren, daß sie dem Interviewer ermöglicht, einen mehr in die Tiefe gehenden Dialog zu führen. Zusätzlich bietet die Beobachtung als Triangulierungsmethode einen guten Schutz gegen einen möglichen Mißbrauch dieser Technologie.

7.2 Schwächen der elektronischen Aufzeichnung

Als Gegenargument läßt sich anführen, daß das Aufzeichnen mit Kassettengerät nur eine Teilwiedergabe der Interaktion und Kommunikation im Interview darstellt, nämlich die Wiedergabe des Tons, der letztlich weiter reduziert wird auf transkribierte Worte. Diese wörtlichen Wiedergaben zeigen auf, wie stark Kommunikation von der Synthese von Ton, Gestik, Ausdrucksverhalten und Körperhaltung abhängig ist. Im Extremfall kann eine auf Worte reduzierte Kommunikation unverständlich sein, in jedem Fall verlangt sie nach Ergänzung durch Beobachtung von non-verbalen Verhaltensweisen, will sie Anspruch auf Vollständigkeit erheben. Ein erfahrener Interviewer kann das Aufzeichnen non-verbalen Verhaltens dadurch erleichtern, daß er den Interviewten zur Verbalisierung charakteristischer Aspekte seiner Körpersprache veranlaßt (*"Das war jetzt ein interessantes Achselzucken. Was genau bedeutet das für Sie?"*). Ein ähnliches Problem ergibt sich beim schriftlichen Aufzeichnen. Interviewer verlassen sich dann meist auf ihre Fähigkeit, die Kommunikationssituation zu deuten, und ergänzen unvollständige Aussagen und nicht verbalisierte Andeutungen. Da Sprachkompetenz und Erfahrung in der Selbstdarstellung das Interview beeinflussen können, besteht die Gefahr, daß bei Tonbandwiedergaben besonders die sprachgewandten Personen im Vorteil sind. Diese Bevorzugung kann dadurch verstärkt werden, daß sprachgewandte Interviewpartner häufiger die Gelegenheit ergreifen, gemachte Äußerungen zu korrigieren. Dieses Korrekturverhalten korreliert mit der Position des Interviewers in der Hierarchie des Systems und kann das Interviewergebnis in Richtung der von ihm/ihr bevorzugten Perspektive verzerren.

Natürlich sind sich InterviewerInnen ihrer ethischen Verpflichtung bewußt, dieser Gefährdung der Gültigkeit und Fairness von Berichten zu begegnen. Man kann das dadurch erreichen, daß man die InterviewpartnerInnen bittet, sich an die vereinbarten Verfahrensprinzipien zu halten, und daß man diejenigen, die sich dabei schwer tun, unterstützt. Diese Verpflichtungen stellen für die meisten InterviewerInnen eine zeitliche und ressourcenmäßige Überforderung dar und können daher als Nachteil der Arbeit mit Aufzeichnungsgeräten angesehen werden. Forschung, die auf Interviewtranskripte angewiesen ist, ist langsam und aufwendig. Sie beansprucht ein komplexes System von zusätzlichen Arbeitsvorgängen und ist daher als Forschungsinstrument wenig geeignet, wenn Informationen rasch für alle Interessengruppen verfügbar sein sollen.

7.3 Argumente für das schriftliche Aufzeichnen

Historisch gesehen wurden schriftliche Aufzeichnungen beim Interview anderen Formen vorgezogen, da Notizen vor allem zwei Funktionen besser als andere Aufzeichnungstechniken erfüllen können: *Unaufdringlichkeit* und *Ökonomie.* Wir möchten aufzeigen, daß schriftliche Aufzeichnungen noch aus anderen Gründen ihre weite Verbreitung rechtfertigen.

Der Vorgang des Aufzeichnens während des Interviews kann als gemeinsamer Akt der Herstellung von Daten gesehen werden. Interviewer-Innen vertreten unterschiedliche Adressatenkreise und ermöglichen den Interviewpartnern, einen Fall für dieses Publikum zu entwickeln. Die Tatsache, daß die Daten in Form von Notizen erzeugt werden, gewährleistet einen minimalen Übertragungsprozeß bei der Kommunikation der Daten: In allen Phasen bestehen die Daten aus Wörtern auf Papier. Diese beinhalten sowohl eine Zusammenfassung dessen, was gesprochen wurde, als auch dessen, was nicht laut gesagt wurde. Indem die InterviewpartnerInnen von Anfang an in den Prozeß der Datenproduktion eingeweiht werden, vermindert sich der Einfluß der Autorität der InterviewerInnen. Die Interviewten erkennen daß sie gleiche Kontrollmöglichkeiten über den Interviewprozeß haben. Wenn dazu noch im Idealfall die Gelegenheit besteht, daß InterviewerInnen ihre Aufzeichnungen den InterviewpartnerInnen am gleichen Tag zur Korrektur vorlegen, wird der *Prozeß* des Herstellens von Bedeutung durch die gemeinsam getragene Kontrolle für diese noch ergiebiger.

Sehen wir uns diesen Prozeß genauer an. Er besteht aus den gewöhnlich versteckten Akten der Analyse, Interpretation und Synthese, die aus Daten Kategorien und Endberichte machen. Diese Akte werden sichtbar in der Verschriftlichung von Informationen, d.h. in der Syntax, in den Metaphern, im Hervorheben von Daten und in der Zusammenfassung. Die visuellen und auditiven Ereignisse des Interviews sind eng mit den eingesetzten Gedächtnishilfen (Mnemotechniken) beim Aufzeichnen verknüpft. Der Akt des Aufzeichnens selbst kann dabei als Vorgang der Theoriebildung angesehen werden. Die Kernerfahrung im Interview wird durch eine Geschichte mitgeteilt. Die Erfahrung zeigt, daß das Erzählen einer Geschichte mittels Aufzeichnungen die größte Wirkung erzielt.

Der Vorgang des schriftlichen Aufzeichnens sollte im Idealfall dem Interviewpartner bewußt machen, daß er/sie nicht eine Quelle schwer verständlicher Information ist, sondern, daß er/sie den Forscher informiert und bildet. Die wertschätzende Haltung während des Interviews trägt zur Einsicht bei, daß im Zentrum des Geschehens die persönlichen Sichtweisen (Konstrukte) des Interviewpartners stehen. Wenn es dem Interviewer gelingt, sich diesen Idealbedingungen anzunähern, kann das Interview die erwünschte Informationstiefe erreichen.

Ein rein pragmatischer Grund für die Bevorzugung des schriftlichen Aufzeichnens gegenüber anderen Aufzeichnungsformen ist die Ökonomie. Das Sammeln und Verarbeiten von Daten vor Ort ermöglicht es InterviewerInnen, die Dynamik des Geschehens aufrecht zu halten. Analyse und Synthese der Theoriebildung finden während eines Ereignisses statt und werden nicht im nachhinein aufgezwungen, so wie in einem Puzzle, wo das Ganze aus einzelnen Steinen "kalter" Daten zusammengesetzt wird. Unsere Erfahrungen mit unmittelbarer Rückmeldung sind reichhaltig und vielversprechend. Wir verwendeten dafür den Begriff "*heiße Speicherung*" (hot storage). So wie Zeugen sich am klarsten an Ereignisse unmittelbar nach deren Eintreten erinnern, so brauchen Interviewte oder Beobachtete unmittelbare Rückmeldung, damit die über sie erzeugten Daten mit ihren Erfahrungen im Einklang stehen.

Die Anwendung dieses Prinzips hilft dem Forscher, sich an das Hier und Jetzt der Dynamik des Forschungsfeldes zu halten. Sie ermöglicht ihm auch, spätere Interpretationen im Einklang mit den Besonderheiten des Kontexts vorzunehmen und jene nicht als Ergebnis eigener Theorien, Ideologien oder politischer Überzeugungen den Daten aufzuzwingen. Erklärungsmuster in Forschungsberichten oder Fallstudien können dann durchaus diese getrennt verarbeiteten, vielfach sperrigen Ereignisse wiedergeben und müssen nicht den Anschein einer im nachhinein erzeugten Kohärenz von Datenbergen vortäuschen.

Wie sieht es nun mit den Kriterien aus, die den Erfolg eines Interviews in der Praxis bestimmen? Das Wie und Was des Aufschreibens stellt die größte Herausforderung für InterviewerInnen dar. Wenn man weiß, daß Augenkontakt und andere körpersprachliche Ermunterungen die Grundlage für anteilnehmendes Zuhören darstellen, sollte das Notizenmachen möglichst in Kurzschrift erfolgen und sich auf folgende Situationen konzentrieren:

- auf neue, wichtige Informationen der Interviewten;
- auf Daten, die durch andere Zeugen nicht bestätigt (trianguliert) werden können;

- auf Bemerkungen, die in ernster Absicht geäußert werden, sich aber von den bisher erwarteten, eher einheitlichen Standpunkten von Personen oder Gruppen unterscheiden;
- auf Aussagen, die in theoretischer oder situationsspezifischer Hinsicht bedeutsame Einsichten oder Einstellungen von Personen zu definieren scheinen;
- auf Schlüsselwörter, die es InterviewerInnen ermöglichen, die Tiefe und Bandbreite des Interviews zu rekonstruieren.

Die Grundbotschaft des Notizenmachens für den Interviewten soll sein, daß InterviewerInnen für ihn eine *Serviceleistung* anbieten und die eingesetzte Aufzeichnungstechnik gut beherrschen. Das Spürbarmachen der Servicefunktion ist wichtig, da sie dazu beiträgt, daß die Interviewten ihre Gedanken klar und authentisch artikulieren können.

Die Fähigkeit, gültige Aufzeichnungen zu machen, ist eine hochentwickelte Kunstfertigkeit, die das ständige bedeutungsstiftende Umwandeln von Wörtern und ihren Kontexten erfordert. Die aufzeichnenden InterviewerInnen sind mit einem impressionistischen Maler vergleichbar, der mit oft groben Pinselstrichen direkt und indirekt Gesagtes einzufangen versucht. Wenn man zu nahe am Bild steht, ist der Gesamteindruck plötzlich weg. Wörtliche Wiedergaben verbaler Äußerungen können daher nicht immer das genau abbilden, was sich im Interview ereignet hat. Sie sind eher als Beispiele für Entscheidungen anzusehen, die InterviewerInnen als ExpertInnen für Bedeutsamkeit in der Praxis treffen müssen.

7.4 Schwächen des schriftlichen Aufzeichnens

Das größte Problem beim Notizenmachen ist die Tatsache, daß die wichtigsten Gütefaktoren der Datenaufzeichnung, Genauigkeit, Fairness und Angemessenheit, weitgehend von der Fertigkeit des Interviewers mit der Aufzeichnungstechnik abhängen.

Dazu kommt die Schwierigkeit, den Interviewpartner durch das Aufzeichnen nicht abzulenken oder zu irritieren: Abbrechen des Blickkontakts, zu langsames Schreiben oder körpersprachlich ausgedrückter Streß durch zu rasche Datenproduktion ("data overflow") können den Fluß und die Tiefe des Interviews stark behindern. Der Interviewte wird dann oft zum unfreiwilligen Helfer des Interviewers, indem er von dessen Aufzeichnungen Hinweise abliest, selektiv spricht und lange Pausen macht, um das Aufzeichnen zu erleichtern. Sind InterviewerInnen zu sehr mit ihren Aufzeichnungen beschäftigt, entgeht ihnen durch den fehlenden Blickkontakt oft die Bedeutung gesprochener Worte. Eine vom Zuhören allein abhängige Interpretation unterscheidet sich klar von einer, die über eine Mischung von Aufnahmekanälen erfolgt.

Eine weitere mögliche Folge unzulänglichen Aufzeichnungsverhaltens ist die unbewußte Dominanz der InterviewerInnen während des Gesprächs. Das Aufzeichnen ist selbst schon eine Tätigkeit, die zum Einfließenlassen von eigenen Einstellungen, Interessen und Bedürfnissen verführt. Wenn InterviewerInnen nicht aufpassen, können die Notizen das Interview pervertieren, indem sie zur Erfüllung ihrer eigenen Ziele mißbraucht werden. Das Notizenmachen würde daher nach der Einteilung von MacDonald (1976) in bürokratische, autokratische und demokratische Forschung eher den ersten beiden Forschungstypen zuzuordnen sein.

Ein weiterer Nachteil der schriftlichen Aufzeichnung ist der unvermeidbare Verlust an "harten", authentischen Daten durch den Zwang zum ständigen Reduzieren von Informationskomplexität. InterviewerInnen konzentrieren sich meist auf die "Highlights" des Interviewten, dadurch entgehen ihnen wichtige Einzelheiten des Hintergrunds und des Kontexts. Daten, die ausschließlich durch schriftliches Aufzeichnen gewonnen wurden, bleiben so lange fragwürdig, bis die Kompetenz der aufzeichnenden Person nachgewiesen ist.

Ein letztes Argument gegen die schriftliche Aufzeichnung ist ihr *Mangel an Glaubwürdigkeit*, da die so gewonnen Daten immer als "bloße Interpretation" der InterviewerInnen aufgefaßt werden können.

7.5 Zwei Aufzeichnungstechniken – Ein kritischer Vergleich

Unsere bisherige Argumentationslinie will nachweisen, daß die Annahme, Aufzeichnungstechiken beim Interview seien so flexibel, daß sie jeder Forschungsintention dienen können, irrig ist. Unterschiedliche Techniken erzeugen immer auch unterschiedliche Prozesse und Produkte.

Aus organisatorischen Gründen wird in der Forschungsmethodologie künstlich zwischen Produktion, Verarbeitung und Berichten von Daten unterschieden. Jeder Abschnitt wird in der Praxis als getrennte, wenn auch nicht immer trennbare Phase des Interviews betrachtet. Natürlich stimmt das nicht. Diese Unterteilung ist nur ein Konstrukt, ein willkürlicher, mechanistischer Weg, um einen ganzheitlichen Prozeß in Teile zu zerlegen. Die Datenanalyse z.b. durchdringt alles, was wir als Forscher oder Evaluatoren tun (vgl. Sanger 1995a).

Ausgehend von der Forderung, daß Interviews in die Tiefe gehen, fair und gültig sein müssen, haben MacDonald und ich die Kriterien Wirksamkeit, Fairness und Validität eingesetzt, um die Ansprüche an jede Phase des Interviews zu überprüfen.

Das Ergebnis war eine auf das Wesentliche zusammengefaßte Beschreibung von zwei Zugängen zum unstrukturierten Interview. Wir wollten dem Leser zweierlei ermöglichen: Einmal, die beiden Ansätze kritisch miteinander zu vergleichen, zum anderen die in ihnen repräsentierten Realitäten selbst nachzubilden. In diesem Zusammenhang ist es interessant, daß es kein Interviewkonzept gibt, daß beide Aufzeichnungstechniken miteinander verbindet. Als Begründung wird angeführt, daß neben dem zu großen Arbeitsaufwand die quasi Verdoppelung einer Aufzeichnungsform Schwächen im Ergebnisbericht kaschieren könnte. Wir möchten dem entgegenhalten, daß eine Kombination beider Aufzeichnungsverfahren für die Qualität des Interviews entscheidend ist. Zwar bevorzuge ich (Jack Sanger) aufgrund meiner früheren Erfahrungen das schriftliche Aufzeichnen, aber ich verwende die Daten heute viel mehr als Artefakt denn als Abbildung sozialer und politischer Realitäten. Natürlich sind Daten als Rechtfertigung für die Finanzierung von Forschung notwendig; ich verwende sie aber auch, sozusagen auf der Ebene eines Meta-Interviews, um den gesellschaftlichen Kontext zu untersuchen, der sie mit hervorgebracht hat.

Das schriftliche Aufzeichnen als traditionelles Werkzeug vieler Forschungsbereiche gilt immer noch als Zeichen der Freiheit des Forschers zu untersuchen, zu analysieren und Theorien zu bilden. Die elektronische Aufzeichnung ist im Vergleich dazu eine relativ junge Technik. Ihr Eingang in die Forschung war und ist immer noch begleitet von ethischen Bedenken gegen einen möglichen Mißbrauch sensibler Daten, wie z.b. das heimliche Aufnehmen eines Gesprächs. Vergleicht man die ethischen Verfahrensprinzipien führender Vertreter beider Aufzeichnungstechniken, so zeigt sich, daß beim Einsatz eines Kassettenrecorders die Auflagen zur Sicherung von Anonymität, Vertraulichkeit und Eigentumsrecht ungerechtfertigterweise viel strenger sind. InterviewerInnen, die Kassettenrecorder benutzen, lassen sich auch hinsichtlich ihrer Verantwortlichkeit für den gesamten Prozeß der

Datenverarbeitung in zwei Lager teilen. Die einen übernehmen die persönliche Verantwortung für die Integrität, Gültigkeit und Angemessenheit ihrer Aufzeichnungen, die anderen versuchen einen Teil dieser Verantwortung auf alle TeilnehmerInnen des Forschungsprozesses aufzuteilen. Sie stellen vollständige Interviewaufzeichnungen ("Texte") her, die als objektive Daten während des gesamten Forschungsverlaufs erhalten bleiben. Diese Texte schützen die Teilnehmer vor einseitigen Interpretationen und gewähren ihnen Authentizität, Status und direkte Eingriffsmöglichkeit in die Forschungsaktivitäten.

Das schriftliche Aufzeichnen dagegen ermöglicht dem Interviewer eine komplexere Form der Einflußnahme auf das Interview, da Entscheidungen nicht verschoben, sondern ad-hoc getroffen werden müssen. Das Notizenmachen läßt sich daher als kontinuierlicher Prozeß ganzheitlichen Umwandelns von Information betrachten, der ständig systematischen Fehlern und Vorurteilen ausgesetzt ist.

Lou Smith, ein Verfechter der schriftlichen Aufzeichnung, schützt sich vor Fußangeln, indem er die *gemeinsamen* Standpunkte von Insidern – Gruppen oder Individuen – als Absicherung gegen einseitige Fallinterpretation einsetzt. Diese Standpunkte werden aber nicht in ihrer originalen syntaktischen Form wiedergegeben, sondern in einem Stil, der dem des Adressatenkreises ähnlich ist und diesen daher anspricht (vgl. Smith 1981). Dies ist ein Beispiel dafür, wie das schriftliche Aufzeichnen die Sprache des Forschungsberichts beeinflussen kann. Der Notizenmacher denkt dabei eher an die Möglichkeit der *"stellvertretenden Erfahrung"* und des *"falschen Bewußtseins"* als der Benutzer eines Kassettenrecorders, da diese Begriffe eher im Konzept traditioneller Feldforschung zu finden sind.

Für das schriftliche Aufzeichnen gibt es eine Reihe von praktischen Hinweisen in der Forschungsliteratur. So z.B. beschreibt Smith (1981), wie man zum Endergebnis einer Aufzeichnung kommt: *"Schließlich taucht vor uns der Umriß des Ergebnisses auf, der Bestand hat. Er besitzt eine Struktur, die aus drei Dimensionen besteht: Integrität, Komplexität und Kreativität. Mit Integrität meine ich, daß der Umriß ein Thema, eine These, einen Standpunkt hat."* Im weiteren Verlauf vergleicht Smith die Entwicklung einer Evaluation mit der eines Gedichts, eines Bildes oder eines Romans: *"Es entwickelt sich etwas, was selbst lebensfähig ist"* (a.a.O, 53).

Auf dem Benutzer eines Aufzeichnungsgeräts lastet derselbe Druck, kommunizierbare Aufzeichnungsformen zu finden. Sein Hauptinteresse gilt dem Aufspüren von vielfältigen authentischen Belegen für den Leser.

Für Tom Stoppard ist daher das natürliche Ergebnis einer Tonbandaufzeichnung ein Theater (*"Stücke zu schreiben ist das einzige ehrenwerte Mittel, sich selbst öffentlich zu widersprechen"*). Schriftliche Aufzeichnungen, mit denen man ähnliche Ergebnisse erzielen will, haben den Nachteil, daß sie ein Produkt in der traditionellen Textform liefern, das seine Integrität durch die Qualität der Sprache herstellen muß. Der Forscher steht unter Druck, eine gute, zusammenhängende Geschichte zu erzählen. In der Phase des Aushandelns nach den vereinbarten ethischen Prinzipien geht es beim Notizenmachen vor allem darum, Zustimmung zur Erzählqualität und zum Stil zu bekommen. Dies fällt bei Bandaufzeichnungen weg. Der Interviewte muß nur die Echtheit seiner Daten bestätigen. Erst beim Vorliegen des vorläufigen Endberichts kann es auch bei Interviewtranskripten Verwirrungen geben. Der Interviewte wird mit einem Text konfrontiert, in dem seine Äußerungen zwar eingebettet, aber mit den Worten eines anderen wiedergegeben sind. Die Wirkung, die dieser Text auf ein Publikum hat, ist sehr schwer zu beurteilen. In beiden Aufzeichnungsfällen stellen vorläufige Endberichte oft "faits accomplis" dar, die sich über die ursprüngliche Zusage, der Interviewte besitze die Kontrolle über seine Daten, hinwegsetzen.

Obwohl Interviewergebnisse, die auf schriftlichen Notizen beruhen, nach außen hin weniger demokratisch erscheinen, kommen sie den Erwartungen eines gebildeten Leserkreises mehr entgegen als tonbandgestützte Dokumente. Text und Stil sind verführerisch, wir alle wollen bei einer guten "story" dabei sein. Literarische Großzügigkeit wird eher belohnt.

InterviewerInnen sind oft Mitglieder eines Teams, das sich gegenseitig Rückmeldungen zum Projektverlauf gibt. Smith beschreibt solche Teamsitzungen, wo durch "Brainstorming" anhand von laut vorgelesenen Notizen Impulse für ein Programmprofil gegeben werden sollen. Notizen sind für diesen Zweck viel geeigneter als Tonbandaufzeichnungen, deren öffentliche Verwendung immer erst die Zustimmung der Interviewten braucht, ein oft mühsames Unterfangen. Tonbänder stellen auch höhere Anforderungen ans Zuhören, und man kann sie auch nicht, wie Notizen, rasch überfliegen. Notizen bleiben das beste Transportmittel für die Kommunikation in einem Forschungsprozeß, auch wenn die Frage nach der ad-hoc-Gültigkeit der Botschaft immer in Frage zu stellen ist.

Glaser/Strauss (1967) verteidigen in ihrem Ansatz der "Erfahrungsbezogenen Theoriebildung" ("Grounded Theory") das Recht des Forschers, *"seine Daten zu analysieren und zu entscheiden, welche Daten er als näch-*

stes wo sammeln will, um seine Theorie dann zu entwickeln, wenn sie auftaucht". Diese Ansicht deckt sich mit der Meinung von Smith (1981), daß es in der naturalistischen Forschung eher auf das *"Andeuten"* als auf das *"Vor-Fassen"* (preconceiving) von Meinungen ankomme. Diese Fähigkeit ist für den schriftlichen Aufzeichner riskanter als für denjenigen, der mit einem Aufzeichnungsgerät arbeitet. Interviews auf der Basis von schriftlichen Aufzeichnungen sind notwendigerweise durch den Stil des Nachfragens und durch das Sichverlassen auf das bereits Bekannte charakterisiert. Die Notwendigkeit, sich genauer Gedächtnisstützen zu bedienen und seine Aufzeichnungen im Hinblick auf eine Synthese ständig zu verfeinern, erhöhen die Wahrscheinlichkeit, vom *"Andeuten"* in das *"Vor-Fassen"* abzurutschen. Auf der anderen Seite können aber auch die Sperrigkeit einer Bandaufzeichnung und der mühsame Prozeß des Aushandelns ihrer Freigabe durch den Interviewten die Fähigkeit des Forschers beeinträchtigen, wichtige Themen zu entdecken und Prioritäten zu setzen.

Letztlich gibt es keine klaren Unterscheidungskriterien für die Qualität von Interviews, die mittels unterschiedlicher Aufzeichnungstechniken durchgeführt wurden. Der Einfluß der Wertvortstellungen und Intentionen der InterviewerInnen ist so groß, daß mögliche Unterscheidungen mit zunehmender Erfahrung und Expertise unscharf werden. Es gibt auch keine überzeugenden Belege dafür, daß Forschungsprozesse, die unterschiedliche Aufzeichnungstechniken einsetzen, zu klar unterscheidbaren Berichten führen. Sicher ist jedoch, daß jede Aufzeichnungstechnik in den verschiedenen Phasen des Interviews genügend Eigenheiten aufweist, daß sie die Bemühungen der InterviewerInnen sowohl behindern als auch unterstützen kann.

7.6 Postskriptum

Zur Veranschaulichung führe ich (Jack Sanger) drei Interviewbeispiele an, die sich in Form und Inhalt unterscheiden. In zwei Interviews wird jeweils nur eine Aufzeichnungstechnik verwendet, im dritten werden beide Techniken kombiniert eingesetzt. Die Interviews stammen aus Forschungsprojekten des Centre for Applied Research in Management, Education and Training am Norwich City College.

Schriftliches Aufzeichnen

Der Fernseher läuft, als ich um 15.40 in die Wohnung komme. Asleigh sitzt am Boden und sieht fern, sein jüngerer Bruder sitzt im Lehnstuhl und schaut sich ebenfalls das Programm an. Die Mutter führt mich ins Wohnzimmer zu den Kindern, wir setzen uns, aber der Fernseher läuft weiter mit voller Lautstärke.

Ich erkundige mich nach den Videogeräten in der Familie. Die Mutter sagt, es gäbe einen Videorecorder, eine Stereoanlage und einen Fernseher, alles steht im Wohnzimmer. Auch in der Küche ist ein Fernseher, aber der geht nicht mehr und ist auch noch nicht repariert. Jedes Kind hat einen Walkman und ein Radio. Spencer hat einen Fernseher in seinem Zimmer und ein Sega-Mastersystem. Asleigh hat keinen Fernseher, aber er hat auch ein Mastersystem. (Auszug aus dem Forschungsprojekt "Screen Based Entertainment Technology and the Young Learner", British Library and British Film Institute 1994-96).

Mit dem Tonband aufzeichnen

(Int. = Interviewer; Res. = Interviewte)

Int: *Hat jemand schon vorher mit Dir über das "erste Mal" gesprochen?*

Res: *Ich glaube, meine Mutter hat etwas gesagt.*

Int: *Kannst Du Dich erinnern, was sie gesagt hat? Welche Worte hat sie verwendet?*

Res: *Ich glaube, sie hat gesagt, wenn sich zwei Menschen lieben, dann gehen sie miteinander ins Bett und machen es, dann bekommt man Kinder.*

Int: *Hat sie etwas über die monatliche Regel gesagt und warum Du sie hast?*

Res: *Ich glaube, sie hat gesagt, das Ei löst sich und dann, nein der Eierstock löst sich und füllt sich wieder wie ein Tank und bleibt so für einen Monat.*

(Aus: "Evaluation of Sexual Health Education for People With Learning Difficulties", East Norfolk Health Commission 1995).

Kombination von Tonband und Notizen

Ich fragte, ob nur ein Computer im Haus sei. Ursprünglich gab es auch ein Mastersystem, das ging aber kaputt. Dann kaufte die Mutter ein Nintendo, damit spielten sie ungefähr sieben Monate, bis es die Mutter verkaufte. Scott ruft dazwischen, daß sie auch einen Gameboy hatten. Die Mutter sagt, daß dieser jetzt ebenfalls nicht mehr funktioniere. Scott ruft: *"Ja, das war ich, ich habe immer drauf herumgehämmert."* Die Mutter: *"Ja, da bricht wieder seine Unbeherrschtheit durch."* Ich fragte, was sich genau ereignet hatte. Die Mutter erklärte mir, daß er sich ärgerte, weil das Spiel nicht so gut gelaufen sei und daß er dann so mehr im Spaß drauf herumgeklopft habe, und dann sei es einfach nicht mehr gegangen. Sie lachte ein wenig, als sie das erzählte. Scott lachte und auch der Freund fing an zu lachen. Ich fragte die Mutter, ob sie Scott gefragt habe, bevor sie das Nintendo verkaufte. *"Nein, es war mein spontaner Entschluß, und ich hab' das gleich gemacht. Ich hab' gewußt, wenn ich es nicht gleich verkaufe, dann würd' ich's mir vielleicht überlegen. Scott ist immer schon um 6 Uhr aufgestanden und hat damit gespielt, er würde bis Mitternacht aufbleiben, wenn er dürfte, nicht wahr, Scott?"* *"Ja, sicher."*
(Aus: "Screen Based Entertainment Technology and the Young Learner", British Library and Film Institute 1994-96).

Die drei Textauszüge unterscheiden sich in Inhalt und Stil und liefern dem Forscher unterschiedliche Informationen. Ich bevorzuge einen literarischen Stil, deshalb ist für mich das dritte Beispiel das passendste und attraktivste für die Wiedergabe eines Interviews. Was fasziniert mich daran so? Ist es die Erzähldynamik, die beschreibende Sprache, die Romanform? Kann man diese Darstellungsform weniger leicht manipulieren als die beiden anderen Formen? Besitzt es eine Ganzheit, die sich nicht leicht in Fragmente zerlegen läßt? Oder bin ich, wie Derrida behaupten würde, ein Opfer der Überzeugung des Autors, daß das, was er gesehen hat, auch genau so mitgeteilt wurde?

Kapitel 8

Forschung im technologischen Sinn

*Vielleicht ist die Fliege gar nicht krank. Vielleicht versucht sie nur,
dich etwas zu fragen.*

Der Umgang mit Technologien und ihrer Vermittlung macht einen wesentlichen Teil unseres Lebens aus. Die boden- und körpernahen Realitäten unserer Vorfahren werden durch die virtuellen Realitäten beweglicher Bilder unserer Computerexperten, unserer Kameraleute und unserer Verwandlungskünstler ausgetauscht. Unsere Welterfahrung wird in zunehmendem Maße durch die gefühllosen, objektiven Technologien der Glasfaseroptiken, der Laserstrahlen und der CD-ROMs bestimmt. Wir gehen bereits einkaufen oder machen einen Museumsbesuch, indem wir mit der Maus auf ein Menü am Bildschirm klicken. Wir erweitern unsere Anwesenheit über Zeit und Raum mittels der gewaltigen, unkontrollierbaren Netzwerkkommunikation. Es ist daher nicht verwunderlich, daß auch die Forschung diesen Bereich erfaßt. Wie sie dabei an ihn herangeht, wird eine grundlegende Frage der Forschungsethik werden. Die Auseinandersetzung zwischen quantitativem und naturalistischem Zugang zur Forschung kreise meistens um die Frage, in welchem Ausmaß die Quantifizierung die Lebenswelten der Betroffenen menschenunwürdig mache. In einem künftigen Szenario virtueller Realitäten wird der Aspekt der Menschenunwürdigkeit ein noch größeres Ausmaß erreichen. Es gibt bereits Computerprogramme, die Zerstörungen für Militärexperten und krebsbefallene Patienten für Chirurgen simulieren und die dreidimensionale Gebäudepläne unter dem Einfluß von Erdbeben testen. In Zukunft wird sich die Forschung sicherlich ähnlicher Computerprogramme bedienen, um neue Produkte zu erproben, Umweltveränderungen und Einstellungen von Menschen zu neuen Gesetzen vorherzusagen oder die praktischen Auswirkungen von politischen Entscheidungen zu eva-

luieren. Computer werden ganze Geisterpopulationen erschaffen mit Biographien, die so angelegt sind, daß sie wichtige Parameter, wie Individualität
und Unterschied, Homogenität, Klassen-, Rassen- und Geschlechtszu-
gehörigkeit, betonen. Diese zombieartigen "Ersatz-Gemeinschaften" werden
dann gekauft und verkauft je nach dem, wie gut sie eine Population der
"wirklichen Welt" modellieren können. In der Zwischenzeit wird die Population der "wirklichen Welt" die ihr durch die Medien vorgestellten Geister
eigenwillig nachahmen, und mit der Zeit wird sich die Kluft zwischen Realität und Maschine, zur Verwirrung aller, schließen. Einige Experten (z.b.
Docker 1994) argumentieren, daß die Medien nur innerhalb eines Schau-
platzes existieren können, an dem das Publikum entweder direkt durch
Quiz-Shows und Studiodiskussionen oder indirekt durch die Popularität
von dramatisierten Fernsehserien und Sportprogrammen beteiligt ist. Eine
zynischere Sichtweise dieser Entwicklungen nimmt dagegen an, daß der
Begriff Partizipation als Indikator für die Realzeit gelebter Realität selbst
einem Wandel unterzogen wird. Demzufolge werden wir künftig nur mehr
vermittelte Partizipation lernen können. Die virtuelle Teilnahme ist ja bereits
jetzt mit jedem TV-Gerät möglich.

Wichtig ist in diesem Zusammenhang, darauf hinzuweisen, daß uns
die derzeitige Kontrolle über die Technologien mit deren zunehmender
Raffiniertheit immer mehr entgleiten wird.

8.1 Elektronische Ohren

Im Kapitel 7 haben wir die Vor- und Nachteile der Verwendung von Kassettenrecordern beim Interview besprochen. Wir möchten daher hier noch
auf die Nützlichkeit von Mikrokassetten für Transkriptionen hinweisen und
kurz einige allgemeine Punkte hervorheben, die man beim Einsatz dieser
Geräte beachten sollte: Aus ethischen und akustischen Gründen sollte man
das Gerät immer neben die Person, die man aufnehmen will, stellen, so daß
es nicht direkt im Blickfeld liegt. Eine vertrauensbildende Maßnahme ist
der Hinweis an die zu interviewende Person, daß sie jederzeit das Gerät
stoppen kann. Die Kontrolle über die Technologie trägt meistens dazu bei,
sich wohler zu fühlen.

Für die Aufzeichnung von Gruppengesprächen empfiehlt sich der Einsatz eines Stereorecorders. Die Vorteile zeigen sich sofort beim Abspielen:

Der Stereoeffekt erlaubt es, Stimmen und Positionen im Abstand zum Mikrophon zu identifizieren. Auch hier gilt, daß die Aufnahmequalität mit der Geräteausstattung zunimmt. Die Grenze ist nur dort zu ziehen, wo das Aufstellen von zu viel Technologie (großer Recorder, externe Mikrophone, Kameras, Kabel etc.) die Natürlichkeit der Aufnahmesituation beeinträchtigt. Die meisten Menschen sind jedoch mit einem Walkman vertraut und fühlen sich durch ein kleines Aufnahmegerät nicht bedroht. Abschließend gilt, daß der Ton für die Beobachtung ebenso wichtig ist wie das Bild.

8.2 Elektronische Augen

"Die Kamera zeigt uns zuerst den ganzen Körper. Wir erwarten uns, daß sie uns dann langsam weiterführt zu faszinierenden Details, zu den blutigen Höhlen der fehlenden Augen. Aber Hitchcock dreht den zu erwartenden Prozeß um: Anstatt zu verlangsamen, beschleunigt er die Kamerageschwindigkeit drastisch, bringt uns mit zwei Schnitten ganz nahe an den Gegenstand heran, zeigt uns rasch den Kopf des Toten." (Zizek 1991, 93)

Der Einsatz des Videos gehört sowohl in der Forschung als auch in der Fortbildung bereits zum Alltag. Dennoch verlangen verschiedene Situationen einen unterschiedlichen Einsatz dieser Technologie. So z.B. geht es in der Forschung um die Gewinnung von verarbeitbaren Daten. Die Ge- und Verbote der Videoaufnahme lassen sich alle in einer einfachen Maxime zusammenfassen:

Achte darauf, daß deine Szene im Sucher ist, daß man sie hören und sehen kann.

Wenn der Forscher nicht selbst hinter der Kamera steht, bedeutet dies, daß seine Anweisungen an die Kameraperson präzise und eindeutig sein müssen: Keine Kameraschwenks zu einer Gruppe, keine Zoomaufnahmen. Man soll so weit wie möglich auf eine fixe Position und auf einen fixen Fokus zielen. Befestige die Kamera, entscheide, was sich im Ausschnitt befinden soll, und lasse sie laufen. Nur wenn man einer Person im Raum folgen will, durchbricht man diese Grundregeln.

Der Grund dafür ist folgender: Wir machen immer wieder den Fehler, als Kamerapersonen unbewußt auch das Schneiden durch Selektion vorzunehmen. Wir bestimmen, was sich auf dem Bildschirm befinden soll, und lassen ahnungslos unsere Interessen und Vorurteile dominieren. Später, wenn wir die Bilder zu analysieren versuchen, entdecken wir eine ganze Reihe von Abschweifungen und Exkursionen, an die wir uns nicht mehr erinnern können. Einmal hatte ich (Jack Sanger) einen jungen Kameramann eingesetzt und mußte beim Abspielen feststellen, daß die Studentengruppe, die er aufnahm, nur aus Frauen bestand. Eine gleich starke Gruppe von Männern war praktisch aus dem Bild verschwunden. Er hatte die Kamera nur auf *seine* Subjekte gerichtet.

Im folgenden möchten wir einige konstruktive Möglichkeiten für den Einsatz des Videos in der Forschung aufzeigen. Dazu gehören die Inhaltsanalyse der gesprochenen Sprache und die Semiotik der Körpersprache. Da sich die Forschung gegenwärtig mehr auf das Erfassen von Prozessen und weniger auf Produkte und Ergebnisse konzentriert, haben Themen, wie das Verhalten von Berufstätigen in verschiedenen Praxissituationen (z.b. Klassenzimmer, Bibliothek, Krankenstationen, Betriebe) an Bedeutung verloren. Prozesse sind wichtiger als Produkte, das Medium ist die Botschaft (McLuhan). Um z.b. das affektive und kognitive Verstehen von SchülerInnen im Unterricht herauszufinden, werden die Betroffenen interviewt oder gefilmt und anschließend gefragt, wie sie selbst das Geschehen um sie herum interpretieren. Das war immer schon eine fehleranfällige Vorgangsweise. Wenn sich der Forscher z.b. zu sehr auf sein Interessengebiet konzentriert, besteht die Gefahr, daß die Betroffenen nicht authentisch reagieren. Oft wissen sie nicht, warum sie etwas tun. Im Unterricht finden aus Zeitmangel keine kritischen Diskurse statt, wo SchülerInnen lernen können, sich zu äußern. Die Entwicklung von Meta-Sichtweisen der Realität wartet immer noch darauf, bei einer innovativen Lehrplanreform als Lernziel berücksichtigt zu werden.

Im folgenden möchten wir eine Teil-Fallstudie einer Unterrichtsstunde vorstellen. Es ist deshalb nur eine Teil-Studie, weil sie sich nur auf einen bestimmten Aspekt des verbalen Schülerverhaltens konzentriert. Ereignisse im Unterricht zu rekonstruieren und zu analysieren ist immer ein gewagtes Unternehmen, da sowohl die schriftliche als auch die gefilmte Aufzeichnung das, was tatsächlich geschehen ist, nur fragmentarisch wiedergeben kann.

Die vorliegende Videoaufzeichnung sah ich (Jack Sanger) bei einem Dissertantenseminar an der Victoria Universität von Vancouver in Kanada. Sie wird als Datenmaterial für den kritischen Diskurs über Beobachtungstechniken eingesetzt. Die Aufnahme zeigt 13-14jährige Schüler und Schülerinnen einer Klasse für Hochbegabte. Das Kassenzimmer ist im traditionellen Stil ausgestattet, Lehrertisch und Tafel befinden sich vorne. Der Gegenstand ist Philosophie. Um Sie, als Leser und Leserin, mit dem Kontext vertraut zu machen, bitten wir Sie, sich den Lehrer, Bernie Bowker, vorzustellen. Er hat gerade die Klasse aufgefordert, einen Abschnitt eines Theaterstücks zu lesen, der als anregender Einstieg in eine Diskussion dienen soll.

Das ausgewählte Stück ist voller Laingscher Knoten.[7] Wir konnten anhand einer Tonbandkassette den Gesprächsverlauf analysieren und geben hier unsere Version des Geschehens wieder (Es gibt sicher viele andere Möglichkeiten, ein so komplexes Ereignis zusammenzufassen):

Minuten	Aktivitäten
5	Schüler lesen das Stück in Dreiergruppen: Zwei Partner und ein Erzähler. Im Stück fragt ein Kind den Vater nach dem Wesen des Fragens. Bernie ruft abwechselnd Schüler auf, zu lesen.
?	Eine unbekannte Zeiteinheit (nicht auf dem Video), die die Schüler damit verbringen, sie interessierende Fragen zum Text für die Diskussion aufzuschreiben.
5	Die Fragen werden von den jeweiligen Partnern an die Tafel geschrieben. Bernie fordert die Schüler auf, die Fragen thematisch zu ordnen und zusammenzufassen. Diese neuen Haupt-Fragen sind Schwerpunkt der Diskussion.
25	Bernie fragt die Klasse, welche Fragegruppen sie frei diskutieren wollen. Ein Mädchen schlägt das Thema "Die kranke Fliege" vor. Die Klasse akzeptiert den Vorschlag. Es folgt die Diskussion.

---

7 Roland Laing, britischer Psychiater, analysiert Kommunikationsmuster in schizophrenen Familien auf der Basis von Machtstrukturen. Mit dem Begriff Knoten verbindet sich eine Sammlung von Gedichten (1970), die Ausweglosigkeiten und Spaltungen in zwischenmenschlichen Beziehungen porträtieren.

Wenn man sich den Ablauf dieser Stunde ansieht, so werden nur wenige Pädagogen irgend etwas Ungewöhnliches an der Struktur dieser Klassendiskussion bemerken. Sie läuft im traditionellen Rahmen ab: Der Lehrer steuert und kontrolliert über weite Strecken die Diskussionsrichtung. Schließlich möchte er ja den SchülernInnen ein Modell für eine philosophische Debatte vorführen. Hier ist ein Beispiel:

(Bernie prüft die Tafel, die voll ist mit Themenvorschlägen für die Diskussion)

Bernie: *Welches Thema möchtet ihr zuerst erörtern? Welches? ... Christine?*

Christine: *"Die kranke Fliege."*

Bernie: *Gut, ihr wollt über die "kranke Fliege" reden. Wieviele wollen dieses Thema? Wir diskutieren alle Themen.* (Viele Schüler zeigen auf.) *Gut, fangen wir mit der "kranken Fliege" an.*

Bernie versucht hier zu zeigen, wie die Gruppe Sprache in einer Debatte einsetzen soll. Er unterstreicht die logische Basis und die Spielregeln einer philosophischen Diskussion. Wenn man sich das Transkript ansieht, erkennt man, daß der Lehrer genau auf das Einhalten der Ablaufregeln achtet, daß er versucht, alle SchülerInnen in die Diskussion einzubeziehen, und daß er das Recht auf freie Meinungsäußerung betont, so bizarr und ungewöhnlich eine Meinung auch sein mag. Vom Standpunkt einer Einführung in das philosophische Debattieren kann die Stunde als sehr erfolgreich bezeichnet werden.

Aber wie in allen Stunden gibt es neben dem offiziellen Thema, der Struktur und Funktion eines philosophischen Diskurses, auch noch ein verdecktes Thema, das wir hier herausarbeiten möchten. Zuerst möchte ich (Jack Sanger) die Hypothese beschreiben, die mir beim ersten Ansehen des Videos durch den Kopf ging: Während ich die Seminarteilnehmer, Bernie miteingeschlossen, aufforderte, Strategien für die Beobachtung und Analyse des Videos zu entwickeln, schlug ich eine weniger vorhersagbare Vorgangsweise vor, die alle unsere Ansichten darüber, was sich auf diesem Video abspielte, in Frage stellte. Im Sinne von Lacan (zit. n. Ulmer 1985) fühlte ich, daß wir um so eher auf bewährte Strategien und bekanntes Material setzen, je mehr wir uns als Fachexperten einstufen. Pädagogik sollte jedoch immer etwas mit *Erfinden* zu tun haben. Ich sah voraus, daß die SeminarteilnehmerInnen ein Repertoire von Strategien vorschlagen würden, Checklisten, Vignetten, Häufigkeitszählungen, Sprachanalysen, die *nur ihre Annahmen darüber, was sich abspielte, bestätigen würden*. Nämlich, daß man hier ein ausgezeichnetes Beispiel von lehrergesteuerter Diskussion sehen könnte, die den Schülern einiges brächte und sich nicht negativ auf die Lehrer-Schüler-Beziehung auswirken würde. Wir würden uns nur auf das Medium (den Beziehungsprozeß) konzentrieren, nicht auf die Botschaft (den Inhalt). Nicht umsonst hatte ich immer im Seminar gepredigt, daß Lehren mehr mit dem Prozeß zu tun hat als mit dem Inhalt!

Ich schaute daher auf den brachliegenden Inhalt des Videos und wurde an die folgenden Zeilen aus "The Illusion of the end" von Baudrillard (1994) erinnert:

> *"Wenn das Eis friert, kommen alle Exkremente an die Oberfläche. Und als daher die Dialektik einfror, kamen all die geheiligten Exkremente der Dialektik an die Oberfläche."* (a.a.O.,26)

Das poetische Bild der kranken Fliege, das in vielen literarischen und Filmversionen von Blake bis Cronenberg auftaucht, erregte sofort meine Aufmerksamkeit. Ich notierte die Wörter und Bilder, die im Verlauf der Diskussion zu dieser Metapher geäußert wurden. Hier einige Beispiele:

> *Fliege, krank, sterben, unnatürliche Ursachen, Alter, Krankheit, Herzinfarkt, erschossen, Tante und Vater starben plötzlich, Viren, Bakterien, ausländisch, Verletzung, zugefügt, Bakterieneinsatz im Krieg, Hautinfektion, sich übergeben, Übelkeit, abstoßend, wahnsinnig, Herzkrankheit, Geschwür, Blut, Bluter, Spitäler, Marie mit einem Messer verletzen.*

Bei dieser Tätigkeit hatte ich das seltsame Gefühl, Zeuge einer anderen Welt zu sein, die gleichsam unter einem großen Stein verborgen lag. Die SchülerInnen in dieser Stunde waren fixiert auf die dunklen und weniger bewältigbaren Aspekte des Lebens. Gleichzeitig waren sie gänzlich in die philosophische Debatte involviert, hielten sich strikt an die Spielregeln des gehorsamen Lerners, die vom Lehrer festgelegt worden waren. Als ich den Seminarteilnehmern meine Ergebnisse mitteilte, herrschte betretenes

Schweigen. Niemand hatte diesen inhaltlichen Aspekt bemerkt, der fast unsichtbar der Diskussion zugrundelag. Jetzt, da er blank vor ihnen lag, konnte niemand erkennen, *welchen Wert dieses Wissen darstellte.*

Warum blieben uns diese Information und ihre Folgen verborgen? Vielleicht kam hier etwas zutage, das uns viel über Lernen im Unterricht und darüber, wie man es erforschen könnte, mitteilte.

8.3 Königreich der Blinden

Denjenigen, die sich um die Entwicklung von mehr Sensibilität für Unterrichtsvorgänge bei LehrerInnen bemühen, dürften die Gründe, warum wir oft blind dafür sind, eher bekannt sein. In den letzten zwanzig Jahren hat sich in der Unterrichtsforschung ein Trend entwickelt, Unterrichtsereignisse nach bestimmten Aspekten zu strukturieren. Mit diesen Strukturen waren Fragen verbunden, die immer mehr den Forschungsfokus bestimmten, egal ob dabei so unterschiedliche Verfahren, wie die Interaktionsanalyse von Flanders, Checklisten oder narrative Porträts eingesetzt wurden. Es kristallisierte sich ein bipolares Spannungsverhältnis heraus, das die Ziele unserer Beobachtung von Phänomenen bestimmte. Konkrete Beispiele für diese Bipolarität sind: didaktisch versus interaktiv, demokratisch versus autoritär und lehrerzentriert versus schülerzentriert. Die Auswirkungen dieser Bipolarität zeigen sich darin, daß z.B die Untersuchung von Unterrichtsdetails von der Position des Lehrers aus auf dem Polaritätsspektrum erfolgte. Das Ergebnis ist eine Überschwemmung mit Forschungsergebnissen, die jeden Aspekt des Lehrerverhaltens und der davon bestimmten Teilnahme der SchülerInnen am Unterricht unter Verwendung dieser reduktionistischen Logik der Polarität untersuchten.

Unser gegenwärtiges Interesse an den Gründen für diese einseitige Sichtweise stützt sich auf die Hypothese, daß die Lehrplanentwicklung nur über die berufliche Weiterentwicklung von LehrerInnen erfolgen kann. Gelingt es, die Ansichten der LehrerInnen über ihr eigenes Leistungspotential zu ändern, sind sie eher bereit, Lehrpläne innovativ zu verändern. Dies geschieht gegenwärtig dadurch, daß man ihr Interesse auf Unterrichtsprozesse lenkt. Dabei wird der Inhalt immer häufiger vom Prozeß getrennt und als weniger wichtiger Aspekt der Lehrer-Schüler-Beziehung dargestellt. Auch wenn diese Annahme etwas überzeichnet ist, so trägt sie doch entscheidend zur Aufklärung von Mythenbildungen in der heutigen Pädagogik bei. Bei-spiele dafür sind klischeehafte Aussagen wie *"ein guter Lehrer kann jedes Fach unterrichten"* oder *"oft wird ein Gegenstand verständlicher unter-richtet, wenn eine Lehrerin dem Wissensstand der Schüler nur um eine Seite voraus ist"*. Wir plädieren hier nicht für eine Rückkehr zur Inhalts- oder Ergebnis-orientierung im Lehrplan. Wir möchten damit vielmehr aufzeigen, daß die gegenwärtige Unterrichtspraxis die Unterrichtsforschung in eine Richtung drängt, die ihre Integrität schädigt. Inhalt kann nicht vom Prozeß getrennt werden. Wir fragen zwar, wie und warum Aussagen im Unterricht gemacht werden, aber wir haben in letzter Zeit die inhaltliche Bedeutung dieser Fragen vernachlässigt. Wir müssen auch um die impliziten und expliziten inhaltlichen Botschaften der Kommunikation im Klassenzimmer Bescheid wissen. Im Zentrum der Aufmerksamkeit sollte immer noch das vom Lehrer gesteuerte gegenstands- und lehrplanbezogene Unterrichtsgespräch stehen, das "öffentliche" Gespräch. Das Gespräch, für das Schüler Noten bekämen, wenn es als mündliche Prüfung zählte. Der Grund für unsere Blindheit gegenüber dem Unterrichtsgespräch als Möglichkeit für ver-deckte, hochkarätige Diskurse zwischen Schülern und als Reservoir für das Verstehen zwischenmenschlicher Interaktionen liegt darin, daß wir es oft unüberprüft mit Inhalten verknüpfen, die wir als vom Lehrplan her bestimmt oder abgedeckt annehmen.

8.4 Unter der Oberfläche

Nach diesem kurzen Exkurs möchten wir wieder zu unserem Videobeispiel zurückkehren. Der Vorschlag, über die "kranke Fliege" zu diskutieren, wurde vom Lehrer, Bernie Bowker, angenommen, die Spielregeln für den Diskurs festgelegt. Die Diskussion verläuft engagiert, sie braucht wenige Lehrerimpulse. Viele Schüler beteiligen sich, Bernie ist der philosophische Polizist, der die Regeln überwacht und die Schüler beim Diskurs begleitet. Hier ist ein Ausschnitt der Diskussion:

Bernie: *Über dieses Thema kann man nicht viel debattieren. Entweder werden sie krank oder ...?*

Stimmen: *Sie sterben ...*
Bernie: (ignoriert oder überhört die Bemerkung*) ... oder sie*
            werden nicht krank, bevor sie sterben. Ja, Franz?
Franz: *Ich glaube, sie werden krank, weil ... wenn man stirbt,*
            d.h. wenn man aus Altersschwäche stirbt, so heißt das
            doch, daß man krank wird. Wenn man krank wird,
            dann stirbt man.
Bernie: (unterbricht die Stimmen*) Franz hat etwas gesagt, bitte*
            wiederhol' das über "wenn man stirbt ...".
Franz: *Wenn man stirbt, heißt das nicht, daß man krank ist?*
            Man muß krank sein, um eines natürlichen Todes zu
            sterben.
Bernie: *Ja, das ist eine interessante Frage. Sie hat vielleicht*
            etwas mit der wissenschaftlichen Frage an der Tafel zu
            tun (zeigt auf die Tafel). *Adrian?*
Adrian: *Ich glaube, daß Sterben, wenn man alt ist, als Krank-*
            heit gesehen werden kann, weil meine Mutti sagt immer,
            daß, wenn man alt wird, das ist so wie eine Krankheit.
            Aber es ist eine, die man nicht heilen kann.
Bernie: *Ja, Karin?*
Karin: *Ich halte das nicht für eine Krankheit, weil man wird*
            alt und stirbt. Es ist so wie man stirbt, auf natürliche
            Weise. Wenn man aber an einem Herzinfarkt stirbt, das
            ist für mich krank. Wenn man so natürlich stirbt, ist
            das für mich keine Krankheit.

Was ins Auge springt an dieser Diskussion, ist ihre Geordnetheit, ihr still-schweigendes Sichfügen der Kontrolle des Lehrers, die Komplexität der Ein-sichten und die Herausforderung der Schüler. Aber das ist nur die Ober-fläche. Spielt sich irgend etwas darunter ab, das wir uns ansehen könnten? Das Diskussionsthema wurde bereits erwähnt, die SchülerInnen haben es selbst gewählt und sind mit Feuereifer dabei. Auf einmal, unmittelbar durch Franz, wird die Fliege auf die universelle Ebene des "Du" gehoben. Die Fliege vermenschlicht sich, die Sterblichkeit des Menschen steht plötzlich im Mittelpunkt des Geschehens. Innerhalb des Kontexts des vereinbarten Themas tauchen wichtige Fragen auf. Es ist nicht nur die Sterblichkeit, es ist die praktische Realität des Gemeinen, auf das sich die Aufmerksamkeit richtet (werfen Sie einen Blick auf die ursprüngliche Liste von Wörtern und Bildern, die von den Schülern während der Diskussion verwendet wurden). Wie kam es dazu? Die Antwort könnte vielleicht im Wesen der Metapher liegen. Was sich hier abspielt, ist ein Diskurs auf verschiedenen Ebenen. Barthes (1984) bezieht sich auf die Behauptung von Beneviste, daß Bedeutung auf einer horizontalen Ebene verteilt werden kann oder sich vertikal über mehrere Ebenen erstrecken kann.

> *"Um einen erzählten Text zu verstehen, darf man nicht nur der sich entfaltenden Geschichte folgen, man muß auch die Konstruktion in "Geschichten" verstehen, um die horizontalen Verflechtungen des narrativen "Fadens" auf eine implizite vertikale Achse zu projizieren."* (a.a.O., 87)

Beim Lesen einer transkribierten Interaktion im Unterricht wird der Forscher oft in eine scheinbar narrative Welt entführt. Das Verlangen, eine Geschichte zu erzählen, aus Diskursfragmenten eine Einheit zu formen, ist dabei groß. Hier gibt es durchaus Parallelen zum Kriminalroman. Da es unmöglich ist, das individuell erfahrene Lebenskontinuum als Skript wiederzugeben, sucht man ständig nach einer literarischen Form, um es auszudrücken.

> *"Im Kriminalroman gibt es eine gewisse selbst-reflexive Anstrengung des Kriminalinspektors, eine Geschichte zu erzählen, d.h. das, was wirklich geschehen ist, um die Figur des Mörders herum anzuordnen. Der Roman ist nicht dann zu Ende, wenn wir wissen, wer der Täter ist, sondern, wenn der Inspektor letztlich imstande ist, die "wahre Geschichte" in Form eines linearen Narrativs zu erzählen."* (Zizek 1991, 49)

ForscherInnen verhalten sich wie KriminalinspektorInnen. Aber wie alle berühmten Detektive werden auch ForscherInnen dazu getrieben, mehr als das nur oberflächlich Beobachtbare zutage zu fördern. Um durch Beobachten zum Verstehen zu kommen, erfolgt die Theoriebildung entlang der vertikalen Achse durch alle Ebenen. Für den Detektiv bedeutet das, Motive herauszufinden, für den Forscher, Bedeutung zu gewinnen. Daten sammeln heißt demnach, Beobachtbares zu erfassen oder auf der Ebene der Form zu bleiben. Mit unseren Interpretationen durchschneiden wir diese Ebene. Die Erkenntnis aus Bernie Bowkers Stunde ist die, daß es sogar *beobachtbare*

Phänomene gibt, die wir *nicht* sehen. Der Grund dafür liegt darin, daß sie auf einer Bedeutungsebene liegen, die sich unserer gewohnten Beobachtung entzieht.

Wir können untersuchen, wie wir über den Inhalt Zugang zu diesen beiden Kommunikationsebenen erhalten und was diese beiden Ebenen darstellen.

8.5 Kommunikation auf zwei Ebenen

Was in Bernies Stunde die oberflächliche Kommunikationsebene ausmacht, haben wir bereits ausführlich dargestellt. Es ist das Bemühen um öffentliche Anerkennung in einem bestimmten Bereich des Kanadischen Bildungssystems, das die Hochbegabten fördert. LehrerInnen und SchülerInnen spielen dabei nach allgemein bekannten Regeln. Auf der zweiten, der verborgenen Ebene, wird dagegen mit Antithesen gespielt. Dort wird eine gegensätzliche Geschichte erzählt, die ungefähr folgenden Inhalt hat:

Wir sind begabte Schüler. Darin liegt unsere Bedeutsamkeit. Wir sind im weiten Umkreis die besten. Wir sind die gesunden. Wir haben Philosophieunterricht, um unseren Verstand zu üben. Alles spielt sich nach Regeln ab, auch die Konventionen in der Klasse. Unser Lehrer ermutigt uns, uns frei zu jedem Thema zu äußern. Die einzige Freiheit, die uns versagt ist, ist die Freiheit des Unterrichts. Unsere Freiheiten werden durch den Unterrichtskontext eingeschränkt. Es ist für uns Tabu, das Schulsystem zu kritisieren. Wenn wir daher offen über ein Thema diskutieren, bringen wir unsere Schulkritik so ein, daß man sie kaum erkennt. Auf diese Weise erleben wir das Gefühl, dieses Tabu herauszufordern. Wir diskutieren das offizielle Thema, wählen aber Krankheit als gesellschaftliches Tabu. Darüber soll ein junger Mensch in der Schule nicht nachdenken, da dieses Thema als morbid und ungesund betrachtet wird, als Antithese zur Gesundheit, als dunkle Gegenwelt. Mit dieser Strategie unterstreichen wir unsere Rolle in der Schule und deren Grenzen. Wir unterstreichen auch das Krankmachende an diesen schulischen Rollen und Regeln, die uns erdrücken. So wie der natürliche Tod als Krankheit angesehen werden kann, so kann auch das "natürliche" Nichterbringen einer Leistung, der Zustand, in dem sich die Nichtbegabten befinden, als Krankheit angesehen werden. Mithilfe dieses freien Diskurses können wir unser eigenes Thema bestimmen, während wir das Spiel mitspielen. In einem Unterricht, der auf "*doxa*", Schein, angelegt ist, müssen wir uns *paradox* verhalten.

Gordon et al. (1980) weisen darauf hin, daß Foucault den Diskurs als Mittel zur Aktualisierung von vielfältigen Machtstrategien sieht, während man deren Anwendung überwacht. In diesem Fall überwacht der Diskurs das Fehlen von Macht im Diskurs der SchülerInnen. Die von uns gemachte Zusammenfassung spiegelt nicht die Ansichten der SchülerInnen wider, sie repräsentiert vielmehr die Macht der Metapher innerhalb eines Diskurses und zeigt auf, auf welchen Ebenen sich der Diskurs abspielen kann.

Wenn man davon ausgeht, daß der Diskurs durch die konventionelle Erwartung des Vorrangs von Kognitionen gegenüber Affekten beeinträchtigt ist, ist man nicht überrascht, daß es hier Belege dafür gibt, daß die starken Gefühle der SchülerInnen sich auf irgendeiner Ebene manifestieren müssen. Sie finden sich auch in der doppelgesichtigen Metapher: Das öffentliche Gesicht, das die kognitive, akzeptierte Logik der Kommunikation darstellt, und das private Gesicht, in dem sich die chaotische, anarchische und unterdrückte Öffentlichkeitskritik widerspiegelt. Die Schulkritik wird hier aus dem Klassendiskurs regelgerecht ausgeblendet, so daß die emotionalen Reaktionsbedürfnisse der SchülerInnen in die halbdunkle, zweideutige Welt der metaphorischen Kommunikation abgedrängt werden:

Marie: *Ich komme auf das Thema der kranken Fliege zurück. Wenn man wahnsinnig ist, wird man als krank angesehen.*

Bernie: *Uhuh.*

Marie: *Fliegen werden wahnsinnig, daher sage ich, daß sie krank sind.* (Viele Schülerstimmen). *Wenn du schon einmal eine Fliege am Fensterbrett beobachtet hast, die Fliege weiß genau, daß sie nicht durch das Glas kann. Dennoch wirft sie sich immer wieder gegen das Fenster.*

Bernie: *Bernadette?*

Bernadette: *Woher weiß die Fliege, daß sie nicht durch das Glas durch kann?*

Marie: Sie hat es vorher schon einmal versucht (Laute Stimmen. Bernie ermahnt sie, nicht durcheinanderzurufen).

Bernie: *Jeder kann hier sagen, was er oder sie will, solange es keine Obszönitäten sind. Wenn Marie das behaupten will, müßt ihr, bitte, ihre Aussage akzeptieren. Ihr braucht nicht mit ihr einverstanden zu sein, aber ich will keine negativen Kommentare hören!*

Hier haben Gefühle Vorrang vor verbaler Ausdrucksfähigkeit, und die Sprache bildet unhörbar das nicht ausgesprochene, unbewußte Mittel zur Kritik. So wie die Figuren auf den Osterinseln als Köpfe ohne Körper angesehen werden, obwohl sie in Wirklichkeit gewaltige Torsos darstellen, jetzt im Untergrund steckend, so besitzt auch die Sprache der SchülerInnen eine untergetauchte Seite, die deren Bemühen um Analyse und Verstehen zeigt: Diese bleibt jedoch weitgehend unerkannt. Die Metapher steht für *Eingesperrtsein*, für wiederholte Versuche, in die Freiheit auszubrechen, und für *den Wahnsinn der Fliege.* Es gibt zwar Stimmen, die sich gegen Maries Analogie erheben, die Macht des Diskurses bleibt davon aber unberührt, da er sich zwischen den Stimmen abspielt. Die SchülerInnen verwickeln sich in eine Debatte, in der es viele Irrwege gibt, Verwirrungen und plötzliche Sprünge. Es ist ein perfektes Beispiel für die These Derridas, daß die gewöhnliche Sprache sich jeder Kategorisierung und Systematisierung entzieht (vgl. Ulmer 1985). Sobald der Beobachter es daher mit symbolischem Material zu tun hat, wird er mit einer Fülle von rationalen Problemen konfrontiert.

Man muß das Geschehen auf der Vorbühne dekonstruieren, um die dramaturgische Konstruktion des traditionellen Theaters zu verstehen. In gleicher Weise müssen die formalen Aspekte der Sprache im Unterricht beiseite geschoben werden, um die darin enthaltenen weiteren Bedeutungsschichten zu verstehen. Derrida und Pautrat (zit. n. Ulmer 1985) sind der Ansicht, daß das Dekonstruieren von Unterricht die Autorität der Lehrperson und ihre Unterwürfigkeit gegenüber den Strukturen politischer Macht bloßlegt. Die Analyse der Schülersprache, die nach außen hin fruchtbares Lernen anzeigt, kann zur Bestätigung dieser These beitragen.

Was wir hier gemacht haben, ist nur ein vorläufiger Versuch, Unterrichtssprache von einer anderen Perspektive her anzuschauen. Es ist eine Sichtweise, die weniger von expliziten oder formalen Merkmalen abhängig ist, sondern die eher die versteckten Bedeutungs-Codes zu verstehen sucht. Man kann diese Analyse mit weiteren Beispielen aus dem Schülergespräch vervollständigen:

Bernie:	*Sprechen wir jetzt von zwei verschiedenen Dingen oder von ein und dem selben Ding. Du meinst also, wenn du erschossen wirst, ist das eine Krankheit. Meiner Meinung nach gibt es für dieses Ereignis ein anderes Wort, wir sagen nicht Krankheit dazu. Wenn wir verwundet oder erschossen werden oder dergleichen, nennen wir das Krankheit?*
Stimmen:	*Nein! Das ist ein Unfall, eine Verletzung.*
Bernie:	*Eine Verletzung! Gibt es zwischen einer Verletzung und einer Krankheit einen Unterschied? Jason?*
Jason:	*Ich meine, wir sollten zuerst definieren, was krank heißt.*
Bernie:	*Also gut, definiere es.*
Jason:	*Wenn der Körper so ... äh ... so ...*
Bernie:	*Kann ihm jemand weiterhelfen?*
Marie:	*Das ist, wenn man eine Krankheit oder einen Virus im Körper hat ...*
Bernie:	*Also, wenn dein Körper von einem Virus oder einer Bakterie bewohnt wird, dann ist das fremd für dich?*
Stimmen:	*Ja, Ja ...*

In diesem Beschäftigtsein mit den Unterschieden zwischen Krankheit und Verletzung läßt sich wiederum eine mögliche Freiheits-Metapher herausarbeiten. Die SchülerInnen unterscheiden offensichtlich zwischen den Ergebnissen von offenen Handlungen und dem, was durch das heimtückische Eindringen in den Körper geschieht. Erstere können als Gesetze und Regeln des täglichen Lebens angesehen werden, letztere können sich auf die gesellschaftliche Konstruktion von Realität beziehen. Die Metapher kann sogenannte "begabte" SchülerInnen, die sich in einer Debatte engagieren, emotional weiter tragen, als es der Versuch, eine philosophische These aufzustellen, imstande wäre.

Kate: *Wir haben gesagt, daß Verletzung dann vorliegt, wenn jemand dir etwas antut, und von Krankheit sprechen wir dann, wenn du etwas in deinem Körper hast, das dir unangenehm ist, und das dauert meistens länger an.*

Bernie: *Gut, Russell?*

Russell: *Aber Verletzung sagt man auch, wenn man sich selbst etwas antut ... oder so ..., wenn ich Marie schlagen oder ihr ein Messer hineinstechen würde ..., ich weiß nicht, ob ich das tun wollte, aber ...*

Marie: *Sicher würde er das tun!*

Russell: *Das wäre eine Verletzung, die man ihr zufügt, aber wenn sie sich selbst ein Messer hineinsticht, das wäre für sie auch eine Verletzung.*

Die äußerste Form der Unterdrückung liegt in der Kombination von Gesetzen, die das Schulleben radikal einschränken. So wie in dem Film "If"[8] erzeugt das System solche Engpässe in der emotionalen und intellektuellen Entwicklung, daß sich der Verstand dann mit extremsten Reaktionsmöglichkeiten auf diese unterdrückende Ordnung beschäftigt. Sartre hat diese Bedingungen in mehreren seiner Werke weiter verfolgt (z.B. in "Die Fliegen").

Wir möchten abschließend aufzeigen, wohin uns dieser Ansatz in der Unterrichtsforschung führt: Er bestätigt die Notwendigkeit, die Prozesse der individuellen Entwicklung innerhalb der extremen Schulbarrieren und die Auswirkungen eines die Affekte einengenden Klimas auf das Lernen zu untersuchen. Er treibt uns dazu, die Sprache als vielseitige Möglichkeit des Spielens unter aufoktroyierten Spielregeln zu betrachten und gleichzeitig diese Regeln kritisch in Form von *verdeckten Metaphern* zu analysieren. Aus pädagogischer Sicht kommt man dabei zur Ansicht, daß LehrerInnen die autoritären Strukturen institutionellen Lebens öffnen sollten für eine Debatte mit der institutionellen Mehrheit, den SchülerInnen.

---

8   "Kultfilm" der 70er Jahre von Lindsay Anderson. Er zeigt. wie SchülerInnen in einem bewaffneten Aufstand die Tyrannei etablierter Werte von Eltern und Lehrern zu Fall bringen können.

Wir sind uns bewußt, daß die Analyse, die zu dieser Sichtweise führt, sehr subjektiv ist. Was diese Art von Inhaltsanalyse aber spannend macht, ist, daß der Lehrer dieselben Daten nehmen und damit eine andere Struktur weben kann, die er dann ebenfalls explizit oder implizit überprüfen müßte. Das könnte das Tabu der Krankheit und des Todes sein oder die Unterdrückung der Sexualität, es könnte auch das Fehlen spiritueller Nahrung sein. Eine solche Vorgangsweise ermöglicht es LehrerInnen, auf vielfältige Art Theorien zu bilden und das Interesse für die Welt *unter der Oberfläche von Unterricht* anzuregen. Als Ergebnis könnte ein weitaus produktiverer Diskurs herausschauen.

Kapitel 9

Sieben Typen von Kreativität – Beobachtung und Datenanalyse

"Manche behaupten, daß der Vorgang der Analyse als ein Fortschreiten vom Poetischen zum Prosaischen, vom Intuitiven zum Intellektuellen aufzufassen ist. Diese Eigenschaften lassen sich in dem Maße als Gegensätze bezeichnen, als jede davon ausgeht, daß die andere ebenfalls da ist." (William Empson, Seven Types of Ambiguity, 1930, 24)

Bei der Tagung der British Educational Research Association (BERA) an der Universität Sterling im Jahre 1992 wurde im Rahmen des Symposiums "Qualitative Datenanalyse" eine bemerkenswerte, provokative Debatte geführt. Prominente Vertreter der qualitativen Forschung, wie Hammersley, Burgess und Rudduck, äußerten ihre Bedenken gegen den Ansatz der "erfahrungsbezogenen Theoriebildung" ("Grounded-Theory") und verwirrten das Publikum in hohem Maße.

Sie gaben zu, daß sie im Verlauf eines Forschungsprozesses dann die "Grounded-Theory" verließen und eine Art von hypothetisch-deduktiver Verfahrenslogik anwandten, wenn das Forschungsprojekt in arge Zeitnot geriet. Dort, wo man sich mit qualitativen Daten immer nur regressiv im Kreise bewegte, könnten quantitative Verfahren durchaus Antworten liefern, die den finanzierenden Auftraggeber befriedigten. Weiters wurde postuliert, daß der Unterschied zwischen sinnloser Forschung und Forschung, die einen substantiellen Beitrag zum Verstehen eines Phänomens liefert, letztlich von der Phantasie des Forschers abhängt. Nicht das gewissenhafte Aufzeichnen von unwidersprochenen Tatsachen ist entscheidend, sondern der kreative Forschergeist. Dies gelte für beide Forschertypen, für den Quantifizierer wie für den naturalistischen Forscher.

Dieses Beschwören der "Forschungs-Phantasie" hat starke Ähnlichkeit mit den Versuchen, andere mysteriöse kognitive Prozesse zu erklären, die ein auf Fertigkeiten und Kompetenzen aufgebautes Curriculum nicht mittels behavioristischer Sprachkategorien erfassen kann. Gemeint sind jene Aspekte von Lehren und Lernen, die auf implizite Weise Individuen im Unterricht und am Arbeitsplatz verändern können, sich aber jeglicher Erfaßbarkeit durch Theorien oder Spekulation entziehen.

Für die meisten anwesenden ForscherkollegInnen brachte diese Enthüllung eine tröstliche Erkenntnis, daß selbst die führenden ForscherInnen auf den Musenkuß und auf göttliche Einfälle zurückfallen, wenn die Selbstanalyse keine geeignete Theorie für eine qualitätsvolle Datenanalyse zuwege bringt. Auch in Lehrbüchern wird diese Tatsache, daß es für konkrete Strategien der Datenanalyse kaum sorgfältige Aufzeichnungen und Belege gibt, verschwiegen.

BERA-Tagungen können aber als lebendige Lehrbücher angesehen werden. Viele TeilnehmerInnen kommen nur deshalb, um von ihren KollegInnen etwas lernen zu können. Postmoderne Zusammenkünfte stellen die Textpräsentation und die Theorie-Rezeption als Ersatz für Publikumsengagement in den Mittelpunkt.

Warum kamen die Leute zu diesem speziellen Symposium? Einige sicherlich deshalb, weil sie erfahren wollten, wie man den "Grounded-Theory"-Ansatz in der Datenanalyse einsetzen kann. Andere, weil sie sich vergewissern wollten, daß es keine sicheren Zugänge gibt. Diesen Eindruck konnten wir durch Beobachtungen und durch Gespräche in anderen Präsentationsgruppen und Symposien verifizieren. Wir begegneten TeilnehmerInnen, die endlich wissen wollten, wie man "gute" Forschung betreibt, und wir trafen solche, die sich glücklich fühlten, ein Schlammbad im Sumpf der Ambiguität zu nehmen.

Das Problem, das hier auftaucht, ist typischer für qualitative als für quantitative Forschung. Mit dem Begriff "qualitativ" verbinden wir häufig folgende Merkmale: Mehrdeutigkeit, Kompromiß, Pragmatismus, Wittgensteinsche Sprachspiele, Subjektivität und Relativität. Oft ist es leichter, den halbtoten Körper des Positivismus anzugreifen und zu karikieren, als nachzuweisen, daß naturalistische Forschung eine atmende, authentische Realität ist. Die Frage, wie der "Grounded-Theory"-Ansatz in der Datenanalyse fruchtbar eingesetzt werden kann, wurde nicht beantwortet. Zu groß war die Kluft im Dialog zwischen den Vertretern der Vorstadtbewohner, die sich Ordnung, Straßenlampen und sichere Gehsteige wünschten, und den

Landbewohnern, die der Sicherheit aus dem Weg gingen und die Topographie von wilden Moorlandschaften bevorzugten.

9.1 Vorstellungskraft und Kodifizierung

Wir möchten einige Punkte der zuvor beschriebenen Debatte aufgreifen und sie auf den Prozeß der Analyse in der Beobachtung beziehen. Bei der Analyse handelt es sich *nicht* um einen *summativen* Vorgang, der sich am Ende einer Phase intensiven Datensammelns und detektivischen Zusammenfügens von Puzzlesteinen abspielt. Es gibt natürlich ForscherInnen, die Datenanalyse dennoch summativ betreiben, mit dem Argument, daß andernfalls ja bereits die Interpretation vorweggenommen würde: Im Interesse der Neutralität sollten Interpretationen erst am Ende des Forschungsprozesses vorgenommen werden. Andere wiederum vertreten die gegenteilige Ansicht, daß der Forscher in jeder Phase des Prozesses analysiert und daß er am besten fährt, wenn er diesen formativ-interpretierenden Ablauf explizit macht. Im ersten Fall geraten ForscherInnen in Konflikt mit ihren impliziten Theorien und biographisch bedingten Erfahrungen, die ihre Wahrnehmung einengen (vgl. Reichenbach 1938). Im zweiten Fall versündigen sich ForscherInnen möglicherweise durch eine zu frühe Rechtfertigung ihrer Interpretationen, die sie auf ihre Sichtweise fixiert und sie daran hindert, später noch Alternativen zu sehen.

Unsterbliche Zellen als Schlüssel zur Krebsforschung

"In jüngster Zeit jagen Wissenschaftler nach dem "Motor der Zellzerstörung", sagte er. Eine Reihe von neuartigen Enzymen, sog. proteolytischen Enzymen, wurde von Junying Yuan an der Boston Universität entdeckt. Sie bewirken eine Selbstzerstörung von Zellen. Diese Enzyme wurden erst jetzt entdeckt, weil die Wissenschaftler bisher nicht nach ihnen gesucht hatten." (The Times Higher Education Supplement, 21, April 1995)

Welchen Ansatz man auch immer wählt, es tauchen immer Probleme auf, wenn man Daten in erklärenden Berichten verwendet. In Forschungs- und Evaluationsprojekten werden Daten aggregiert, kategorisiert, gewichtet und nach "plausiblen Geschichten" zusammengefaßt (letzterer Begriff wurde auf dem BERA-Symposium verwendet). Bei jeder Diskussion über die Qualität einer Datenanalyse kommt es zu ähnlichen Auseinandersetzungen zwischen naturwissenschaftlichen und hermeneutischen Wissenschaftsvertretern. Erstere behaupten, je mehr Phantasie man einsetzt, desto weniger rigoros und gültig sei die Interpretation, je stärker man die Daten dagegen nach sorgfältig entwickelten, expliziten Kriterien ordnet, desto gültiger seien die Ergebnisse. Im Gegensatz dazu argumentieren die Hermeneutiker, daß sehr interpretative Berichte näher am "Zeitgeist" und den jeweils vorherrschenden Verstehensauffassungen seien. Streng kontrollierte Versuche, den Forschungsprozeß zu kodifizieren und zu kategorisieren, führten dagegen zu einer künstlichen, inhaltsleeren Wiedergabe menschlicher Lebensbedingungen.

Strauss/Corbin (1991) stehen mit ihrem Konzept einer sorgfältigen und umfassenden Kodifizierung am einen Ende des qualitativen Spektrums. Sie zerlegen Daten in Kategorien und Subkategorien, die als Einheiten für die Umformulierung in neue Interpretationen dienen können. Am anderen Ende bewegen sich qualitative Wissenschaftler, wie Moustakas (1990), Winter (1986) und Walker (1982), die ähnlich wie ForschungsjournalistInnen arbeiten. Ihr wichtigstes Bemühen ist, eine ganzheitliche Beziehung zwischen Daten und schriftlichem Bericht herzustellen, entweder auf phänomenologische Weise durch Empathie oder indem sie mithilfe von starken Metaphern Ähnlichkeitsporträts erzeugen.

Bei jeder Datenanalyse ist das Optimum, das erreicht werden kann, teilweise durch das Forschungsdesign und die Forschungsmethoden vorgegeben. Es würde die Geschlossenheit dieses Kapitels sicher erhöhen, wenn wir uns darauf konzentrieren könnten, was nach den Phasen der Datensammlung passiert, wenn der Forscher den Daten, die sich vor ihm auftürmen, Sinn verleihen möchte. Zunächst müssen wir uns aber die Beziehungen zwischen Daten und Interpretation genauer ansehen, da diese ständig durch ideologische und wissenschaftstheoretische Vorannahmen durchsetzt sind.

Die wichtigste Frage bezüglich des Einflusses von Design und Methoden auf die Datenanalyse ist die, ob es sich hier um *kausale* oder lediglich *kontingente*, d.h. von Fall zu Fall eventuell mögliche Beziehungen handelt. Wenn, wie Corbin/Strauss argumentieren, die erfahrungsbezogene Theoriebildung von einer Reihe von logischen Beziehungen zwischen Forschungskonzeption und -ergebnis abhängt, dann hat die Datenanalyse innerhalb des Prozesses bereits einen fixen Stellenwert. Der ganze Prozeß läßt sich dann wie das Anfertigen eines Gemäldes beschreiben, wo man zuerst die Konturen zeichnet und diese dann später anmalt.

Je weniger mechanistisch der Ansatz im Design und in der Datengewinnung ist, desto mehr Probleme hat der Forscher am Ende des Forschungsprozesses, von den Daten zu einer kohärenten Interpretation zu gelangen. Wenn man alle intervenierenden Variablen mit berücksichtigt, erzielt man eine ganzheitliche Integrität der Daten, ist aber mit komplexen, multidimensionalen Datensätzen konfrontiert, die sich einfachen, linearen Erklärungen entziehen. Einen Kompromiß bietet hier das *"Progressive Fokussieren"*, ein Verfahren, das von einem breiten Datenspektrum ausgeht und im Verlauf des Analyseprozesses den Interpretationsspielraum immer mehr eingrenzt. Metaphorisch gesprochen macht man die Schlinge um den letztlich bedeutsamen Datenkopf immer enger.

Eine entscheidende Frage ist hier, wie kritisch die Haltung des Forschers ist. Diese bestimmt das Ausmaß an Skepsis, mit der an die Daten herangegangen wird. Daten können für jeden Forscher auf verschiedenen Ebenen intrinsische Bedeutung haben, je nach der theoretischen Ausrichtung, den persönlichen Interessen und gesellschaftlichen Anforderungen. Im Mittelpunkt steht meist die Frage nach der Repräsentativität, also danach, was Beobachtungsdaten letztlich repräsentieren: Sind die Daten repräsentativ für die Alltagsrealität, wo es z.B. um die Überprüfung der Kompetenz geht, eine Ziegelmauer gerade aufzubauen (vgl. Bhaskar 1979)? Repräsentieren die Daten die sozialen, psychologischen und politischen Faktoren, die die Wahrnehmungen und Überzeugungen von Personen beeinflussen, die z.B. Demonstrationen diskret steuern (vgl. Habermas 1974)? Oder sind die Daten repräsentativ für die Steuerungsmechanismen selbst, die über Sprache und Begriffe bestimmen, wie Akteure und Forscher-Innen, getrennt oder gemeinsam, ihre Theorien bilden (vgl. Foucault 1971). Je nach der Position, die man auf diesem Spektrum einnimmt, wird man Daten anders betrachten und verwenden. Für den naturalistischen Forscher genügt es meistens, die Alltagsrealität einzufangen, indem die Wahrnehmungen und Verstehensweisen der Akteure innerhalb der Fallstudie positioniert werden. Für Vertreter der Kritischen Theorie ist es dagegen wichtig zu bestimmen, in welchem Grad die Akteure ihrem Wahrnehmungsschicksal ausgeliefert sind, was sich durch gesellschaftliche und politische Exegesen zur Erklärung ihres Verhaltens feststellen läßt.

Für den postmodernen Sprachphilosophen sind Daten willkürliche Phänomene, die durch eine Vielzahl von analytischen Operationen manipuliert werden können. Wenn z.b. die Frage des Datenbesitzes nicht geklärt werden konnte oder wenn keine non-verbalen Daten erhoben wurden, so muß der gesamte Prozeß der Datengewinnung als Artefakt bezeichnet werden, der durch historische Strömungen willkürlich gesteuert wird. Von dieser sehr extremen Sichtweise aus betrachtet, ist selbst eine intersubjektiv erzeugte Realität das Ergebnis von machtpolitischen Kräften innerhalb unserer Sprache, die man dekonstruieren muß, um sie zu verstehen. Der Wert einer solchen Analyse ist jedoch eher philosophisch als praktisch. Die angewandte Forschung wird, auch wenn sie falsches Bewußtsein, einseitige Sichtweisen und Machtkonflikte herausarbeitet, immer in der Zwickmühle des Forschungsalltags gefangen sein: Auch wenn es den ForscherInnen gelingt, die das Denken und Handeln von Individuen bestimmenden Kräfte sichtbar zu machen, müssen sie sich letztlich wieder ihren meist prosaischen Forschungsaufgaben zuwenden, um zu überleben. ForscherInnen gehören zur selben konstruierten Realität wie diejenigen, die sie untersuchen. Das Ergebnis einer sprachanalytisch geführten Diskussion über Daten läßt sich daher auf die Frage reduzieren, inwieweit Daten authentische Indikatoren für das real gelebte Leben sind. Eagleton (1983) bringt das prägnant auf den Punkt:

"Eine Interpretation mit der höchsten Zustimmungswahrscheinlichkeit kann als Tatsache (Faktum) angesehen werden." (a.a.O., 36)

Auch wenn Daten letztlich nur die äußeren Bedeutungsträger einer von uns willkürlich erzeugten Bedeutung sind, sind sie alles, was wir haben, um andere zu überzeugen, daß wir existiert haben. Solche Sichtweisen lassen sich als Diskurse à la Habermas, als Sprachspiele à la Wittgenstein oder als Paradigmen im Sinne von Kuhn darstellen.

9.2 Eine Forschung für das Handeln

ForscherInnen müssen die Welt der Akteure, die sie erforschen, in einer zugänglichen und verstehbaren Form darstellen. Dann erst dürfen sie das Gewebe dieser Lebenswelt kritisch mit ihren Rekonstruktionen, Interpretationen und Empfehlungen zerzausen. Der Diskurs, den die Forschungssubjekte während des Forschungsprozesses führen, wird durch den Kontakt mit den Forschern unterbrochen. Ist die Kluft zwischen den beiden Gruppen zu groß, wird der Forschungsdiskurs verweigert, oder, was noch schlechter ist, er bleibt mangels an Vertrautheit für die Forschung unzugänglich. Das vorherrschende Forschungsparadigma lautet daher, daß sich Forschung in hinlänglichem Maße an den *sozialen Konstrukten ihrer Forschungssubjekte orientieren* muß.

Damit verbunden ist auch eine Auffassung von Alltagsrealität, die sich als Mischung von Wissenschaftlichkeit und Relativismus beschreiben läßt. Die Folge ist, daß die Forschungsarbeit mit einer Vielzahl von Validitätsanforderungen konfrontiert ist, die sich auf einem Spektrum von Objektivität und Verallgemeinerbarkeit einerseits und Pluralität von Sichtweisen andererseits anordnen lassen. Qualitative Forschung bemüht sich dann diesen Anforderungen durch entsprechende Verfahren und Prinzipien, wie Triangulierung, Gegenseitigkeit, Zuständigkeit, Glaubwürdigkeit und Reflexivität, zu entsprechen. Die Kunst der Forschung ist es, diesen Kontext zu durchbrechen, um einen Diskurs für eine neue Art des Verstehens einzuleiten. Vielfach wird dieser Prozeß als kreativitätsstiftend bezeichnet. Nach Kuhn (1970) ist es das vorsätzliche und gehäufte Zerbrechen von bestehenden Paradigmen, das den einzigen Weg für wissenschaftlichen Fortschritt darstellt.

9.3 Die kreative Analyse von Beobachtungsdaten

Strauss/Corbin (1991) erzeugen z.B. dadurch Kreativität, indem sie bei der Datenanalyse die Manipulation von bereits geordneten, kategorisierten Daten zulassen und dieses Verfahren als kreativen Akt bezeichnen. Wir betrachten das jedoch als Vermischung mit *"theoretischem Einfühlungsvermögen"*, einer Auffassung von Kreativität, die mit dem herkömmlichen Kreativitätsbegriff wenig gemeinsam hat.

"Theoretisches Einfühlungsvermögen stellt einen wichtigen, kreativen Aspekt der Grounded Theory dar. Es ist die Fähigkeit, persönliche und berufliche Erfahrungen sowie Literatur phantasievoll zu verwenden. Sie befähigt den Forscher, die Forschungssituation und die damit verbundenen Daten neu zu sehen und die Daten nach möglichst neuen Theorien zu untersuchen." (Strauss/Corbin, a.a.O., 71)

Die beiden Forscher sind sich der Gratwanderung ihres Ansatzes zwischen Wissenschaftlichkeit und Kreativität bewußt. Sie verwenden formale Verfahren, wie z.B. Computerprogramme, die qualitative Daten neu strukturieren. Sind Forscher, die das tun, nach Auffassung von Strauss/Corbin kreativ?

Giddens (1991) bejaht das und verbindet diese kreative Strategie mit einer Fertigkeit, die auch in der soziologischen Forschung gefragt ist:

"Ein Großteil der Fertigkeit, bedeutsame soziologische Forschungsfragen zu entdecken, besteht darin, Puzzles richtig zu identifizieren." (a.a.O., 37)

Eine erweiterte Sichtweise von Kreativität in Analyseprozessen taucht nur in sehr allgemeinen, philosophischen Formulierungen auf:

"Vorstellungsvermögen ist unsere Art und Weise, die Welt zu interpretieren." (Warnock 1970, 51)

Diese eher orthodoxe Auffassung von Kreativität in Forschungsprozessen als neugefaßte Form von Problemlösen und mechanistischem Ordnen von Daten wird von einigen Autoren stark kritisiert. Sie sei das Ergebnis eines regulierenden Machtprinzips, das den Führungsanspruch von Forschungsinstitutionen in unserer Gesellschaft zu rechtfertigen versuchte. Das Akzeptieren einer im wesentlichen anarchischen Präsenz von Kreativität in der Forschung würde nicht vorhersagbare Diskurse freisetzen.

Bohm/Pleat (1988) untersuchen diesen Aspekt, wie neues Wissen erzeugt wird, etwas genauer. Sie unterscheiden zwischen Neuordnen von Erkenntnis, dem *"endarkenment"* (Verdunkeln), und der einsichtsvollen Veränderung, dem *"enlightenment"* (Erhellen). Das Neuordnen von Erkenntnis bleibt Teil des versteckten Konservatismus von Forschungsdiskursen, während einsichtsvolle Prozesse Blockierungen und starre Konzeptionen über unsere Welt entfernen. Es gibt eine Reihe von bedeutenden Beispielen dafür, wie neue Erkenntnis durch Vorstellungskraft gewonnen wurde: Das Prinzip der Schwerkraft nach Newton, die Relativitätstheorie Einsteins, Kekules Vision einer Schlange, die ihren eigenen Schwanz frißt, als Schlüssel zum Benzolring. Der visionären Erfahrung ging in allen Beispielen eine Periode konzentrierten Arbeitens voraus. Die Vision ebnete den Weg für eine dritte Phase, die Einsicht als Hypothese, die sich in eine formale, logische Erkenntnisstruktur entwickeln ließ. Ohne diese vorstellungsreichen Sprünge würden uns diese formalen Strukturen nur zu bereits bekanntem Wissen führen.

Die Schwierigkeit für qualitative ForscherInnen besteht darin, daß sie im Gegensatz zu den oben genannten Berühmtheiten keine hoch spezialisierten Probleme zu lösen versuchen. Ihr Forschungsfeld besteht eher aus verschwommenen und miteinander verwickelten Themen, die ihre Forscherrolle ebenso miteinschließen wie die Auswirkung ihrer Forschung. Während es auf der Vorstellungsebene in allen Phasen der Forschung eine Fülle von Antworten auf Probleme gibt, haben diese in der Geschichte wissenschaftlicher Ideen nie die Bedeutsamkeit der oben erwähnten Beispiele erreicht. Wenn man jedoch die vorliegende Forschungsliteratur zur Bedeutung von Vorstellungskraft mit unseren eigenen Erfahrungen verbindet, lassen sich sieben Wege aufzeigen, durch die die konventionelle Forschung ihre Rolle als konservativer Spiegel des Forschungsfeldes überschreiten könnte. Diese Wege könnten zu paradigmatischen Erosionen und Veränderungen führen, die für das kritische Denken und Handeln der Forschergemeinschaft lebensnotwendig sind. Natürlich können die folgenden Gedanken das kritische Denken sowohl verdunkeln als auch erhellen.

9.4 Sieben Typen von Kreativität in der Datenanalyse

Wir stellen hier sieben Kreativitätstypen vor. Sie beanspruchen keine Vollständigkeit, noch schließen sie sich gegenseitig aus. Es war das eingangs des Kapitels zitierte Zitat von Empson, das uns veranlaßte, darüber zu schreiben. Am besten, man betrachtet diese Typen nicht als getrennte Zugänge oder Strategien, sondern als klar unterscheidbare Charakteristika mit einigen Überschneidungen.

9.4.1 Etikettierung und Kategorisierung

Die häufigste Technik, die Aufmerksamkeit auf ein Problem zu lenken, ist die, einen Begriffsnamen (Etikette) einzuführen, der neue, metaphorische Eigenschaften besitzt. So können z.b. Begriffe, wie Jugenddelinquenz, Fehlanpassung, Schülerzentriertheit, demokratische Erziehung, Aktionsforschung, illuminative Evaluation, die Diskussion zu Beginn bereichern, aber nur zu Beginn. Das Etikettieren und Kategorisieren ist ein sehr wettbewerbsorientiertes Geschäft. Wenn die dabei entstehende neue Sprache nicht auch durch inhaltliche Substanz gestützt wird, kann das Etikettieren eher zur Verwirrung ("endarkenment") führen. Die Hitparade von neuen Begriffen, die "in" sind, wechselt sehr rasch.

John Schostak und ich (Jack Sanger) wollten die Vorherrschaft der Forscher beim Benennen von neuen Phänomenen durchbrechen. Wir sammelten Etiketten und Kategorien, die LehrerInnen zur Beschreibung und Interpretation von Unterrichtsereignissen während ihrer Praxiserforschung verwendeten, und benutzten sie, um aus Daten Bedeutung zu gewinnen. Begriffe wie *"nicht-zusammenhängende Fragen"*, *"Aushandeln"* oder *"soziales Plaudern"* erwiesen sich als ergiebige Quelle für neue Interpretationsrichtungen des Aktionsforschungsteams: Die Definitionsmacht der Sprache wurde gemeinsam genutzt, so daß bei der Konstruktion von Erklärungsmöglichkeiten für Unterrichtserfahrungen neue Wege beschritten werden konnten.

Die Kategorie "nicht-zusammenhängende" Fragen z.B. veranlaßte uns, alle Schülerfragen aufzuzeichnen, die scheinbar nichts mit dem gerade aktuellen Lern- bzw. Lehrthema zu tun hatten. Die meisten LehrerInnen hatten diese Fragen bisher nicht beachtet oder als nicht relevant übergangen. Als sie jedoch mit diesen auf Ton- oder Videoband aufgezeichneten Fragen konfrontiert wurden, eröffneten sich ihnen neue Zugänge zu Lernstrategien, Lernprioritäten und zu Themen des "heimlichen Lehrplans" ihrer SchülerInnen, von denen sie bisher ausgeschlossen waren.

9.4.2 Methodologische Anleihen

Das Einführen von methodologischen Zugängen aus anderen Forschungsbereichen ist ein bewährtes Verfahren, um dem Forschungsprozeß neue

Impulse zu geben. Gleichgültig, ob diese Importe als erklärende Metaphern oder als strategische Modelle verwendet werden, sie haben in jedem Fall eine zumindest kathartische Wirkung auf die Art und Weise, wie wir Daten betrachten. Aus diesem Grund werden in der erziehungswissenschaftlichen Forschung und Evaluation Literaturkritik, Therapie, Aktionsforschung, Utopische Romane, Biographie und Rezeptionstheorie verwendet.

Zwei weitere importierte Konzepte, die auch unsere eigene Forschungspraxis beeinflußt haben, sind die *Homöopathie* (vgl. dazu Kapitel 11) und Roland Barthes' gedankenreiche Bemerkungen zur Fotografie (vgl. dazu Kapitel 3).

Die Auseinandersetzung mit der Heilungsphilosophie der Homöopathie, im Gegensatz zur klassischen oder allopathischen Schulmedizin, verhalf uns zu einem neuen Ansatz in der Evaluation von Unterricht und anderen beruflichen Situationen. Homöopathische PraktikerInnen versuchen im wesentlichen die Person als Ganzes zu behandeln: Sie verabreichen ein Gift, das die gesamte Bandbreite von Symptomen hervorbringt, unter denen der Patient leidet, jedoch in kleinsten, unbedeutsamen Mengen. Diese winzigen Dosen können vom Körper gelesen werden, der daraufhin seine gesamten Immunitäts"armeen" gegen das Gift – und damit auch gegen die bestehende Krankheit mobilisiert. Diese hatte bisher die Fähigkeit des Körpers ausgeschaltet, zu diagnostizieren, was eigentlich los ist. Wir übertrugen nun dieses Heilungsmodell auf soziale Situationen: Wir wählten kleine, repräsentative Stichproben der schlimmsten Szenarios, der schwierigsten Probleme, Interaktionen und Entscheidungen für Einzelpersonen und Gruppen aus und baten sie, darüber nachzudenken. Ganzheitliche Repräsentationen von Daten können oft Probleme spiralartig vergrößern. Worauf es hier ankommt, ist die Kunst, die richtige Dosis zu finden, die optimale Auswahl von Daten. Das können für einzelne LehrerInnen die Beschreibung von Sprechmustern sein, oder wiederholte Beobachtungsdaten zu einem Element der Körpersprache oder zu einem Aspekt des Unterrichtsmanagements. Für die Untersuchung der Qualität von Organisationen kann das die Gestaltung von Sitzungen, das Logo oder die Architektur von Beschwerdekästen sein. Der Einsatz des homöopathischen Modells half uns, unsere bewertenden Rückmeldungen sparsam zu gestalten und auf Feinheiten abzustimmen. Die Analyse konzentrierte sich auf das Therapeutische in den Daten.

Roland Barthes verwendet in seiner *Camera Lucida* (1982) eine ähnliche Technik, allerdings für persönliche und therapeutische Zwecke. Er sucht in Fotografien nach zwei methodologischen Elementen mit erklärender oder generativer Aussagekraft, die er *"Punctum"* und *"Studium"* nennt. Das Studium bezeichnet die Kategorie, der eine Fotografie zugeordnet werden kann, z.b. Familienbilder, Nacktheiten, Krieg, Landschaften. Das Punctum ist jenes Element in einer Fotografie, das beim Beobachter ein Zentrum der Unruhe und Störung erzeugt. Das kann z.b. ein Hemd oder ein Gürtel sein, ein Tuch, mit dem ein Körper auf einer Straße zugedeckt ist, die Art und Weise, wie eine Hand gehalten wird. Für uns bedeutet diese Sichtweise ein bewußteres Kontrollieren, auf welche Daten sich die Aufmerksamkeit in unserem Studium richtet (z.b. Klassenzimmer, Spielplatz) und welche Elemente (Puncta) innerhalb des Forschungsfeldes uns besonders interessieren, Spannungen erzeugen, und warum das so ist. Auf diese Weise erhalten Daten bereits zu Forschungsbeginn ein Erklärungspotential durch ihre Fähigkeit, den Verstehensprozeß zu unterbrechen, oder sie werden erst später bedeutsam dadurch, daß sie nach Barthes die Fähigkeit besitzen, neue Einsichten zu erzeugen (z.b. eine Anschlagtafel, die Anordnung des Lehrertisches, die Gestaltung des Eingangsbereichs einer Schule, die Art und Weise, wie Schüler in einer Unterrichtsstunde aufzeigen). Wir werden hier wieder auf das Prinzip verwiesen, das Vertraute bewußt als etwas möglicherweise Exotisches zu sehen.

9.4.3 Theoretische Anleihen

Sich durch Theorien und Philosophien kritisch herausfordern zu lassen führt dazu, die Welt anders zu sehen. Selbst im Akt des Zurückweisens einer Theorie werden wir gezwungen, das, was für uns wertvoll ist, klarer zu artikulieren. Der Vergleich mit kontrastierenden Ansätzen kann das eigene Forschungsmodell dann bis an seine Gültigkeitsgrenzen führen. So läßt sich z.b. die naturalistische Forschung im Lichte eines kulturellen Materialismus als meritokratische Form des liberalen Humanismus darstellen, als bevormundend, cliquenhaft und konservativ. Für diejenigen, die vom derzeitigen Kult der autobiographischen Forschung besessen sind, könnte die Beschäftigung mit Derridas Literaturtheorie (1978) dazu führen, ihre Annahmen über persönliche Lebensgeschichten neu zu überdenken, zu fragen, wem sie gehören und welche Daten sie letztlich der Forschergemeinde zur Verfügung stellen. Die Vorstellung, daß eine Geschichte persönlich sein kann, wird dann in Frage gestellt. Ihre Institutionalisierung als ein Aspekt akademischer Forschung untergräbt zusätzlich ihre Glaubwürdigkeit, indem sie einen Weg zum stillschweigenden Verstehen eröffnet. Konzepte, wie Husserls "Verklammerung", Habermas' "Kritischer Diskurs" oder Garfinkels Ethnomethodologie, können jedes für sich dazu beitragen, unsere Annahmen zu destabilisieren, ähnlich wie das die russischen Formalisten in ihrer Literaturkritik gemacht haben. Um dieses Kapitel, das als autobiographischer Text angesehen werden kann, zu schreiben, haben wir sorgsam ausgewählte Ereignisse und Literaturstellen zusammengefügt und daraus ein Ereignis für die Öffentlichkeit konstruiert. Unseren Plan konnten wir jedoch nicht ganz umsetzen wegen des sprachlichen "Überschusses", der sich nach Derrida jedem Versuch entzieht, Sprache zu fesseln. Intensives Lesen von breitgestreuter Literatur führt den Verfasser unweigerlich zu solchen Überschüssen, gleichzeitig findet er darin aber auch neue Einsichten und ungewöhnliche Phantasiequellen.

9.4.4 Neue Methoden

Bei der Anwendung von Methoden der Datengewinnung kann man Fehler vermeiden, die dadurch entstehen, daß sich Forscher zu strikt an ihr methodisches Design halten, z.B. auf das Interviewen, Beobachten oder die Analyse von Dokumenten. Daten können jedoch auch durch stärker intervenierende Forschungshandlungen erzeugt werden, ohne daß die Komplexität der Ergebnisse beeinflußt wird. Hier sind einige Beispiele aus der Unterrichtsforschung, die unseren Gedankengang veranschaulichen:

- SchülerInnen auffordern, eine schriftliche Arbeit so zu korrigieren, als ob sie LehrerInnen wären, und ihre Korrektur-Logik aufzeichnen (forschendes Lernen innerhalb eines Korrekturprozesses).
- SchülerInnen fragen, welche Note und welchen Lehrerkommentar sie sich erwarten, bevor sie ihre Arbeiten zurückbekommen.
- Zeichnungen, Cartoons, Metaphern verwenden.
- SchülerInnen und LehrerInnen auffordern, eine auf Video aufgenommene Stunde zu analysieren.
- Neue Formen von Checklisten einsetzen, wie z.B. die hier abgebildete, die die Kontakte von drei Schülern im Unterricht festhält (vgl. auch Kapitel 6, 78).

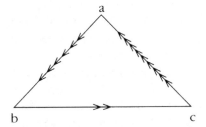

- Beobachtungsdaten in Form von Geschichten rückmelden, die dann von den Betroffenen bearbeitet werden.
- Kritische Ereignisse in Form von Fallstudien darstellen, um kulturbedingte Reaktionen auf ethische Themen zu entdecken.

Worum es hier geht, ist die Art und Weise, wie ForscherInnen aus einer "Insider"-Untersuchung eine "Outsider"-Untersuchung machen können. Oft muß dabei irgendein Bereich im normalen Fluß des Forschungsprozesses destabilisiert werden, damit die betroffenen Teilnehmer in der Lage sind, kritisch darüber zu reflektieren, was sie als "normal", gewöhnlich oder ritualisiert betrachten. Sich selbst mit den Augen anderer zu sehen kann eine solche Destabilisierung erzeugen. Eine liberale, fortschrittliche Lehrerin z.B., die glaubt, schülerzentriert zu unterrichten, sieht sich, wie sie Schülerhefte zur Korrektur den sitzenden Schülern aus der Hand nimmt. Sie blättert in den Heften, macht Korrekturen und gibt die Arbeiten den Schülern zurück. Plötzlich bemerkt sie, wie sehr sie durch ihre Körpersprache Macht und Kontrolle ausdrückt. Sie ist schockiert.

9.4.5 Berichten

In der englischen Forschungstradition gibt es die klischeehafte Phrase, *"sich in die Erkenntnis hineinschreiben"*. Damit wird ausgedrückt, daß der Akt des Schreibens eine analytische Handlung ist: Das Ordnen, Gewichten, Nebeneinanderstellen und Überbrücken von Information ändert das Wesen dieser Information. Wenn die VerfasserInnen Metaphern verwenden, verschärfen sie den Prozeß. Versuche, mehr Klarheit in das hineinzubringen, was der Forscher zu wissen glaubt, führt zur Entdeckung von bisher nicht beachteten Nuancen. Die meisten Forscher schreiben während aller Phasen des Forschungsprozesses: Sie verfassen Pläne, Forschungsdesigns, sie machen sich Notizen, sie transkribieren, analysieren und berichten. In jeder dieser Phasen kann ein bewußtes Wechseln des Schreibstils zu einer Neufassung des gesamten Forschungsprozesses führen. Dazu ein Beispiel: Ein Forscher beschließt, jede Beobachtung als vollständigen Satz anstatt als Kurznotiz niederzuschreiben. Die Daten sind dann zu einem späteren Zeitpunkt nicht mehr so leicht zu bearbeiten, da Sätze und Paragraphen meist eine ganzheitliche Einheit darstellen, von der man nicht so leicht abweichen kann.

Was geschieht nun mit all den Beobachtungsaufzeichnungen? Sie scheinen in ihrer ursprünglichen Ganzheit im Bericht nicht mehr auf. Sie beeinflussen den Bericht jedoch als Hintergrundinformation oder als Belege für schlußfolgernde Höhepunkte. Nur wenige Berichte nehmen Beobachtungsergebnisse in ihrer Gesamtheit auf, so daß der Leser selbst Interpretationen vornehmen kann. In meinem (Jack Sanger) Forschungsbericht an das British Film Institute (Sanger 1993) präsentierte ich zu Beginn einige ausgewählte Rohdaten und forderte den Leser auf, sich über die den Beobachtungsdaten zugrundeliegenden Verhaltensweisen eine Meinung zu bilden. Meine Annahme war, daß sich Leser dann leichter täten, meine Analysen und Interpretationen zu kritisieren.

Die Interpretation von Daten kann in allen Phasen des Forschungsprozesses offen oder geschlossen sein, wobei es sicher günstig ist, wenn man sich möglichst viel Interpretationsspielraum bis zum Schluß offen läßt. Warum sind wir so erpicht auf Kohärenz, wenn wir der Meinung sind, daß die Welt eher aus kontingenten denn aus kausalen Ereignissen besteht? Warum sind unsere Forschungsberichte so logisch geordnet? So bestimmt durch Kausalität?

9.4.6 Metaphern

Man braucht sich nur die Metaphern in den Daten anzusehen, um die internen kritischen Spannungen der von der Untersuchung Betroffenen zu verstehen. Das Ausschauhalten nach Metaphern gleicht einer Inhaltsanalyse. In einer ausgezeichneten feministischen Kritik an Peter Bergers viel gelesenem Lehrbuch *"Eine Einladung zur Soziologie"* weist Reinhartz (1988) nach, daß Berger der Hälfte seiner Untersuchungsstichprobe gegenüber tief verwurzelte chauvinistische Einstellungen entgegenbringt. Dieser einflußreiche und angesehene Autor nennt Frauen "Kombiwägen", behauptet, daß Soziologen deshalb Soziologen wurden, weil sie als kleine Buben alleinstehende Tanten durchs Schlüsselloch beim Ausziehen beobachteten, und vergleicht eine heldenhafte Bomberbesatzung mit gedankenlosen Einkäuferinnen in Supermärkten.

In meiner (Jack Sanger) Analyse des Gesprächsverhaltens im Unterricht von begabten Kindern in Kanada (vgl . Kapitel 8) wählte ich statt des traditionellen Ansatzes, nämlich verbale und non-verbale Prozesse aufzuzeichnen, eine neue Strategie: Ich untersuchte den metaphorischen Gehalt eines Klassengesprächs anhand einer immer wieder abgespielten Videoaufzeichnung in einem Forschungsseminar. Plötzlich sahen wir (ich und einige Lehrerstudenten) in dem Film eine Flut von seltsamen, dunklen Bildern von Tod und Krankheit. Meine Zusammenfassung dieses Bilderflusses lautete so (vgl. Kapitel 8, 113)

"Ich sah mir also den Inhalt an. Das poetische Bild der kranken Fliege mit den vielen literarischen und filmischen Konnotationen von Blake bis Goldblum fesselte meine unmittelbare Aufmerksamkeit. Ich begann die Wörter und Bilder zu notieren, die mit der Metapher der kranken Fliege verbunden zu sein schienen.

Fliege, krank, sterben, unnatürliche Ursachen, Alter, Krankheit, Herzanfall, Tante und Papa starben plötzlich, Virus, Bakterien, fremd, Verletzung, zugefügt, bakterielle Kriegsführung, Haut, Infektion, Erbrechen, abstoßend, wahnsinnig, Herzerkrankung, eitern, Blut, Erreger, Bluter, Spital, auf Maria mit einem Messer einstechen ..."

Es ist wichtig zu erwähnen, daß weder ich noch der Klassenlehrer beim ersten Ansehen des Videobandes diese spezifischen Sprachinhalte bemerkten. Die Daten übten daher fast eine Art von Schock aus. Wir spürten, daß der Sprachinhalt eine unheimliche Kritik am selektiven Unterricht für begabte Kinder darstellte. Ein begabtes Kind in dieser Klasse zu sein dürfte nicht zu jener Qualität von Lernerfahrung geführt haben, die sich manche von einer Begabtenförderung gewünscht hatten (vgl. Sanger 1989a). Die bisherigen Interpretationen dieser Gesprächssituation hatten jedoch keinen Anlaß gegeben, die Vision einer Gruppe von hochmotivierten und stabilen Kindern in Frage zu stellen. Die Klasse war schülerzentriert, die Schüler verstanden, worauf es ankam, sie hielten sich an die

Regeln des philosophischen Diskurses, hörten einander aufmerksam zu und verwendeten den Lehrer als Informationsquelle.

Die SchulleiterInnen, mit denen ich seit zehn Jahren arbeite, baten einmal ihren Lehrkörper, ihre Arbeit in Form von Zeichnungen, Versen oder Wortbildern zu beschreiben. Die Daten waren besser als alles bisher Versuchte geeignet, eine in die Tiefe gehende Diskussion darüber zu beginnen, in welcher Weise sich das persönliche und das berufliche Selbst von LehrerInnen gegenseitig beeinflussen (vgl. Sanger 1992).

9.4.7   Fremde Strukturen

Vor mir liegt ein Stapel von Daten. Ich beginne mit dem manchmal eher ins Dunkle führenden Prozeß, nach Mustern zu suchen und durch Induktion Gründe abzuleiten, warum Individuen und Gruppen sich so oder so verhalten. Was würde geschehen, wenn ich auf eine externe Struktur zurückgriffe, auf die die Daten passen könnten? Die Daten würden ihre Vertrautheit verlieren und ihre Schlichtheit. Diese Strukturen könnten Klassifikationen sein, die die Betroffenen selbst verwendet hatten (vgl. 9.4.1), sie könnten Perspektiven aus anderen Untersuchungen sein oder einfach Rahmenbedingungen, die es dem Forscher ermöglichen, in neuen Kategorien zu denken.

Bei meinem Versuch, A-Z-Richtlinien für das Verarbeiten von Informationen im Unterricht zu erstellen (Sanger 1989b), gaben mir einige Buchstaben des Alphabets Rätsel auf. Was sollte ich z.B. unter "X" schreiben? Das passende Wort, das ich schließlich im Wörterbuch fand, war "Xenogenese", die Fähigkeit von Eltern, Nachkommen hervorzubringen, die ihnen nicht gleichen. Es paßt auch gut für LehrerInnen und meint die Fähigkeit, SchülerInnen als Lernende hervorzubringen, die anders sind als LehrerInnen, ein absolut notwendiger Bestandteil schülerzentrierten Unterrichtens. Xenogenese stellte sich als Schlüsselbegriff heraus, der sich über einen analytischen Ansatz als Ergebnis des Strukturierens von Aktionsforschungsdaten bilden ließ. Die ganze A-Z-Struktur mit ihren 26 Kategorien zwang mich, über die Daten umfassend und logisch nachzudenken und zu überprüfen, ob jeder Buchstabe eine eigene Kategorie oder eine Subkategorie eines anderen darstellte. Die Struktur half mir auch, kreativ darauf zu schauen, was in den Daten vorhanden war, aber von mir möglicherweise nicht beachtet wurde.

Im selben Forschungsprojekt analysierte eine Lehrerin die Interaktionen in ihren Mathematikstunden, indem sie Primärfarben und Farbmischungen zur Charakterisierung von feinen Abstufungen zwischen den Interaktionen verwendete (vgl. Whittacker 1989). Warnock (1989) behauptet, daß unsere Vorstellungskraft *"unsere Erfahrungen ungewohnt und mysteriös"* machen kann. Auf diese Weise werden Erfahrungen aber zu reichhaltigen Daten, die in der Lage sind, neue Einsichten hervorzubringen.

9.5 Postskriptum

Was wir in diesem Kapitel beschrieben haben, ist der praktische Beginn einer Debatte über die Möglichkeit, Kreativität in der Datenanalyse zu nutzen. In diese Richtung muß noch weitergedacht werden, wie wir zu innovativen Ideen, Strategien und Hypothesen gelangen können. Koestler (1989) sieht darin strukturelle Ähnlichkeiten mit den Beweisführungen in der Mathematik und den Pointen eines Witzes: Im wesentlichen geht es darum, bei der Zusammenstellung von Bekanntem sich etwas Verblüffendes, Unbekanntes einfallen zu lassen, das das Bekannte in einem neuen Licht erscheinen läßt. Die von uns erwähnten Kreativitäts-Strategien enthalten einiges von der Struktur Koestlers. Die Qualität der Entdeckungsarbeit in der Forschung würde zweifellos besser sein, wenn ihre Prozesse sich der Struktur *guter Witze* annäherten, wie z.B. in dem Witz von einem unregelmäßigen französischen Zeitwort:

Je Lacan
Tu ne comprends pas

Kapitel 10

Beobachtungsworkshops – Ein Ausbildungskonzept unter der Lupe

Ich (Jack Sanger) wurde im Rahmen eines Forschungsprojekts des Innenministeriums beauftragt, eine Reihe von Fallstudien für die Polizeiausbildung durchzuführen. In einem Fall dokumentierte ich, wie die Polizei mit einer großen Menge von Fußballfans umging. An einem Samstag morgen vor dem Spiel "Norwich City" gegen "Tottenham Hotspurs" traf ich alle Polizisten, die bei diesem Spiel im Einsatz waren, beim Mittagessen in der Kantine einer Schule. Man nannte dieses Essen euphemistisch "Einsatzfütterung". Ich betrat den Raum in Begleitung eines hochrangigen Offiziers, war mit Jeans und einer Lederjacke bekleidet. Ich war darauf vorbereitet, mich in das Zentrum der Fußballrowdies zu begeben. Beim Durchgehen durch die enggeschlossenen Reihen der PolizistInnen, die gerade mit der Hauptspeise beschäftigt waren, fing ich viele versteckte Blicke und leise Bemerkungen auf, gepaart mit einem eigenartigen Respekt. *"So ein Ansehen muß die Forschung bei der Polizei haben"*, dachte ich mir. Beim Hinsetzen sagte der Offizier zu mir: *"Sie glauben, Sie sind von einer Spezialeinheit. Ich habe vergessen, den Leuten zu sagen, daß Sie heute da sind."* Er lächelte und klopfte wohlwollend auf die Ausbuchtung des Kassettenrecorders in meiner Jackentasche. *"Das Gewehr?"*

Das Klima im öffentlichen Sektor des späten 20. Jahrhunderts ist eine verwirrende Mischung von Innovation, Veränderung, Konflikt zwischen Zentralisierung und Lokalisierung, von öffentlicher Rechenschaftslegung, Überprüfung und Evaluation. Auf jeder Ebene und in jeder Rolle werden die dort arbeitenden Individuen aufgefordert, ihre Praxis zu analysieren und offenzulegen. Wir befinden uns in einer Epoche des Rationalismus, wo ökonomische Kriterien über pädagogische Ideale dominieren und wo die Ausbildungsphilosophie und die Managementanforderungen einen sehr großen Einfluß auf das komplexe Leben der betroffenen Menschen ausüben. Es ist ein Klima, in dem jeder menschliche Akt auf Kompetenz und Fertigkeit reduziert wird.

Zum Glück macht die Komplexität des Lebens diesem Technologieangriff oft einen Strich durch die Rechnung: Die meisten LehrerInnen wissen, daß Unterrichtssituationen unvorhersagbar und einzigartig sind, PolizistInnen wissen, daß menschliche Handlungen und deren Belege von Mehrdeutigkeit durchsetzt sind, und KrankenpflegerInnen wissen, daß PatientInnen einzigartig sind und ihre Wiedergenesungszeit nicht voraussagbar ist. Als teilnehmende BeobachterInnen ihrer eigenen Praxis wissen sie auch um die Komplexität derselben besser Bescheid als jeder Außenstehende, und sie sind sich auch bewußt, wie gering ihr Verstehen dieser Praxis ist. LehrerInnen, die ihre eigenen Unterrichtserfahrungen zu erforschen und kritisch zu reflektieren beginnen, decken diese Unzulänglichkeiten in ihren Vorstellungen von der Beziehung zwischen Lernen und Lehren konstant auf.

Ganz gleich, wie raffiniert das Forschungsinstrumentarium, wie Checklisten, strukturierte Interviews etc., ist, ganz gleich, wie kompetent der Unterrichtsbeobachter ist, das zentrale Problem bleibt ungelöst: Was passiert wirklich im Unterricht? Wie bestimmen wir dessen Wert? Seit der Curriculumreform der 60er Jahre gibt es genügend Beweise dafür, daß die Forderungen nach Reform übertrieben sind, wenn man sich deren Konsequenzen im konkreten Unterricht ansieht. Statt Kausalität erreicht man immer nur eine schwache Form von Kontingenz, d.h. eine vom Einzelfall abhängige Handlung-Folge-Beziehung.

Die Kluft zwischen phrasenhaften Behauptungen und der Realität war in den Diskursen über soziales Handeln immer schon offenkundig. Jeder Praktiker, jede Praktikerin hat Theorien darüber, was in seiner/ihrer Praxis erfolgreich ist und was nicht. Diese mehr oder weniger expliziten Theorien bilden dann die Menge von allgemeinen Einstellungen, die im Berufsalltag von den PraktikerInnen nicht mehr überprüft werden. Das führt zu dieser verbreiteten, aber nicht abgesicherten Bewertungshaltung gegenüber praktischen Fragen und Problemen. Erst wenn im Verlauf einer Evaluation des Managements, der Verwaltung oder der Praxis die Beziehung von phrasenhaften Behauptungen und Realität überprüft wird, kann die Größe dieser Kluft richtig eingeschätzt werden. Sie bildet ja die Quelle ständiger Konflikte, wenn Individuen und Interessengruppen für die Aufrechterhaltung ihrer schönen Behauptungen kämpfen und darauf bestehen, daß diese durch ihre Praxis belegt werden.

Was hat dies alles mit Workshops über Unterrichtsbeobachtung zu tun? Wir möchten zuerst kurz auf den Kontext eingehen, in dem diese Workshops abgehalten werden.

Die Schulbehörde verlangt klare Vorstellungen darüber, wie innovative Programme im Unterricht umgesetzt werden, damit einerseits diese Programme entsprechend modifiziert, andererseits die Einstellungen und Strategien der PraktikerInnen über Fortbildung geändert werden können. In diesem Zusammenhang werden auch Daten durch Beobachtung von PraktikerInnen gewonnen. Diese sind jedoch gegenüber Beobachtung grundsätzlich mißtrauisch, da sie diese immer nur im Zusammenhang mit irgendeiner Form von Beurteilung, und damit als existentielle Bedrohung, erlebt hatten.

Ob nun Workshops als Teil der Ausbildung zur Lehrerbeurteilung angeboten werden oder als Strategie zur Lehrkörperentwicklung, Lehrplanentwicklung oder zur Selbstevaluation einer Institution, das zentrale Dilemma der Anbieter solcher Workshops bleibt immer gleich: Wie verhindere ich einerseits, daß Unterrichtsbeobachtung in den Augen der Betroffenen mit Überwachung und Kontrolle gleichgesetzt wird und sich negativ auf das Leben der Institution und auf die Beziehungen zwischen Institution und Schulbehörde auswirkt? Wie verhindere ich andererseits, daß Beobachtung zu oberflächlich durchgeführt wird – und damit uneffektiv ist – oder zu technisch, instrumentalistisch orientiert ist und daher aus diesem Grund abgelehnt wird? Unsere Erfahrungen mit Beobachtungsworkshops im In- und Ausland sind die, daß PraktikerInnen für die Entwicklung von Beobachtungskompetenz schlechte Voraussetzungen mitbringen: Aufgrund ihrer traditionellen Berufsrolle sind sie es gewohnt, auf *der Basis von unüberprüften Verallgemeinerungen ihrer Praxis zu handeln.* Sie verfügen weder über Prinzipien als Orientierungshilfen noch über ein Inventar von bewährten Methoden, um Beobachtung in ihrer Institution gewinnbringend durchzuführen. Leider sind auch die meisten Fortbildungsangebote zur Unterrichtsbeobachtung eher auf die Verbesserung der technischen Fähigkeiten und nicht auf die sensiblen zwischenmenschlichen Beziehungen ausgerichtet. Oft werden Beobachtungsworkshops nur als selbständige Module innerhalb eines Ausbildungsganges für Forschungskompetenzen angeboten. Dabei wird wenig Wert auf die Bildung von Kollegialität im Lehrkörper und auf das Austauschen von praktischen Erfahrungen gelegt.

In diesem Kapitel möchten wir die Strukturen und Strategien zusammenfassen, die sich für die Gestaltung von Beobachtungsworkshops als ergiebig erwiesen haben. Wir möchten aufzeigen, warum sie erfolgreich waren und welche Auswirkungen sie für die professionelle Praxis hatten.

10.1 Konzeptive Rahmenbedingungen für Beobachtungsworkshops

Beobachten ist eine praktische Aktivität, die immer von einer bestimmten Absicht her begründet werden muß. Diese Absicht bestimmt, worauf wir schauen und wie wir dabei vorgehen. Ein Workshop muß daher so organisiert werden, daß die TeilnehmerInnen Beobachtungserfahrungen machen können. Der Akt des Beobachtens soll dabei vom politischen, gesellschaftlichen und praktischen Kontext getrennt werden.

Das Beobachten hat sowohl für den Beobachter als auch für den Beobachteten weitreichende Konsequenzen. Um die negativen Effekte des Beobachtens möglichst gering zu halten, sollen die Teilnehmer zuerst in simulierter Form und dann erst "life" beobachten. Erst am Ende eines Workshops sollte die Beobachtung des eigenen Arbeitsplatzes stehen.

Vor jeder Beobachtung müssen die TeilnehmerInnen über grundlegende Verfahrensprinzipien informiert und befähigt werden, diese mit den Betroffenen vor jeder Beobachtung in Form eines Vertrages auszuhandeln.

PraktikerInnen neigen dazu, sich das Beobachten als bloßen Akt des Schauens und Berichtens vorzustellen. BeobachterInnen müssen daher die Erfahrung machen, wie schwierig es ist, gut zu beobachten, und sie müssen diese Schwierigkeiten, ohne vorgefaßte Kategorien zu beobachten, artikulieren können. BeobachterInnen müssen immer wieder grundlegend von einem Facilitator oder durch eine kritische Gruppe herausgefordert werden, und es müssen auch unangenehme Themen, wie Motivation, Ideologie und Unterschiede zwischen den Geschlechtern, angesprochen werden.

Über Beobachtung gibt es viele Mythen. Ein stark verbreiteter Mythos ist der, daß wissenschaftlicher Respekt vom Praktiker verlangt, eindeutig, objektiv und streng zu beobachten, und daß Beobachtungen für eine computergerechte Datenanalyse aufbereitet werden sollen. Ein Workshop muß dem Praktiker daher Zeit einräumen, die ganze Breite von Beobachtungsstrategien und -methoden ausprobieren zu können, so daß er die Mängel jedes Verfahrens versteht, daß er die Aufgabe des Beobachters, Daten Bedeutung zu verleihen, erkennt und daß er sich seines enormen Einflusses auf den Beobachtungsprozeß bewußt wird. Es muß auch genügend Zeit bleiben, Themen, wie Subjektivität, Objektivität, Mehrdeutigkeit von Beobachtungsdaten, Beurteilungstendenz und Macht, zu diskutieren.

Die Lernphilosophie von solchen Workshops muß darauf ausgerichtet sein, tief verwurzelte Überzeugungen der TeilnehmerInnen in Frage zu stellen. Dies erfolgt vor allem dadurch, daß Belege gesammelt werden, die spontanen, aus dem Bauch heraus gemachten Spekulationen widersprechen: Die TeilnehmerInnen werden zuerst gefragt, was sie auf dem Video gesehen haben, und sollen dann das Gesehene in Form einer Hypothese formulieren, z.B.: *"Das Kind arbeitet nicht mit"* oder *"Die Lehrerin verbringt zu viel Zeit an ihrem Pult"* oder *"Der Lehrer hat ein Gespür für die Bedürfnisse der Schüler"*. Dann sollen die TeilnehmerInnen diese Hypothesen durch konkrete Daten überprüfen. Sobald Widersprüche auftreten zwischen dem, was sie spontan als *"so war es ganz sicher"* bezeichneten, und dem, was sich tatsächlich ereignete, beginnt meist eine intensive Selbstevaluation. Beobachtungsworkshops durchlaufen einen natürlichen Zyklus:

- Aushandeln des Zugangs zum Beobachtungsfeld,
- Aushandeln des Beobachtungsschwerpunktes,
- Vereinbaren der Methoden,
- Beobachten,
- Erneutes Aushandeln der Erlaubnis für die BeobachterInnen, die gewonnen Daten in verschiedenen Kontexten zu verwenden.

Workshops sollen sehr interaktiv gestaltet sein, mit vielen Möglichkeiten für informelle Aktivitäten in Kleingruppen, für Reflexion und für den Austausch von persönlichen Meinungen und Gefühlen.

Workshops sollen kurze Zusammenfassungen enthalten, damit die TeilnehmerInnen in ihren Lernaktivitäten eine Zielrichtung und den praktischen Nutzen für ihre professionelle Tätigkeit sehen. Beobachtungsworkshops können auch als Teil eines komplexeren Fortbildungsprogramms, wie die Einführung eines Bewertungssystems oder die Entwicklung einer Forscherperspektive gegenüber der beruflichen Praxis, konzipiert werden. Workshop-Organisatoren sollen sich so weit wie möglich auf eine Rolle beschränken, die einfühlsam auf Teilnehmerbedürfnisse reagiert, die alternative Analysen zur Verständniserweiterung anbietet, Erfahrungsaustausch zwischen Gruppen ermöglicht und sich darüber Gedanken macht, wie die Inhalte des Workshops für den jeweiligen Praxiskontext der Teilnehmer-Innen am besten umgesetzt werden können.

10.2 Ein Beispiel für ein Workshop-Programm

Das folgende Programm eines viertägigen Fortbildungsseminars für Schul-entwicklerInnen wurde mit den Schulaufsichtsbeamten von Nottingham-shire ausgehandelt. TeilnehmerInnen waren dreißig LehrerInnen aller Schul-typen.

1. Tag

9.30 – 10.30   Einführung und Überblick

Jack Sanger gibt einen Überblick über das Seminar. Anhand seiner eigenen Lehrerbiographie versucht er den Widerstand von LehrerInnen gegen aka-demische Außenseiter zu reduzieren und seine Glaubwürdigkeit aufzu-bauen: Er war selbst Lehrer, kann sich in die Realität des Unterrichtsalltags hineinversetzen; er betrachtet sich sowohl als Lehrer als auch als Forscher und hält nichts von Akademikern, die nicht selbst die Anforderungen des Lehrberufs kennengelernt haben.

Es geht darum, die entsprechende Atmosphäre für die nächsten vier Tage zu erzeugen, die praktischen, ethischen und bildungspolitischen Prin-zipien des Seminars hervorzuheben. Die TeilnehmerInnen sollen spüren, daß es *ihr* Seminar ist, daß es um *ihre* Interessen geht, daß das Programm mit ihnen ausgehandelt wird und daß es in erster Linie um die Verbesserung ihrer eigenen Praxis geht.

10.45 – 12.30   Simulationsübung

Die TeilnehmerInnen bilden Fünfergruppen. Jede Gruppe wählt eine Lehr-person und einen Beobachter. Die Lehrperson bereitet sich für eine halbe Stunde auf eine Unterrichtseinheit ihrer Wahl vor. Die Gruppen erhalten unterschiedliche Beobachtungsaufgaben im Hinblick auf die vorgesehene Unterrichtseinheit. Die Aufgaben verlangen folgende Aktivitäten:

- Anfertigen einer Checkliste, die einen Aspekt des Unterrichtens erfaßt und von der ganzen Gruppe als Einführung in die Triangulierung verwendet wird;
- Sich über "Guten Unterricht" zu unterhalten;
- Den Unterrichtsprozeß in weit gefaßte Bereiche zu unterteilen, für die jedes Gruppenmitglied die Verantwortung übernimmt;
- Die Unterrichtseinheit zu porträtieren mit Hilfe von individuellen, ausführlichen Erzählungen als Grundlage für die Triangulierung;
- Eine Gruppe handelt mit der Lehrperson den gewünschten Beobachtungsschwerpunkt und die einzusetzenden Beobachtungsmethoden aus.

Die Lehrpersonen unterrichten fünfzehn Minuten, währenddessen die Gruppen ihre Beobachtungen machen. Die Gruppen teilen ihre Beobachtungsergebnisse den Lehrpersonen mit und bereiten sich mit diesen auf eine Präsentation der Erfahrungen für die Plenarsitzung am Nachmittag vor. Bei dieser Sitzung sollen die Vorzüge, Schwierigkeiten und Fehlerquellen der gewählten Beobachtungs- und Berichtsverfahren vorgestellt werden.

13.45 – 15.15 Berichte der Ergebnisse im Plenum

Die fünf Gruppen bereiten eine zehnminütige Präsentation ihrer Erfahrungen vor. Anschließend findet eine zehnminütige kritische Diskussion der Ergebnisse im Plenum statt. Ein Workshop, der so beginnt, ermöglicht aktive Teilnahme, erzeugt eine konstruktive Spannung und läßt die Entwicklung einer Blickrichtung, eines Fokus für Themen zu, ohne die Wertvorstellungen und beruflichen Selbstwertgefühle einzelner Teilnehmer zu stark zu bedrohen. Indem sich die Berichte nicht auf bedeutsame Lehraktivitäten beziehen, sondern sich auf die Themen des Beobachtungsprozesses konzentrieren, entsteht bei den TeilnehmerInnen ein Bewußtsein von der Komplexität ihrer Rolle in einer Institution.

15.30 – 18.15 Prinzipien und Verfahrensweisen

In dieser Einheit entwerfen die Gruppen Prinzipien und Verfahrensweisen, die notwendig sind, um ethische Korrektheit in der Zusammenarbeit mit KollegInnen zu garantieren. Ein Nachdenken über ihre Erfahrungen am ersten Workshop-Tag könnte z.b. zur Einsicht führen, daß das sorgfältige Aushandeln von Themen zwischen Beobachter und Beobachtetem entscheidend für eine erfolgreiche Beobachtung ist. Die TeilnehmerInnen könnten weiters das Prinzip des "Eigentumsrechts von Daten" erkennen (alle Beobachtungsdaten sind Eigentum der Person, von der sie gewonnen wurden) und es könnte ihnen klar werden, daß der Beobachter keine Methoden einsetzen sollte, die unhandlich, verwirrend und zu komplex sind. Die folgende Darstellung ist ein Beispiel für einen solchen Entwurf. Die Gruppen erhalten eine Kopie aller Entwürfe.

Prinzipien und Verfahrensweisen

- LehrerInnen unterstützen
- Das Bewußtsein für pädagogische Praxis im allgemeinen heben
- Darauf hinweisen, daß die Beobachtung ein Instrument mit begrenzten Möglichkeiten ist
- In allen Phasen verhandeln
- Vertraulichkeit und Professionalismus erhalten
- Eine Basis für Rückmeldung und Diskussion schaffen

Beobachten soll nur auf Einladung stattfinden. Ein Zeitplan soll festgelegt werden für:

(a) Erstgespräch: Besprechen von Prinzipien und Aushandeln eines Vertrages

(b) Beobachten – gefolgt von Zeit für Reflexion

(c) Rückmeldung: kurzer, schriftlicher Bericht innerhalb von 24 Stunden.

Der Erstentwurf von Prinzipien und Verfahrensweisen soll im Lichte neuer Erfahrungen ständig weiterentwickelt und verfeinert werden. Ziel ist es, daß am Ende des Workshops alle TeilnehmerInnen eine Liste von Prinzipien für die Erforschung ihrer Praxisbereiche erstellt haben. Diese sollen zum einen die Bedeutung *ethischer Richtlinien* für Forschungstätigkeiten in Schulen und anderen Institutionen unterstreichen und zum anderen eine konkrete Grundlage bilden für den Einsatz von Beobachtung als Forschungsinstrument.

18.30 – 21.00   Literatur über Beobachtung

In dieser Einheit sollen die TeilnehmerInnen die Möglichkeit haben, sich in Ruhe mit ausgewählter Literatur zur Beobachtung kritisch auseinanderzusetzen und dabei ihr theoretisches Wissen zu vertiefen. Praktiker haben meist keine Gelegenheit, nützliche Forschungsliteratur zu lesen, oder sie sind von vornherein skeptisch gegenüber deren praktischer Relevanz. Für viele ist das eine neue Erfahrung, die von den meisten TeilnehmerInnen als sehr positiv beurteilt wird.

2. Tag

9.00 – 10.00   Prinzipien und Verfahrensweisen

Der Leiter des Workshops eröffnet eine analytische Diskussion, in der die in den Gruppen erstellten Prinzipien und Verfahrensweisen miteinander verglichen werden. Der Schwerpunkt der Analyse ist auf die Ethik gerichtet, die das Handeln leiten soll. Der kontrastierende Vergleich der Dokumente soll das kritische Bewußtsein der TeilnehmerInnen schärfen.

10.30 – 12.30   Beobachten einer Videosequenz

Die TeilnehmerInnen schauen sich eine halbstündige Aufzeichnung einer Unterrichtsstunde aus einer Forscherperspektive an. Damit ist gemeint, daß das Videoband meist "Panorama"-Aufnahmen der Aktivitäten zeigt, ohne Nahaufnahmen von bestimmten Szenen oder Personen. Die Gruppen erhalten dann den Auftrag, einen Beobachtungsplan für die Beobachtung dieser Videoaufzeichnung zu erstellen. Dabei können sie sich auf jeden Aspekt der Stunde konzentrieren.

13.45 – 15.45   Erneutes Beobachten der Videosequenz und Vorbereiten der Präsentationen

Die Gruppen sehen sich das Videoband nochmals an und verwenden ihre Beobachtungspläne. Die Ergebnisse werden analysiert, und es wird eine Präsentation des Beobachtungsprozesses vorbereitet.

16.00 – 18.15   Präsentationen

Diese Einheit besteht aus fünfzehnminütigen Präsentationen und zehnminütigen Plenardiskussionen. Wichtige Themen werden auf einem Flip-Chart zusammengefaßt. Der Schwerpunkt dieser Sitzung liegt auf Beobachtungsmethoden: Die Gruppen haben die Möglichkeit, ihr Beobachtungsinstrumentarium auf besondere Ereignisse, die ihnen jetzt vertraut sind, abzustimmen. Im Lichte der neuen Erfahrungen sollen Diskrepanzen zwischen dem ersten und zweiten Beobachten, Schwächen der Beobachtungsmethoden und die Schwierigkeiten herausgearbeitet werden, den ausgehandelten Fokus streng einzuhalten. In dieser Phase des Workshops sollen die TeilnehmerInnen wirklich verstehen, was Vorurteile sind, wie man positive und negative Kritik äußert und daß Beobachten ein wirksames und anregendes Verfahren für die Arbeit mit BerufskollegInnen sein kann.

18.30 – 21.00   Prinzipien und Verfahrensweisen weiterentwickeln

Die Listen der Prinzipien und Verfahrensweisen werden in den Gruppen im Lichte der Erfahrungen dieses Tages modifiziert. Die TeilnehmerInnen haben die Gelegenheit, anhand von Forschungs-Videos Beobachten zu üben und ihre Beobachtungskompetenz zu verbessern.

3. Tag

9.00 – 10.00   Prinzipien und Verfahrensweisen

Die modifizierten Listen der Prinzipien und Verfahrensweisen werden im Hinblick auf Nützlichkeit, Ethik und Handhabbarkeit durch kontrastierenden Vergleich kritisch analysiert.

10.30 – 11.30   Escher-Dias

Eine Auswahl von Dias der Arbeit von Maurice Escher werden als Grundlage für eine Diskussion über Wahrnehmung, Vorurteil, Biographie und Verstehen gezeigt. Die Dias stellen einen entscheidenden Wendepunkt des Workshops dar. Durch den Gebrauch von Analogien, Verschiebungen und Abstraktionen können die TeilnehmerInnen von den Bildern vor ihnen auf die konkrete Welt des Klassenzimmers schließen. Manche Personen berichten bei dieser Übung von beinahe mystischen Erfahrungen. Da Eschers Arbeiten sich jeder Logik entziehen und gewaltige Wahrnehmungsdissonanzen hervorrufen, haben manche TeilnehmerInnen das Gefühl, tief in sich einzudringen und so dem beruflichen Selbst eine größere persönliche Gestalt zu verleihen.

11.30 – 12.30   Die Beobachterrolle zwischen "homöopathischen und heißen Daten"

In dieser Einheit geht es um die Rolle des Beobachters: Wie muß er sich verhalten, damit Probleme, wie Hierarchie, Beurteilung und Autonomie, minimiert werden können. Nach den Erfahrungen, wie schwierig es ist, KollegInnen ein vorurteilsfreies und bedeutungsvolles Beobachtungskonzept anzubieten, ist der Enthusiasmus vieler TeilnehmerInnen meist an einem Tiefpunkt angelangt. Die Einheit soll dazu beitragen, wieder Mut zu schöpfen. Sie bietet konkrete Unterstützungen für die Bewältigung der anspruchsvollen Beobachterrolle an (vgl. dazu ausführlich Sanger 1986 und Kapitel 11 "Homöopathie in der Rückmeldung von Beobachtungsdaten").

13.45 – 15.45   Videobeobachtung

Ich (Jack Sanger) spiele den Lehrer auf dem Videoband und lade alle ein, mit mir einen Beobachtungsschwerpunkt auszuhandeln. Jeder Teilnehmer bereitet dann einen Beobachtungsplan für das nochmalige Beobachten der halbstündigen Videosequenz vor. Nach der Beobachtung müssen die TeilnehmerInnen mir ihre Rohdaten und einen kurzen schriftlichen Bericht über ihre Ergebnisse zeigen.

16.00 – 18.15   Kritische Rückmeldungen zu den Berichten

Die Berichte werden in den Gruppen kritisch analysiert, wichtige Punkte der Gruppendiskussion werden im Plenum besprochen. Der Schwerpunkt liegt jetzt auf dem Prozeß der *Rückmeldung* von Beobachtungsdaten. Da die TeilnehmerInnen in der Zwischenzeit begriffen haben, worauf es beim Beobachten als Prozeß ankommt, und ihre Sicherheit in der Formulierung von Verfahrensprinzipien zugenommen hat, wird auch ihre Kritik an den Berichten präziser und differenzierter ausfallen.

19.30 – 21.00   Prinzipien und Verfahrensweisen weiterentwickeln

Wie in den vergangenen Abendsitzungen werden hier die Verfahrensprinzipien weiter modifiziert. Forschungsvideos zum Üben von verschiedenen Aspekten des Beobachtens liegen auf.

4. Tag

9.00 – 12.30   Beobachtung in der eigenen Schule

Alle TeilnehmerInnen gehen in ihre Schule zurück und führen einen Beobachtungsprozeß durch, der alle Phasen durchläuft: Aushandeln eines Beobachtungsfokus, Verfassen schriftlicher Berichte, Rückmelden an die Beobachteten. Die Organisation der Schulbesuche erfolgte zu Beginn des Workshops. Die TeilnehmerInnen wußten, daß sie auf dieses Ziel hinarbeiten würden. Sie sind sehr motiviert, sich in ihrer neu definierten Beobachterrolle im Sinne eines Unterstützungsangebots für ihre KollegInnen zu erproben.

13.45 – 16.00   Erfahrungsaustausch – Berichterstattung

Die Erfahrungen des Vormittags werden zuerst in Gruppen, dann im Plenum analysiert, und es werden Konsequenzen für die konkrete Beobachtungsarbeit in Institutionen herausgearbeitet.

16.30 – 18.00   Abschlußarbeit an Prinzipien und Verfahrensweisen

Alle TeilnehmerInnen spezifizieren ihre Listen von Verfahrensprinzipien so, daß sie diese als Diskussionsgrundlage ihrer Schule vorlegen können. Die Liste wird vom gesamten Lehrkörper einer Schule begutachtet und nach Zustimmung aller als offizielles Dokument zur Durchführung von Beobachtungen verwendet.

Das vorliegende Beispiel eines Workshop-Programms macht dessen Intention deutlich: Die zentralen Aspekte eines Beobachtungsprozesses sollen durch erfahrungsorientiertes Lernen klar herausgearbeitet werden. Der Schwerpunkt liegt auf der Entwicklung von ethischen Richtlinien und auf sorgfältig ausgewählten Inputs des Leiters. Ziel ist es, sicherzustellen, daß das, was gelernt wurde, auch internalisiert wurde und daß jeder Teilnehmer sich seiner verantwortungsvollen Beobachterrolle gegenüber KollegInnen bewußt wird.

Im Verlauf des Workshops werden verschiedene Grundgedanken zur Diskussion gestellt. Der erste enthält die Botschaft, daß durch das Erkennen der Grenzen der Beobachtung das *praktisch Mögliche* gesehen werden kann. Ein anderer Gedanke beschäftigt sich mit der kritischen Beziehung zwischen der *beobachtenden* und der *beobachteten Person*. Der Beobachter muß dem Beobachteten ermöglichen, die *Kontrolle* über den Beobachtungsprozeß zu übernehmen und den Beobachter als *ertragreiches Serviceangebot* einzusetzen. Dazu werden Strategien zur Verbesserung der Ausgewogenheit der Rollenbeziehung und Techniken zur Erhöhung der Beobachtungsqualität vorgestellt. BeobachterInnen müssen wissen, wie sie die *Auswirkungen* ihrer Anwesenheit im Beobachtungsfeld *minimieren* können, und sie müssen ihre Rolle auf die jeweiligen beruflichen und persönlichen Eigenheiten der beobachteten Person abstimmen. Auf keinen Fall dürfen BeobachterInnen *externe Theorien der Veränderung ins Spiel bringen*, noch eigenen Rat erteilen. Vielmehr müssen sie die Beobachteten ermutigen, die Beobachtungsdaten als ihr Eigentum aufzufassen, sie kritisch zu analysieren und entsprechende Handlungsschritte zu setzen. Ein Beobachtungsprozeß ist dann erfolgreich, wenn die beobachtete Person eher bereit ist, BeobachterInnen in den Unterricht zu holen, eher bereit ist, über pädagogische Prozesse zu sprechen, Unterrichtshandlungen zu hinterfragen, und für Innovationen offen ist.

Wenn Beobachtungsworkshops dagegen auf der Basis traditioneller Forschungszugänge konzipiert sind, so können sie meist den institutionellen Kontext, die individuelle Teilnehmerbiographie und das, was bei jedem einzelnen Teilnehmer möglich ist, nicht berücksichtigen. Die Philosophie, die hinter dem hier skizzierten Workshop steht, ist die: Wenn Schulen und andere Institutionen sich verändern und auf neue Initiativen reagieren sollen, dann müssen die Betroffenen mehr über ihre Praxis nachdenken, offener gegenüber ihrer Praxis werden und sich mehr an einem pädagogischen Diskurs über ihre Institution und über ihr Bildungssystem beteiligen. Workshops müssen daher stets Bezug zu dem Praxiskontext der TeilnehmerInnen haben, sie müssen das Kompetenzniveau der TeilnehmerInnen berücksichtigen, wenn diese sich in der neuen Beobachterrolle erproben, die für die meisten im Gegensatz steht zu ihrem Können als LehrerInnen oder SchulleiterInnen. Erfolgreiches Beobachten kann zunächst von erfahrenen, externen Personen initiiert werden, muß aber dann, wenn es sich zur professionellen Kultur einer gesamten Institution entwickeln soll, von den Betroffenen selbst getragen werden. Wie gut das gelingt, hängt entscheidend vom Erfolg der Einführungsveranstaltung und damit von der Kompetenz der für Schulentwicklung ausgebildeten KollegInnen ab.

Kapitel 11

Gift verabreichen – Beobachtungen mitteilen

"Auden schlug einmal vor, daß ein Literaturkritiker deklarieren solle, was er unter seinem "Traum vom Paradies" verstünde. "Die Redlichkeit verlange es nämlich, daß er diesen Begriff seinen Lesern beschreibe, so daß diese in der Lage seien, seine Bewertungen zu beurteilen." (Phillips 1994)

Ein zentrales Thema von Forschung und Evaluation ist die Frage, wie wir unsere LeserInnen dazu bringen, das, was wir über sie und ihre Handlungen schreiben, auch gutzuheißen. Wir verwenden das Wort "gutheißen" nicht in dem Sinn, daß sie sich darüber freuen sollen, sondern daß sie dem Inhalt und den Ausführungen positiv gegenüberstehen und daß sie lernen, unserer Zunft zu vertrauen. Sie sollten spüren, daß ForscherInnen sich innerhalb akzeptierter Grenzen bewegen, daß die Rückmeldungen fair und genau sind und daß Vorurteile nicht als unsichtbare, verunreinigende Filter im Rekonstruktionsprozeß wirken. Forschung versteckt sich heute nicht mehr hinter einer Nebelwand von Anonymität, Neutralität und wissenschaftlicher Objektivität.

Wenn wir die Mehrperspektivität und die Mehrdeutigkeit von Kontexten anerkennen, müssen wir unser Publikum überzeugen, daß wir keine geheimen Aufzeichnungen von sozialen Ereignissen vornehmen, sondern alle unsere Schritte transparent machen, besonders unsere Voreingenommenheiten als BeobachterInnen. Dann erst können unsere Klienten unsere Aussagen überprüfen und unseren Konstrukten neuen Sinn verleihen. Das wäre auch die Antwort auf den postmodernen Alptraum von vielfältigen Deutungsmöglichkeiten, endlosen Ketten von Bedeutungszuschreibungen und anderen Interpretationsproblemen. All das klingt leichter, als es umgesetzt werden kann. Stellen Sie sich eine Wissenschaftlerin vor, die von intensiver Viehzucht überzeugt ist und sich an die eingangs formulierten

Worte von Auden halten will. Wie werden ihre Forschungssubjekte reagieren, wenn sie z.B. mit Tierschützern Tiefeninterviews durchführen will oder mit ihnen eine günstige Position aushandeln will, um ihre Protesthandlungen zu beobachten? Forschungssubjekte möchten bisweilen an unsere Neutralität glauben, an unsere unanfechtbaren Belege und an unsere intelligenten Interpretationen. Sie wollen jedoch nicht die Verantwortung dafür übernehmen, unsere zur Schau getragene Professionalität kritisch zu hinterfragen. ForscherInnen müssen daher selbst diese Verantwortung für die kritische Überprüfung ihrer Rolle übernehmen. Die von uns entwickelten ethischen Prinzipien dienen dazu, unsere Möglichkeiten, Schaden zuzufügen, möglichst gering zu halten. Auch die von den meisten ForscherInnen gezeigte Bescheidenheit gegenüber der Gültigkeit und der Vollständigkeit ihrer Ergebnisse ist in diesem Zusammenhang zu sehen.

Manchmal haben wir Schwierigkeiten, unsere Überzeugungen transparent zu machen und manchmal können unsere Porträts von Menschen und Ereignissen "imperialistisch" erscheinen, weil wir versuchen, alle Mehrdeutigkeiten und Perspektiven der Interpretation auszuloten. In diesem Fall sollten wir bei der Berichterstattung so vorgehen, daß wir dem Leser alle Möglichkeiten einräumen, kritisch und nachdenklich zu sein.

Es gibt genügend Belege für die Behauptung, daß die Erforschung und Evaluation professioneller Praxis im allgemeinen kaum bedeutungsvolle individuelle und institutionelle Veränderungen bewirken. Dickey (1980) hat folgende Faktoren zusammengestellt, die dafür verantwortlich sind, ob Forschungsberichte effektiv genützt werden oder nicht:

- der Grad der Involviertheit und die Einstellung der Entscheidungsträger gegenüber der Forschung insgesamt
- die nachweisbare Forschungsqualität (wird von vielen Evaluatoren als eher willkürlicher Faktor angesehen)
- die Stärke, mit der die Forschung empfohlen wird (je weitreichender, desto geringer die Wahrscheinlichkeit ihrer Umsetzung)
- das gewählte Design: ob die Forschung/Evaluation eher formativ oder summativ durchgeführt wurde (erstere ist besser in die Praxis integriert und besitzt daher größeren Nutzen)
- der richtige Zeitpunkt
- die Komplexität der Sprache
- der Umfang
- das Format

Diese Liste stellt selbstverständlich nur eine Auswahl möglicher Faktoren dar, die die Verwendung von Forschungs- und Evaluationsberichten beeinflussen. Detailliertere und komplexere Szenarios finden sich bei MacDonald (1980) und Simons (1980). Wenn wir uns auf Beobachtungsaktivitäten als Hauptstrategie der Informationsgewinnung konzentrieren, dann gilt das, was Dickey aufzählt, in besonderem Maße.

Als Alternative schlagen einige Autoren eine naturalistische Vorgangsweise beim Berichten von Forschungsergebnissen vor, die den praktischen Gebrauch von Ergebnissen erhöhen soll.

> *"Zwei Bedingungen müssen gegeben sein, um aus einem Stock ein Steckenpferd zu machen: Erstens, seine Form muß so sein, daß man darauf reiten kann; zweitens – viel wichtiger –, Reiten muß von Bedeutung sein."* (Gombrich 1994, 45)

Forschungs- und Evaluationsberichte brauchen so wie Gombrichs Steckenpferd ebenfalls zwei Bedingungen, damit sie aus einer trägen Masse von Daten in Handlungen umgesetzt werden. Die erste Bedingung ist, daß der Bericht in ein aktuelles Problemfeld hineinpaßt, die zweite ist, daß der Anwender das Gefühl hat, er ist für ihn relevant: das heißt, der Bericht muß einen Aufmerksamkeitsschwerpunkt haben, er muß Ereignisse reflektieren, die Licht in komplexe Zusammenhänge werfen, oder weitere Handlungsschritte empfehlen. In der naturalistischen Forschung muß vor allem folgendes Problem gelöst werden: Wie repräsentiert man das Forschungsfeld so, daß genügend Belege für seine komplexe Pathologie geliefert werden, und wie bietet man den Betroffenen genügend Möglichkeiten, sich in den Ergebnissen wiederzufinden und neue Interpretationen zu erproben?

Je nach dem, ob ein Forscher bei der Evaluation eher summativ oder formativ vorgeht, kann er zwei Strategien benutzen, um Individuen und Organisationen über Beobachtung darzustellen. Einmal kann er durch Beobachtung Außenstehenden beschreiben, was sich innerhalb des *"hermeneutischen Zirkels"*[9] (vgl. Gauld/Shotter 1977) oder innerhalb der Parameter der Fallstudie ereignet hat. Zum anderen kann er das Bewußtsein beider Betroffener im Hinblick auf Themen, Ereignisse und Kontexte der

---

9   Der Begriff "Hermeneutischer Zirkel des Verstehens" stammt von Dilthey (1958, 143). Verstehen wird als ein Prozeß aufgefaßt, in dessen Verlauf subjektive und objektive Aspekte des Verstehens einer wechselseitigen Korrektur unterzogen werden.

Untersuchung erhöhen: Das Bewußtsein derer, die sich im Zirkel aufhalten, und derer, die sich außerhalb des Zirkels befinden. Nicht alle Evaluatoren mögen diesen zweifachen Anspruch haben. Es ist jedoch die Intention vieler namhafter Autoritäten im Bereich der qualitativen Forschung, beide Interessengruppen in der Evaluation zu berücksichtigen. Die wichtigsten Fragen, die diese Autoren an eine erfolgreiche Evaluation stellen, sind folgende:

- Haben alle Interessengruppen der Öffentlichkeit die Botschaft erhalten?
- Haben sie alle die Botschaft verstanden?
- Haben sie die Botschaft für glaubwürdig gehalten?
- Waren die gestellten Fragen für sie bedeutsam und wurden die Fragen beantwortet?
- Haben die Antworten ihre vorgefaßten Ansichten geändert?
- Hat der Dialog mit ihnen als Ergebnis der Evaluation zu Entscheidungen geführt?

MacDonald/Walker (1975) gehen noch weiter und verlangen, daß die Daten denjenigen zur Beurteilung vorgelegt werden müssen, deren Interessen durch die Veröffentlichung beeinflußt werden könnten.

Die Stärke dieser Vorgangsweisen hat jedoch eher einen idealistischen als einen praktischen Wert. Sie geht von der Annahme aus, daß die Öffentlichkeit so einfühlsam und fähig ist, daß sie die ihr vorgelegten Rekonstruktionen der Realität kritisch untersuchen kann. Leider trifft diese Annahme jedoch in keinster Weise zu. Klapp hat die bekannten Theorien über Offenheit und Nutzung von Information in seiner Arbeit "Opening und Closing" (1978) untersucht. Er kommt zu dem Ergebnis, daß die Informationsaufnahmesysteme von Individuen und Gruppen die eingehenden Informationen reduzieren, in Abhängigkeit von dem sich selbst-regulierenden Bedürfnis eines Systems, sich im Gleichgewicht zu halten. Neue Information kann demnach nur in solchen Mengen in das System einfließen, die Assimilationen und neue Ordnungsstrukturen zulassen. Die Informationsaufnahme ist daher ein langsamer Prozeß des Sich-Öffnens und Schließens gegenüber neuer Information, der über eingebaute Kontrollen auch für die Erhaltung des Systems sorgt. Schlüsselpersonen, Kommissionen und Projektteams einer Institution können ebenfalls Filterfunktionen übernehmen und durch Modulation des Informationsflusses eine allmähliche Veränderung in Organisationsstrukturen herbeiführen. SchulleiterInnen sind dafür gute Beispiele. Wenn die Information zu groß oder zu komplex für das System ist, nennt Klapp sie "sozialer Lärm". Er stellt drei Hypothesen über die Probleme des sozialen Lärms auf, die vor allem Empfänger von Beobachtungsrückmeldungen haben können:

- Je größer die Vielfalt von Signalen, Botschaften, Personen, Zielen, Standpunkten, Kulturen, desto größer ist das Potential für sozialen Lärm.
- Die Toleranz gegenüber sozialem Lärm sinkt mit zunehmender Belastung, Anspannung und Ermüdung.
- Schlüsselpersonen und Meinungsbildner können viel sozialen Lärm verkraften, da es ja ihre Aufgabe ist, Information rasch und kontinuierlich an die von ihnen abhängigen Personen weiterzuleiten.

Innerhalb der naturalistischen Evaluation sind es vor allem Fallstudien und multiperspektivische Berichte, die Risiken eingehen, wenn in ihnen Interviewtranskripte und Beobachtungsnotizen an Forschungssubjekte weitergegeben werden. Für den naturalistischen Evaluator stellt sich das Problem, nach welchen Kriterien er vorgehen soll, um sowohl die Erwartungen der am Forschungsprozeß unmittelbar Beteiligten als auch die der zu informierenden Öffentlichkeit zu erfüllen, ohne zuviel an "sozialem Lärm" zu erzeugen.

In seinem Artikel *"The Logic of Evaluative Argument"* (1977) unterstreicht House die Notwendigkeit, die spezifischen Nutzer von Evaluationsdaten ebenso anzusprechen, wie die allgemeine Öffentlichkeit. Sein Argument ist, daß je größer die wahrgenommene Nutzerpopulation ist, desto eher wird das Verlangen nach Zufriedenstellung dieser großen Öffentlichkeit kritische Diskurse beschneiden und wird die Arbeit sich vorwiegend auf strenge deduktive Ableitungslogik stützen. Er hat damit die Auseinandersetzung mit den Post-Strukturalisten vorhergesehen, die darauf bestehen, daß Forschungsberichte vor allem Unterschiedlichkeit, Heterogenität und Besonderheiten herausarbeiten sollen. Um sich der Einschränkung durch eine neue Form von "Logozentrismus" zu entziehen, muß Evaluation *"Überzeugungsarbeit leisten"* und den *"Text für eine Diskussion öffnen"*. Als Text können hier Feldaufzeichnungen, Interviews, Beobachtungsdaten, Fragebogenergebnisse sowie der endgültige Forschungs- bzw. Evaluationsbericht angesehen werden. House fordert die EvaluatorInnen auf, mit ihrem Publikum in einen Dialog über die Ergebnisse einzutreten.

Dazu muß das Publikum aber die Verantwortung für seine Interpretationen der Evaluation übernehmen, da die Logik der vorgelegten Interpretationen weder gänzlich überzeugend noch gänzlich willkürlich ist.

Wir halten dieses Argument für sehr sinnvoll, meinen aber, daß der Anspruch, ein bestimmtes Benutzer-Publikum werde die Verantwortung für einen Forschungsbericht übernehmen, mehr als problematisch ist. Denn genau die Frage, wie wirkungsvoll ForscherInnen und EvaluatorInnen ihre Ergebnisse laufend in Form von Daten, Fallstudien etc. rückmelden können, wird sehr kontroversiell beantwortet. Wie sollen Rückmeldungen aussehen, damit sie das Problembewußtsein für Themen in höchstem Maß entwickeln können? Die bisherigen Vorschläge dazu sind nicht zufriedenstellend.

Im folgenden geben wir einen kurzen Auszug aus einem Evaluationsbericht wieder, der versucht, die zentralen Themen mitzuteilen, die PflichtschulabsolventInnen bewegen, wenn sie sich für eine weiterführende Schule oder für eine Lehre entscheiden sollen. Wir haben diesen Text in Form eines Tagebuchs à la Adrian Mole von Sue Townsend geschrieben, um LehrerInnen und SchülerInnen Zugang zu den Reflexionen und Empfehlungen des Projektberichts zu verschaffen.

"Ich habe mir ein Plakat angesehen, das anschaulich darstellte, wie man aussehen und wie man sich verhalten muß, um einen Job zu bekommen. Es stellte einen Burschen mit reiner Haut und eine attraktive Hauptschülerin dar, die beide so aussahen, als ob sie von "Benetton" eingekleidet worden wären: Er hatte kurze Haare, sie eine Bubifrisur, beide bereiteten sich auf das Interview vor. Ehrlich, in meiner Schule gibt es niemanden, der so aussieht. Wenn man das Plakat ansieht, denkt man an eine Fabrik, die Jugendliche auf einen Job bei einer Bank oder Versicherung vorbereitet. Mein Freund Jim wird Automechaniker, wie sein Vater. Er hat sich beinahe angemacht, als er das lächelnde Paar an der Wand gesehen hat." (The Secret Careers Diary of Craig and Julie, Schulbehörde von Norfolk, 1992)

Diese Art zu schreiben ist in mancher Hinsicht gleich problematisch wie akademisches Schreiben: Über die Vertrautheit werden Standpunkte hineingeschmuggelt. Der Text versucht, die rechtlose Welt des Jugendlichen abzubilden, und setzt sich damit der Kritik jener LeserInnen aus, die alles zurückweisen, was nach Bevormundung klingt.

Es geht hier somit um die Beziehung zwischen ForscherInnen und den unmittelbar und im weiteren Sinn von der Forschung Betroffenen. Das Medium, das die Verbindung zwischen der Interpretation des Forschers und den Sichtweisen der Teilnehmer herstellt, ist ein schriftliches Produkt, ein Videoband, ein Film oder was auch immer. Jede gewählte Darstellungsform sollte den Forscher zum Nachdenken veranlassen, wie unterschiedliche Formen der Rückmeldung vom Leserkreis aufgenommen werden. Es ist ein Nachdenken über das Problem der *Bedeutsamkeit* und der *Assimilation*.

Beim Durchsehen von Literatur zu diesem Thema fällt auf, daß das Problem des Berichtens sowohl in der formativen als auch in der summativen Evaluationsforschung weitgehend undiskutiert bleibt. Trotz formaler Vereinbarungen über die Rechte der ForschungsteilnehmerInnen gibt es kaum Hinweise darüber, wie man eine wirksame und kontinuierliche Kommunikation für die Dauer des Forschungsprogramms erzielt. Auch in der sonst sehr ausführlichen Arbeit von Patten (1978) über demokratische Verwertungsmöglichkeiten von Forschung findet sich kaum ein Hinweis darüber, wie man sich verhält, wenn die Untersuchung zu Ende ist und das Verwertungspotential weitgehend festgelegt ist. Nutzungsorientierte Evaluation konzentriert sich meist auf das, was in der Forschung vor der Verfassung des Endberichts passiert: *"Der Schlüssel zum Nutzungsproblem findet sich auf dem Weg, den die Forschung einschlägt, bevor die Ergebnisse der Öffentlichkeit zur Überprüfung vorgelegt werden."* (a.a.O., 21)

Am Ende seines Buchs kommt der Autor zu folgenden Schlußfolgerungen:

> *"Kurze, anspruchsvolle Zusammenfassungen werden eher gelesen als ganze Berichte. Wie bei allen anderen Nutzungsbeispielen ist es aber sehr wichtig, daß das eigentliche Format und der Zweck des Endberichts mit den identifizierten Entscheidungsträgern und Anwendern ausgehandelt werden."* (a.a.O., 266)

Wenn diese Aussagen auch plausibel erscheinen, so möchten wir dennoch zeigen, daß die Rolle des Forschers oder Evaluators als Berichterstatter, der in die Probleme von Auswirkung, Nutzung und Verbreitung involviert ist, im Lichte von Rezeptionsforschung und Informationsverarbeitung neu zu sehen ist.

Wenn die Überzeugung von House, Barthes, Derrida, Foucault u.a. weiterhin gilt, daß AnwenderInnen von Forschung die Freiheit haben, Forschungstexte zu interpretieren und zu dekonstruieren, dann muß sowohl eine ernste als auch eine spielerische Auseinandersetzung mit dem Text ermöglicht werden. Das heißt, es muß eine passende Sprache gefunden werden für unterschiedliche Zugangs- und Interpretationsniveaus von Nutzern. Gleichzeitig soll aber auch der Autor die Möglichkeit haben, durch seine Darstellung kritische, emanzipierende Diskurse über seine Interpretation in Gang zu setzen. MacDonald (1977) schlägt demnach vor, daß ein Bericht den Status eines Bestsellers für alle Publikumsschichten anstreben soll. Die Schlüsselbegriffe für die von ihm geprägte "demokratische Evaluation" sind *Vertraulichkeit, Aushandeln* und *Zugänglichkeit*, begründet durch "*das Recht, zu wissen.*"

Zugang zu haben zu dem, was der Forscher oder Evaluator mit seinem Bericht tatsächlich beabsichtigte, ist eine Voraussetzung für die Verwendung oder Ablehnung des Berichts. Das klingt selbstverständlich und wird als Basis für jede Art von evaluativen Berichten angesehen. Dennoch gibt es wenige konkrete Anhaltspunkte dafür, was nun wirklich das Wesentliche einer schriftlichen oder anderen Interaktion zwischen Forscher und Öffentlichkeit sein soll: Wie soll diese Interaktion definiert werden? Welche Merkmale soll sie in einem formalen Forschungsbericht haben? Wie kann sie die AnwenderInnen von Forschung befähigen, autonom zu handeln?

Wir möchten auf dieses Problem später noch genauer eingehen, es anhand der analogen Beziehung zwischen *Homöopathie* und *Allopathie* in der Medizin verdeutlichen. Im Augenblick scheint es uns jedoch angebrachter, von der Hauptbeschäftigung des Evaluators, anregende öffentliche Diskurse im Verlauf seines Forschungsprojekts zu initiieren, wegzugehen und sich das Phänomen "Leserkreis/Publikum" näher anzusehen. Nach Lowry (1973) ist eines klar: Das ideale, "selbst-aktualisierte" Forschungs-Publikum Maslowscher Prägung ist so klein, daß man es ignorieren kann. Evaluationsprodukte müssen sich an die "*nicht-aktualisierte*" Mehrheit wenden und daher gut überzeugen und argumentieren können. Das Publikum besteht aus Individuen, die das ganze Spektrum von Meinungen besitzen, von reaktionär bis radikal. Dazu kommt, daß Menschen nicht so leicht zu überzeugen oder zu bekehren sind. Wie geht man mit dem Widerstand des Publikums um? Wie schaffen ForscherInnen und Eva-luatorInnen den Durchbruch zu dem Punkt, an dem das Publikum sich auf einen kritischen Diskurs einläßt?

Simons (1980) Artikel über Fallstudienpräsentation verweist auf das Verlangen des Leserkreises, autonome Entscheidungen zu treffen, schlägt aber gleichzeitig vor, mögliche Zurückweisungen von Daten durch das Publikum geschickt zu vermeiden. Fallstudien sollten ihrer Meinung nach *keine schlußfolgernden* Belege für Ereignisse in einem bestimmten Praxis-feld enthalten, sollten aber genau über die unterschiedlichen Auffassungen und Einschätzungen der von den Ereignissen Betroffenen berichten.

Andererseits ändert Material, das für Entscheidungsträger bestimmt ist und deshalb oft für Individuen oder Gruppen bedrohlich ist, kaum die Unnachgiebigkeit derer, die Gegenstand der Untersuchung sind. Wenn plu-rale Wertvorstellungen berücksichtigt und ermutigt werden sollen, muß Argumentation vor Demonstration Vorrang haben und Diskretion vor Konfrontation.

Evaluationen und andere Forschungsformen können durchaus die ver-schiedenen Schattierungen eines Machtspiels zwischen autoritär und demo-kratisch wiedergeben. Es wäre ein Trugschluß anzunehmen, daß qualitative und naturalistische Forschung im allgemeinen als demokratisch bezeichnet werden kann. Demokratie wird nicht bloß durch gleichen Zugang und durch Wertpluralismus erzeugt; ein wichtiges Element für demokratische Forschung ist ihre Annehmbarkeit für alle Interessengruppen, auch für solche, die nicht zur "Zielpopulation" gehören. So wie Zeugen vor Gericht gefragt werden, ob sie die volle Tragweite ihrer Zeugenaussage verstehen und dadurch dem Gerichtsverfahren Rechtmäßigkeit verleihen, so sollte auch die Forschung ähnliche Sicherheitsvorkehrungen treffen. Diese müßten vor allem aus Verfahrensprinzipien bestehen, die die Eigentums-frage und die Verwendung von Information regeln. Sprachliche Regelungen bleiben aber immer mehrdeutig, so daß auch Begriffe, wie "Bedeutungsei-gentümer" oder "Dateneigentümer", weitgehend willkürlich sind, d.h. den-noch politischen Kräften unterworfen werden können. Selbst eine scheinbar unbestreitbare Annahme, daß jeder Leser in der Lage ist, ein Stück wahrgenommener Beobachtung aufgrund von persönlicher Erfahrung als fair und genau zu bestätigen, hinterläßt Zweifel. Wenn Barthes (1977) sagt, daß es unmöglich ist zu schreiben, ohne sich selbst zu etikettieren, fühlt man sich in einer Sackgasse: Der Evaluator beansprucht als Autor die Rechte für verschiedene Interpretationen seines Leserkreises, wird aber vom

Leserkreis als Experte und damit als mächtige Person gesehen. Hood (1975) verfolgt dieses Argument noch weiter, wenn er die sichtbare und versteckte Macht von Kommunikatoren in unserer Gesellschaft untersucht. Er ist der Ansicht, daß Kommunikation immer verzerrt wird, trotz Houses Forderung, sich kritisch damit auseinanderzusetzen. Der Grund dafür ist, daß die Adressaten der Kommunikatoren immer beide Rollen spielen, Sender und Empfänger:

> *"Der Kommunikationsprozeß ist immer an die Vermittlungsstrukturen der Übertragung gebunden. "Übertrager" müssen auswählen, in Botschaften umwandeln (kodieren und dekodieren, dabei auch Formate und Inhalte umformen). Gerade durch diesen Vermittlungsakt passiert es, daß systematische Verzerrungen in das Kommunikationsnetz gelangen."* (a.a.O., 119)

Wir haben nachzuweisen versucht, daß das Entwickeln von Problembewußtsein und die Verbesserung des öffentlichen Diskurses erklärte Ziele von ForscherInnen und EvaluatorInnen sind. Gegenstand des Diskurses sollten nach House (1977) die Überzeugungen und Wertsysteme von Personen sein, sowie die Gründe, die sie für ihre Handlungen und Motivationen angeben. Wir müssen dabei nur aufpassen, uns nicht zu sehr an den Gründen zu orientieren, da diese nach Foucault (1971) oft ein Mittel sind, den Status quo aufrechtzuerhalten.

Dieser Vorschlag klingt überzeugend, scheitert aber in der Praxis oft an der unklaren Beziehung zwischen Evaluator und Nutzerkreis. Letzterer setzt voraus, daß ForscherInnen und EvaluatorInnen immer intervenieren, d.h. Einfluß nehmen wollen, gleichgültig, wieviele Kontrollen sie dagegen einbauen. Wie aber kann ein intervenierender Beobachter das Dilemma lösen, daß der Nutzer einerseits dessen bevormundendes Verlangen, zum Diskurs zu ermutigen, zurückweisen kann, der Forscher aber andererseits einen solchen Diskurs weder vorschreiben noch abgrenzen sollte?

Freire (1970) versucht mit Hilfe des Begriffs *"generativer Themen"* einen Ausweg aus diesem Dilemma zu finden: Die Emanzipation der Unterdrückten (d.h. hier der Untersuchten) kann dadurch gelingen, daß Untersucher und Unterdrückte *gemeinsam* wichtige Themen untersuchen. Freire nennt diese Themen "generativ", da sie die Möglichkeit enthalten, sich in vielfältige Unter-Themen aufzufächern, die ihrerseits wiederum Erkundung und Reflexion verlangen. Der dabei stattfindende kontinuier-

liche Dialog zwischen den kooperierenden Untersuchern deckt Handlungs-
beschränkungen auf und ermöglicht dadurch, daß diese Beschränkungen
aufgehoben werden können.

Wie ist das in der Praxis möglich? Wie läßt sich in der Feldarbeit der
ForscherInnen garantieren, daß ihre Beobachtungen unverzerrt an die
betroffenen TeilnehmerInnen gelangen?

Kehren wir zur Analogie der homöopathischen Medizin zurück. Wir
behaupten, daß es in der naturalistischen Forschung und Evaluation
ebenso viele Beispiele für autoritäre Züge gibt, wie es demokratische
Designs in der quantitativen Forschung gibt. Welche Charakterisierung
man vornimmt, hängt ganz von der Auswirkung und dem Angenommen-
werden der Beobachtungsergebnisse ab, seien es Beobachtungsnotizen,
Interviewtranskripte oder Endberichte.

In der *allopathischen* Medizin bekämpft der Arzt die Krankheit mit
jedem Mittel, das er zur Hand hat, mit neuen Medikamenten, durch Operationen und Therapien. Der Schauplatz dieses Kampfes ist der Körper des
Patienten. Die Grundphilosophie der Behandlung liegt darin, die Krankheit
direkt und möglichst rasch zu bekämpfen. Trotz der Ausnahmen, die Anlaß
zur Hoffnung geben, werden PatientInnen heute vorwiegend als Krank-
heitsfälle betrachtet, und die allopathische Medizin erweitert ständig ihr
Imperium durch neue und komplexere Technologien.

Die *homöopathische* Medizin, die heute immer mehr Anerkennung
findet, wählt einen anderen Zugang zur Krankheit. Diese wird nicht als
getrennte Einheit gesehen, die es zu bekämpfen gilt, sondern als Teil des
komplexen Gesundheitsbildes des Patienten. Die Behandlung ist kein Heil-
verfahren im üblichen Sinn, sondern besteht darin, durch das Verabreichen
einer Substanz die körpereigenen Heilungskräfte zu mobilisieren. Diese
Substanzen sind so gering, daß sie keine Nebeneffekte bewirken können.
Verglichen mit herkömmlichen medizinischen Dosen erscheinen sie daher
auch in einem fast absurden Maße verdünnt.

11.1 Homöopathie in der Rückmeldung von Beobachtungsdaten

Dieser kontrastierende Vergleich von *Homöopathie* und *Allopathie* ist nun
gut geeignet, das folgende Modell eines Feedbackprozesses zu verstehen:

Beim Rückmelden von Beobachtungsdaten verlangt ein "allopathischer" Zugang, daß der Beobachter sich gegenüber den Beobachteten in einer übergeordneten Position befindet, sei es durch seine wertende Einflußnahme, sei es durch seine wissenschaftliche Geheimnistuerei oder dadurch, daß er lebende Personen in statistische Parameter umwandelt. Gerade diese Interventionen, die Forscher auf der Suche nach Fehlleistungen und ihrer Behandlung durchführen, sind es, die dem menschlichen Netzwerk Schaden zufügen. Allopathie bestätigt vorher ausgewählte Ziele und engt den Fokus ein. Sie erzeugt Aktivitäten gegen *Symptome*, nicht aber gegen *Ursachen*. Im System der Allopathie wäre der Beobachter ein Fehler-Erkenner und Richter. Beispiele für diese Zugangsweisen und für ihre Ergebnisse finden sich breit gestreut in der Forschungsliteratur.

	ALLOPATHIE	HOMÖOPATHIE
Vorteile	zielt auf unmittelbare Wirkung Überprüfung durch Doppelblind-Versuch entscheidendes Vorgehen vermarktbarer Mythos objektiv und rational	keine Nebeneffekte mikroskopische Dosen Assimilation große Behandlungsbreite ganzheitliche Bewertung interaktiv – demokratisch Arzt als Kollege
Nachteile	Gefahr der Überbehandlung Nebenwirkungen eingeschränktes Behandlungsziel Symptombehandlung unpersönlich/mechanistisch autoritär Arzt ist geheimnisumwoben	Belege für Wirkung? Gültigkeit langsames Wirken unentschiedenes Vorgehen

Innerhalb der qualitativen Forschung würde die Allopathie für jene attraktiv sein, die mit dem falschen Bewußtsein, "der Arzt weiß es am besten", arbeiten. Sie würde auch jene ansprechen, die rasche Entscheidungen bevorzugen, da hier keine Gefahr besteht, die Person von den Geheimnissen der Profession zu trennen. Dazu kommt, daß das allopathisch zur Verfügung gestellte Wissen Rohmaterial für etablierte Machtpositionen darstellt. Besonders für Evaluationsforscher, für die "kondensiertes Datensammeln" (vgl. MacDonald/Walker 1975) wichtig ist, liefert die Allopathie externen Expertenstatus, der auf rasche Anerkennung und Bewertung aus ist. Im Hinblick auf den affektiven Bereich menschlicher Beziehungen läßt sich die Allopathie beinahe als patriarchalisch bezeichnen. Sie versucht ständig Ungleichgewichte auszugleichen, Therapie oder Verbesserung anzubieten. Die allopathische Haltung des Beobachters ist die des beratenden Heilers. Der Informationsfluß bewegt sich von außen nach innen, vom Evaluator zum Evaluierten, und unterscheidet sich klar vom Mit-Untersuchungs-Ansatz Freires.

Im Gegensatz dazu hat der homöopathische Arzt keine Geheimnisse, besitzt keine mysteriösen Künste. Die Behandlung erfolgt mittels bekannter Substanzen, die ähnliche Symptome hervorrufen, wie sie der Körper hervorrufen kann. Diese Substanzen werden nach Paracelsus seit dem 16. Jahrhundert Gifte genannt, da nach ihm alle Dinge irgendeine giftige Substanz enthalten und allein die Dosis entscheidet, was Gift ist. Diese Gifte werden pharmazeutisch in unglaublich verdünnter Form hergestellt und können einen Patienten über einen längeren Zeitraum heilen. Das Suspekte und Skeptische für die Schulmedizin ist die Frage, wie die Verabreichung von so winzigen Mengen den Körper anregen kann, sich selbst zu heilen. Hier liegt eine interessante Parallele zur Anforderung an die naturalistische Forschung vor, ihre Wirksamkeit wissenschaftlich zu überprüfen, z.B. über den "Doppelblind-Versuch", und der darauf folgenden naturalistischen Abwehrstrategie des "Erkenntnisschocks" oder des "Bereitstellens von stellvertretender Erfahrung" (Stake 1975). In der homöopathischen Evaluation werden die "Dosen" dagegen in Form von Interaktionsfragmenten, Berichten, Porträts, Interviews, Videosequenzen oder Fotografien so verabreicht, daß sie vom Individuum oder einer Gruppe assimiliert werden und daß aus der folgenden Reflexion die Betroffenen zu Handlungen befähigt werden. Nach Abercrombie (1979) wird die Entscheidungsfähigkeit der an der Evaluation Interessierten verbessert, wenn sie über ihre Erfahrungen reflektieren und "Wahrheiten" im Evaluationsmaterial erkennen.

Der homöopathische Ansatz versucht so viel aus dem Kontext herauszufinden, als für das Verstehen im hermeneutischen Zirkel notwendig ist. Er bildet dabei eine verwobene Struktur von mehreren Perspektiven, die die "Dosis" ausmachen. Dieses Zusammenstellen von "Dosen" ist entscheidend, da dadurch Ereignisse in einer besonderen Weise abgebildet werden müssen. So wie jeder Splitter einer holographischen Platte so fragmentiert ist, daß er das Bild der ganzen Platte enthält (vgl. Shotter/Newson 1980; Bohm 1980), und so wie der menschliche Organismus das Wesen des Giftes über Reaktionen auf nicht-giftige Kleinstmengen definiert (die homöopathische Dosis), so müssen auch die Feedback-Strategien des Evaluators solche Qualitäten aufweisen. Das heißt, daß Rückmeldungen die Strukturen von Ereignissen in dem Maß repräsentieren müssen, daß diese Ereignisse von Adressaten als bedeutungsvolle rekonstruiert werden können. Weiters müssen sie so sorgfältig ausgewählt sein, daß sie nicht bedrohlich sind, und sie müssen gleichzeitig so stark sein, daß sie einen Diskurs anregen. Wenn der Evaluator diese wirkungsvollen Mikrostrukturen in symbolischer oder metaphorischer Form einsetzt, besteht eine gute Chance, daß ihm der Diskurs gelingt. Erfolgreiche Beispiele dafür sind Day/Stake (1978) und Pick/Walker (1976), die bei ihren Evaluationen Anekdoten und Vignetten einsetzten. Als Vignetten bezeichneten sie kleine Illustrationen oder Facetten eines Themas, durch die prägnante Vorschläge vermittelt werden. Vignetten können z.B. einen kurzen Dialogausschnitt oder eine Kurzgeschichte enthalten. Sie können aber auch aus einer Spur einer vorausgegangenen Handlung bestehen, wie z.B. aus einem "Lippenstiftabdruck auf einer Fotografie". Eine Vignette, die zuerst einen Eindruck über eine "Einzelfigur" abzugeben scheint, porträtiert plötzlich eine "Gruppe". Dieses Phänomen läßt sich gut mit dem im Kapitel 3 besprochenen "Punktum"-Begriff von Barthes (1982) verbinden.

Damit die Analogie als Arbeitshypothese wirksam wird, muß angenommen werden, daß jedes Individuum einen Organismus (oder hermeneutischen Zirkel) darstellt und gleichzeitig dazu beiträgt, einen Organismus größerer Gruppen herzustellen. Der Beobachter als hermeneutischer Praktiker untersucht nun gemeinsam mit den Individuen, was diesen Organismus zusammenhält. Er/Sie nimmt dabei eine Haltung des mitfühlenden Interesses ein und wird durch Medien und Netzwerke unterstützt. Sobald der Beobachter sich innerhalb des Zirkels befindet, muß er das Verstehen dessen, was gemeinsam erfahren wurde, in einer nicht-wertenden, jedoch wirkungsvollen Weise darstellen. Dabei werden die Themen und Handlungen entwickelt, die Freire in seiner "Pädagogik der Unterdrückten" (1970) beschreibt.

Die Beobachtung wird so Teil eines interaktiven Kontinuums, das durch die vorübergehende Anwesenheit des Beobachters einen besonderen Akzent erhält.

11.2   Postskriptum

Wie läßt sich das alles in die Praxis umsetzen? In einer meiner frühesten Forschungsarbeiten beobachtete ich (Jack Sanger) den Unterricht von zehn Lehrern und Lehrerinnen. Ich suchte nach Belegen für die Vermittlung komplexer Konzepte innerhalb pädagogischer Zielsetzungen. Als ich mit den LehrerInnen die Freigabe von Teilen meines Transkripts verhandelte, das ich zitieren wollte, war ich überrascht, wie sehr meine Aufzeichnungsbeispiele die Beobachteten beschäftigten und wieviel sie von diesen kleinen Kostproben profitierten. Ein paar Zeilen Dialog lösten ein halbstündiges Gespräch aus. Warum war das so? Ich glaube, daß die Auswahl dieser kleinen Details aus dem Ereignisstrom als ein wirkungsvolles Metonym, als Teil für das Ganze, zumindest aber für bedeutungsvolle Schwerpunktthemen angesehen wurde: Der Leser nimmt das kleine Kuchenstückchen sorgfältig in sich auf und schließt daraus, wie der ganze Kuchen schmecken würde. Hier ein Beispiel zur Veranschaulichung: Ich hielt in meiner Beobachtung eine Situation fest, in der ein Lehrer bei der Erarbeitung eines schwierigen Begriffs einem antwortenden Schüler ins Wort fiel. Mit diesem kurzen Beleg gab ich dem Lehrer unbeabsichtigt soviel Information, daß er seine gesamte Interaktionsstrategie zu überdenken begann.

Im Rahmen des Diplomstudiums in Pädagogik setzte ich eine Forschungskommission ein, um die Studierenden mit den Anforderungen der Forschungspraxis vertraut zu machen. Diese Kommission stellte öffentlichen und privaten Organisationen ForschungsexpertInnen für kurze Zeit (drei bis vier Wochen) zur Verfügung, die den Sponsoren kurzgefaßte Forschungsberichte lieferten. Trotz einiger Probleme mit mangelnder Erfahrung und Zeitknappheit gab es einige erstaunliche Ergebnisse.

Worum geht es uns hier? Wir möchten beweisen, daß es nicht notwendig ist, die Teilnahme einer Person oder einer Gruppe an einem Forschungsprojekt ausführlich und vollständig zu beschreiben, sondern daß es genügt, einige repräsentative Handlungsdetails sorgfältig auszuwählen. Vollständige Interviewtranskripte bringen oft nicht die erhoffte Klarheit, auch wenn sie gelesen werden, während ausgewählte, gehaltvolle Auszüge meist für das Nachdenken geeigneter sind und zur vertieften Auseinandersetzung, zum Dialog und zur gemeinsamen Untersuchung anregen. Gute BeobachterInnen müssen daher in der Lage sein, die richtige Dosis zu bemessen, ihre Wirksamkeit zu verstehen und zu akzeptieren, daß sie über die Art der

Wissensverwendung keine Vorhersagen machen können. BeobachterInnen agieren hier nicht nur als InformationsmaklerInnen zwischen Abnehmern, die etwas wissen wollen, sondern auch als InitiatorInnen von Dialogen zwischen denen, die ein echtes Interesse an den Ergebnissen haben.

Kapitel 12

Geschichten einer zukünftigen Vergangenheit

"Tatsächlich gibt es kein unlösbares Abfall-Problem. Das Problem ist durch die postmoderne Erfindung des Recyclings und der Verbrennungsanlage gelöst. Diese großartigen Verbrennungsanlagen der Geschichte, aus deren Asche der Phönix der Postmoderne wiederbelebt wird. Wir haben uns mit der Idee abgefunden, daß alles was nicht abwertbar oder auslöschbar ist, heute wiederverwertbar ist, und daß es daher keine endgültige Lösung gibt. Wir werden nicht vom Schlimmsten verschont werden, nämlich, daß die Geschichte nicht zu einem Ende kommt, da alles, was übrigbleibt, die Kirche, der Kommunismus, ethnische Gruppen, Konflikte, Ideologien, unbegrenzt wiederverwertbar ist. Was daran so verblüffend ist, ist die Tatsache, daß nichts, von dem man dachte, daß die Geschichte über es hinweggehen werde, wirklich verschwunden ist. All die archaischen, anachronistischen Formen sind noch da, bereit, aufzutauchen, unversehrt und zeitlos, wie die Viren, tief in einem Körper. Die Geschichte hat sich nur von der zyklischen Zeit losgelöst, um sich der Ordnung des Recyclings zu unterwerfen." (Baudrillard 1994, 27)

Das Zitat stammt aus Baudrillards Buch *The Illusion of the end*. In mehrerer Hinsicht ist es geeignet, die Hauptthese dieses Buchs zu veranschaulichen, daß Beobachtung verwendet wird, um die Fermentierung des Wiederaufbereiteten zu dokumentieren. Beobachtung arbeitet wie eine behandschuhte Hand der Ideologie, die ihre Ähnlichkeit mit dem Körper maskiert. Sie bietet in fast flehentlicher Weise Offenheit an, sie wird von den Mächtigen verwendet, um die Schwachen unterzuordnen, und sie wird von der "Befreiungsarmee" eingesetzt, um die Unterdrückten zu emanzipieren. Der Beobachter schwimmt wie ein Textfetzen auf all den Turbulenzen, die Baudrillard beschreibt.

In diesem Buch gibt es viele Jack Sangers, die Barthes' berühmte Deklaration über den Tod des Autors wie eine Fahne vor sich hertragen. Sie kamen und gingen aus den verschiedenen Perioden seines Forscherlebens, und nur einige tragen denselben Namen. Sein Selbst, oder besser das Gemisch seiner "Selbste", hat sich mit der Zeit verändert, manchmal dramatisch. Und es sind auch die Stimmen aller anderen hier repräsentiert, der früheren Autoren, derer, die geantwortet, und derer, die teilgenommen haben. Das Buch erscheint manchmal ohne Kontinuität und bruchstückhaft. Unsere Hoffnung ist, daß es trotz seiner Unzulänglichkeiten die Diskussion darüber anregt, was ein guter Beobachter im Forschungsprozeß ist. Es ist autobiographisch und spiegelt daher auch unsere Eigenarten wider, aber es beschreibt die verschiedenen Wege, auf denen wir versucht haben, mit dem Unlösbaren, dem Komplexen und dem Herausfordernden zu arbeiten. An manchen Stellen bietet es auch praktischen Rat, der jedoch an anderen Stellen wieder in Frage gestellt wird.

Wir haben versucht, die Aufmerksamkeit auf die Beobachtung zu richten, einer wenig diskutierten Aktivität innerhalb der Sozialwissenschaften. Wie wird sie sich weiterentwickeln? Wir möchten dazu anhand der Begriffe Technologie, post-strukturalistische Perspektive und gesellschaftliche Veränderung einige Überlegungen anstellen. Wir beginnen mit einer Fotografie aus einem Forschungsprojekt, das Jack Sanger gerade leitet. Wir laden Sie ein, sich auf unser Sprachspiel einzulassen: Sehen Sie sich das Bild auf Seite 174 an und überlegen Sie, was es Ihnen als ForscherIn sagt:

Nun, Sie könnten die verschiedenen Bild-Informationen zu Kategorien, wie Brettspiele, Kuscheltiere, Videospiele und Videos, zusammenfassen. Sie könnten eine kurze Bemerkung über die Konsumentengesellschaft machen und darüber, wieviel Spielzeug Kinder heute bereits besitzen. Man könnte auch sagen, daß das Bild ein gutes Beispiel für die Habgier des späten zwanzigsten Jahrhunderts ist. Kurz gesagt, Sie würden die Fotografie zur Veranschaulichung und als Beleg für Ihre Behauptung verwenden. Ihre Behauptung wäre in diesem Fall die Vorgeschichte, und die Fotografie würde auf sie folgen, sie wäre ein Teil des Belegmaterials, das die These stützt.

Wir möchten Ihnen aber einen anderen Weg zeigen, wie man das Bild als Beleg benutzen kann. Die Idee stammt aus Barthes' Camera Lucida, die

wir zu Beginn des 3. Kapitels beschrieben haben. Barthes faßt jede Fotografie als einzigartige "Mathesis" auf, als autonome phänomenologische Einheit mit einem ihr eigenen Erkenntnisgehalt. Dies kann einerseits den interpretierenden Beobachter verunsichern, wenn er auf die gewohnte Sicherheit einer Theorie zurückgreifen will, dies kann aber auch neue Sichtweisen eröffnen. Anstatt die Fotografie im Rahmen einer bestehenden theoretischen Perspektive zu interpretieren, werden LeserInnen dazu ermutigt, selbst zu VerfasserInnen einer neuen Theorie zu werden: Es wird ihnen freigestellt, auf den "Text" des Bildes mit neuen Interpretationsmöglichkeiten zu reagieren, in vollem Bewußtsein, daß andere LeserInnen ihn anders sehen, daß aber diese Heterogenität von Antworten einen reichhaltigeren Diskurs eröffnet. Unsere Interpretation mag dazu als Beispiel dienen:

Das Bild stellt das Schlafzimmer eines Kindes dar. Es ist das Jahr 1993. In ein bis zwei Monaten werden sich die Titel der Spiele in der untersten Stellage geändert haben. Es ist ein Beispiel für das Schlafzimmer als Einzelhandelsgeschäft. Louis, der Konsument, steht da wie vor einer Auslage. Seine Spielsachen werden durch die Regale sortiert. Die Vergangenheit, repräsentiert durch die herunterhängenden Beine der Kuscheltiere, reicht in die Gegenwart, in das mittlere Regal hinein, so als wollte sie ihn in seine Kindheitsjahre zurückholen. Die Zukunft liegt unterhalb des untersten Regals, halb ins Dunkle gehüllt. Sie zieht ihn weg von diesen sanften, flehenden Verlockungen. Dort warten sorgfältig gestapelte Titel von Videos. Louis' Welt ist dreigeteilt: Die Gegenwart, symbolisiert durch die mittlere Stellage, enthält Gesellschaftsspiele, die die Aktivitäten von anderen physisch Anwesenden voraussetzen. Aber schon hier, im Zentrum der Stellage, kündigt der Titel "OPTIC VISION" eine unter der Oberfläche liegende Welt in Form einer Tautologie an. Wenn wir also die Fotografie von oben nach unten betrachten, sehen wir die drei Lebensalter von Louis: Kuscheltiere, die auf etwas zum Angreifen, auf Intimität und Abhängigkeit verweisen; Spiele, die eine Beziehung zu anderen in verschiedenen Varianten erfordern; und dann die Trennung, die Phase des Alleinbetrachters, des Alleinbenutzers.

Halten Sie hier für ein paar Sekunden inne: Ist das forschungsgemäßes Schreiben? Traditionelle Forschungsstandards würden einen solchen Stil kaum zulassen. Was wir hier akzeptieren müssen, ist die Tatsache, daß Belege eine Flut von Möglichkeiten eröffnen, die durch die Art, wie man sie nebeneinanderstellt, neue Bedeutungen hervorbringen. Diese Belege werden dann wie Fertiggerichte praktisch verpackt, sie erhalten neue Formen und Inhalte, um die Bedürfnisse des Lesers zu erfüllen. Was aber den gewohnten Prozeß gänzlich durcheinanderwirbelt, wie im verrückt spielenden Gerichtssaal von "Alice im Wunderland", ist die Tatsache, daß die Fotografie selbst zum Opfer dieses Verarbeitungsprozesses wird. Die vorliegende Fotografie, die während eines Forschungsprojekts entstand, ist für das Alltagsverständnis hinreichend authentisch. Heute werden Fotos jedoch auf Disketten übertragen und an Redaktionen geschickt. Sie bestehen nur mehr aus vielen digitalisierten Punkten, die von einem Herausgeber beliebig veränderbar sind. Belege können heute produziert werden, um einen Bericht, eine "Story", zu veranschaulichen.

Darin steckt trotz aller Verunsicherung außerordentlich viel neue Energie. Die verdeckten sozialen Konstruktionen von vergangener Realität werden zu expliziten Konstruktionen der Gegenwart. Die großartigen Forschungstexte, die zur Mythenbildung über unsere Gesellschaft beigetragen haben, machen nun individuellen Welt-Interpretationen Platz.

Ist eine solche individualisierte Interaktion überhaupt möglich? Sicherlich. Sie heißt heute Internet. Die verblüffende Erkenntnis, daß die Anzahl möglicher Neuronenverbindungen im Gehirn größer ist als die Anzahl von Materieformen unseres Universums, wurde nun auf das Kommunikationssystem übertragen. Millionen von Menschen können jetzt miteinander Informationen austauschen, das gesamte System stellt symbolisch die Rekonstruktion dessen dar, was sich in einem Einzelgehirn abspielt. Da das Internet selbst immer anspruchsvollere Kommunikationen zuläßt, wird das Ganze immer komplexer.

Auch die Beobachtung ist im wesentlichen fokussierte Kommunikation. Welche Rolle wird sie in einer zukünftigen mediatisierten Welt spielen? Jack Sanger hat bereits in den 80er Jahren begonnen, über mediatisierte Realitäten zu schreiben. Hier sind seine wichtigsten Gedanken dazu: Mediation, d.h. die Vermittlung durch Medien, war bisher in der Unterrichtsforschung ein nicht besonders beachteter Bereich, wird aber im Zusammenhang mit der Technologieentwicklung immer bedeutungsvoller. Bis in die Mitte der 50er Jahre hatten Jugendliche eine eher direkte Beziehung zur physischen Welt. Seither weisen ihre Lebensgeschichten immer stärkere Anteile von vermittelter Erfahrung auf. Fernsehen, Radio, Fotografie, Plattenspieler, Kassetten, Videos und Kino haben zusammen einen ständig anwesenden künstlichen Spiegel geschaffen, durch den wir wie Alice unserem echten Leben entkommen können. In den letzten Jahren ist zu dieser Medienwelt noch der Computer hinzugekommen.

Nach Ansicht der Semiologen lassen sich die vielen durch die Medien erzeugten Daten in drei Kategorien einteilen: In Bilder ("Ikone"), Hinweiszeichen und Symbole. Die Kategorien bewegen sich vom Konkreten zum Abstrakten.

Ein Kind im Volksschulalter sieht sich Bilder einer Hand in einem Buch an, eine ikonische Darstellung. Es könnte dann die Hand abzeichnen, dann wäre die Silhouette eine "indexikalische" Abbildung. Oder es mißt die Hand mit einem Lineal ab oder schreibt das Wort "Hand", dann erzeugt es eine symbolische Darstellung.

Dies alles sind Ebenen der Vermittlung. Die Hand wird allmählich umgewandelt und verformt, bis sie sich in einem vollständig abstrakten Symbol darstellen läßt.

Die meisten Informationen, die SchülerInnen in der Schule erhalten, sind durch Bilder oder Sprache vermittelt. Je älter SchülerInnen werden, desto weniger taktil geben sich Klassenzimmer. Sie werden zunehmend zu Behältern, in denen Begriffe oder Symbole an die Stelle der direkten Weltauffassung treten. Wenn man Unterricht beobachtet, fällt einem die Künstlichkeit auf. Die Beziehung zwischen Lehrenden und Lernenden, die impliziten und expliziten Regeln, die Lehrinhalte und die Art ihrer Vermittlung höhlen allmählich die direkte Erfahrung aus. In der Forderung des computerunterstützten Lernens, durch direkte Betätigung des Computers dessen Funktion als Maschine und Werkzeug zu verstehen und ihn nicht als Tyrannen zu sehen, liegt ein Paradoxon: Das "Handling" allein befähigt SchülerInnen noch nicht, die binären Operationen zu verstehen, die die Realität in Millionen Schaltkreise der Hardware verwandeln und für die daraus folgenden Bildschirmbilder verantwortlich sind.

Der Umgang mit Information bezieht sich heute weitgehend auf den Umgang mit medial vermittelter Erfahrung und nicht auf den direkten Umgang mit Menschen und Dingen. Je besser SchülerInnen die Umwandlung von Realität beherrschen, desto mehr werden sie belohnt. Je weniger "real" die Lernumwelt ist, d.h. je weniger vollständig und direkt betroffen durch persönliches Eingreifen von SchülerInnen und LehrerInnen sie ist, desto leichter kann der Lehrplan im Unterricht präsentiert werden und desto schwieriger ist es für viele SchülerInnen, sich an Unterrichtsprozessen zu beteiligen.

Kritisches Denken auf der Meta-Ebene ist möglicherweise der einzige Weg, um die Künstlichkeit sichtbar und medial vermittelte Handlungen verstehbar zu machen. Die Sprache wird dabei eingesetzt, um ihre eigenen Verwirrungen zu unterminieren. Die logische Distanzierung der SchülerInnen von der Realität muß dekonstruiert werden, damit sie verstehen, wie Information grundsätzlich konstruiert wird. Damit Kritikfähigkeit entsteht, muß es Lernenden und Lehrenden erlaubt sein, mit dem Lehrplan spielerisch umzugehen, ihn eher als formbaren Ton denn als starres Lego zu behandeln.

Das folgende Beispiel stammt aus dem Forschungstagebuch eines Mitarbeiters. Er beschreibt, wie ein Schüler durch den Spiegel eines Films "hindurchgeht", während andere SchülerInnen das Medium in der gewohnten rezeptiven Weise behandeln: Sie nehmen die erzeugten Daten kritiklos auf, interessieren sich kaum für in die Tiefe gehende Fragen betreffend des Informationsprozesses.

Alan, ein 12jähriger Schüler, ist eine Nervensäge. Er zeigt ständig auf, gibt aber fast immer falsche Antworten. Die Antworten sind so falsch, daß man nicht mehr sagen kann, "nicht schlecht" oder "sehr nahe dran". Sie signalisieren vielmehr, daß er die Fragen nicht verstanden hat. Je nach dem, wie weit entfernt er von der richtigen Antwort liegt, empfinden die MitschülerInnen es als Unterhaltung (sie lachen) oder als Langeweile (sie stöhnen). Es ist diese Unvermeidbarkeit, die einen so entmutigt. Natürlich kann man manchmal die Peinlichkeit vermeiden und rasch jemand anderen fragen, wenn er dir seine Hand beim Aufzeigen fast unter die Nase hält. Aber was tut man, wenn sonst kein Schüler aufzeigt? Meist beginnen seine Antworten dann mit einer Fantasiegeschichte über seinen Onkel oder über einen Kriegshelden, der ihm die Antwort eingab. Das Ritual ist bereits so eingespielt, daß die MitschülerInnen ihm gar nicht mehr erlauben, die Antwort zu nennen.

Das Problem liegt darin, daß das Schuljahr dem Ende zugeht und sein Verhalten sich eher verschlechtert hat. Er ist langsam zum selbsterzeugten Kasperl (Opfer) geworden, nach dem Prinzip, daß irgendeine Aufmerksamkeit besser ist als keine. In einem Gespräch mit dem Betreuungslehrer erfahre ich, daß er mit Alan nur in den Englisch- und Mathematikstunden alleine arbeitet, sonst bleibt Alan im Klassenverband. Ich mache mir große Sorgen, Alan braucht Hilfe!

Da ereignet sich ein Vorfall, der eine versteckte Fähigkeit Alans aufdeckt. Die Klasse hat sich gerade einen Film über "Tierisches Verhalten" angesehen. Die Lehrerin hatte die SchülerInnen zuvor aufgefordert, gut zu beobachten. Jetzt möchte sie, daß die SchülerInnen relevante Fragen stellen. Viele Kinder, die zuvor "richtige" Antworten gaben, stellen in der rollenvertauschten Situation Fragen, die nichts mit den Filmszenen zu tun haben, sichtbar bemüht zu erraten, was die Lehrerin hören will. Ganz anders Alan. Er stellt plötzlich Fragen, die sich auf eine konkrete Beobachtung beziehen, die zeigen, daß er weiß,

wie man fragen muß, um etwas zu verstehen: *"Warum füttern Ele-*
fanten ihre Jungen von vorne, wie Menschen, nicht von hinten, wie –
wie Tiere?"
Nach dem gewöhnlichen Gelächter der Klasse wird es plötzlich still,
die Ernsthaftigkeit der Frage ist spürbar. Niemand hat dieses Verhalten
bemerkt. Die Lehrerin spielt die Szene noch einmal ab, und siehe da,
Alan hat recht, Elefanten füttern ihre Jungen tatsächlich von vorne.
Alan, der beste Beobachter, sieht, was sich wirklich abspielt, der Rest
von uns sieht nur durch unsere konventionellen Kategorien. Wir
wissen keine Antwort. Alan sucht den Biologie-Lehrer, den
"Experten", auf. Dieser schickt ihn in die Bibliothek. Die Bibliothe-
karin recherchiert, findet nichts und beschließt, gemeinsam mit Alan
einen Brief an die Zoologische Gesellschaft des Londoner Zoos zu
schreiben. Ein Antwortschreiben der Forschungsabteilung der Gesellschaft lobt Alans scharfsichtige Beobachtung und informiert über
dieses ungewöhnliche Fütterungsverhalten: Elefanten bilden,
gemeinsam mit einem kleinen Pelztier (Tock Hyrax) und dem
Manatee, einem otterähnlichen Säugetier, das Ende eines Evolutions-
zweiges. Nur diese drei Tierarten säugen ihre Jungen, so wie Menschen, von vorne. Alan fand weiters heraus, daß die Manatees ihre
Jungen manchmal auch auf Felsen sitzend in aufrechter Haltung
säugen, was zu den Geschichten amerikanischer Seeleute über Meer-
jungfrauen geführt haben könnte. Alans Projektmappe wird zur
Hauptattraktion.
Alan ist nicht nur ein vorübergehender Held, er wurde ein angesehenes
Mitglied einer Schülergruppe von guten "Fragern". Die Mitschüler-
Innen hörten sich jetzt auch seine Geschichten über Onkeln und
Kriegshelden an und fanden mit der Zeit heraus, daß in ihnen
durchaus auch relevante Informationen steckten. Schülerfragen
wurden zu einem verpflichtenden Teil des Unterrichts, und lehrerge-
steuerte Ratespiele verschwanden allmählich ganz.
Die Moral dieser Geschichte läßt sich auch darin sehen, wie ent-
deckendes Lernen und Informationsverarbeitung im Unterricht initiiert werden können. Ein Schüler untergräbt die Überzeugungskraft
vorhandener Bilder beim Ansehen eines Films, um die Informationen
für sich real zu machen. Im Unterricht dominiert oft der Schein.
Unterricht kann ebenso unwirklich werden für SchülerInnen und LehrerInnen, wenn sie in Rituale und erstarrte Rollen verfallen. Ein Bei-

spiel dafür, wie SchülerInnen ermutigt werden können, sich diesen Zwängen durch Dekonstruktion zu entziehen, ist das Korrekturverhalten der Lehrerin Maxin Wood im Kap. 3: Die sieben- und achtjährigen SchülerInnen beginnen, hinter die über das Medium "Korrigieren" vermittelte Beziehung zu ihrer Lehrerin vorzudringen. Die Realität der Menschen, die sich hinter der Bewertungs-Beziehung verbirgt, gelangt dabei immer mehr in den Vordergrund.

Informationsverarbeitung im Unterricht darf nicht als Prozeß in einer Gestalt gesehen werden. So wie er im allgemeinen an Schulen abläuft, ist sein Ethos mit dem des internationalen Handels vergleichbar. Information ist eine Ware, die ein- und ausgeführt wird und nach ihrer Bedeutsamkeit und ihrer Seltenheit bewertet wird. In dieser Verkleidung wird sie ihrer persönlichen Relevanz und ihres intersubjektiven Einflusses beraubt. Sie wird zu einem Medium der Sachlichkeit. Für SchülerInnen kann Information durch Vermittlung soweit entstellt werden, daß sie in ihr nichts Bedeutsames für das Überleben in der Gesellschaft mehr erkennen. In diesem Fall können sie Information weder selbst erzeugen noch umformen noch besitzen.

Soweit zu Jack Sangers Gedanken aus den 80er Jahren.

Inzwischen wurde das Internet geschaffen und wurden die Möglichkeiten für junge Menschen, Informationen zu erzeugen, zu besitzen, zu übertragen und zu erforschen, revolutioniert. Baudrillards Mülleimer für Geschichte kann nach neuen Ideen durchwühlt werden, die aus alten gewonnen wurden. Aber auch für wirklich neue, revolutionäre Ideen findet sich ein Platz, wie dem Schlager *"Somewhere out there, someone waits for me"* entnommen werden kann.

Dieses aktive Engagement mit anderen findet im symbolischen Raum statt. "Hackers" werden regelmäßig entlarvt, dort, wo sie nicht sein sollten. Sie sind eine Art von "Banditen-Ethnographen", die fremde Kulturen erhellen wollen. Die Wanderer im Internet könnten sich in einem Cybercafé in London treffen, wie Dinosaurier aus einer vergangenen Gesellschaftsepoche, aber sie tun das im allgemeinen nicht. Warum soll man in die gesellschaftliche Rolle ("Persona") eingesperrt sein, die man Tag und Nacht mit sich herumträgt? Da ist eine Geisterwelt besser, wo man mit Bildern von Gestalten spielen kann, die man zu jeder beliebigen Zeit gerne annehmen möchte. Und die Geistergestalten von einem Selbst können wiederum mit anderen geisterhaften "Selbsten" spielen in einem fortwährenden

Austausch von Selbst-Bedeutung. In einer Sitzung der Forschungskommission der Universität von East Anglia wurde über ein Forschungsprojekt diskutiert, das sich mit der räumlichen Vermessung dieses "Cyberspace" beschäftigte, jenes symbolischen Areals, auf dem sich mediatisierte Seelen treffen, Gestalt annehmen und wieder verschwinden. Das Projekt wurde dem Forschungsbereich Geographie (!) zugeordnet. Als Forschungsmethode zur Untersuchung dieses Phänomens wurde die Ethnographie(!) angegeben.

Daraus sieht man, daß Beobachten im Forschungsprozeß einen Vermittlungsakt darstellt, da Rechenschaft darüber gelegt wird, was gesehen wurde. Ob die Belege nun verschriftlicht, mündlich aufgezeichnet, gefilmt oder fotografiert sind, sie stellen immer Rekonstruktionen aus einer bestimmten Perspektive dar. Und in Zukunft wird dieses allmähliche Übergehen von der mündlichen Rückmeldung zum Videofeedback sich noch weiter auf die Bereiche der virtuellen Realität, des Hologramms und des Cyberspace erstrecken. Die virtuelle Realität steht dabei für eine Quasi-Realität, für eine Computer-modellierte, andere Welt, die sich so nahe wie möglich der unseren annähert. In solchen modellierten Welten testet die NATO bereits geplante Kampfstrategien gegen den Irak oder andere potentielle Aggressoren. Berichten zufolge sollen im Golfkrieg einige höhere amerikanische Offiziere sich am Computer mit simulierten Realitäten in der Wüste beschäftigt haben, ohne zu wissen, daß sie zur selben Zeit am tatsächlichen Kriegsgeschehen teilnahmen. Heute ist es bereits möglich, Operationen über ferngesteuerte Roboter durchzuführen, wobei der Operateur tausende Kilometer vom Patienten entfernt ist.

In Zukunft lassen sich Szenarien denken, wo virtuelle Populationen von Marktforschern untersucht werden. Ganze Umwelten könnten auf CD-ROMs gespeichert und über Internet für die Untersuchung von Schulen, Spitälern, Haushalten und Ämtern zur Verfügung gestellt werden. Die Zeit wird kommen, wo selbst der Beobachter durch fehlerlose virtuelle analytische Roboter ersetzt werden wird. Die "Cyborgs" werden den medial vermittelten, symbolischen Raum bewohnen. Und wo werden dann unsere Wirklichkeiten sein?

Die Hoffnung liegt in der Ethnographie: Sie ist es, die zu erhellen versucht, was das Wesen des Menschlichen ausmacht, sie ermöglicht uns zu sehen, was geschieht, wenn wir uns verändern, sie erinnert uns, wie sehr wir uns schuldig machen, wenn wir die Verantwortung uns und anderen gegenüber ablehnen.

12.1   Postskriptum

"*Eine der bekanntesten Hollywood-Legenden ist mit der Schlußszene des Films 'Casablanca' verknüpft. Man sagt, daß selbst während der Dreharbeiten Regisseur und Drehbuchautor zwischen verschiedenen Versionen des Filmendes schwankten (Ingrid Bergman fliegt mit ihrem Mann weg; sie bleibt bei Bogart; einer der beiden Männer stirbt). Wie viele Legenden ist auch diese unrichtig, sie bleibt aber eine der Ingredienzien, die den Mythos von Casablanca im nachhinein konstruieren halfen (Tatsächlich gab es Diskussionen über mögliche Ausgänge des Films, die Entscheidung darüber wurde aber lange vor Drehbeginn getroffen). Trotzdem veranschaulicht sie sehr treffend die Funktion der Überschrift in einer Erzählung. Wir erleben das Ende des Films (Bogart opfert seine Liebe, und Bergman steigt mit ihrem Mann ins Flugzeug) als etwas, das sich natürlich und organisch aus der vorausgehenden Handlung ergibt. Aber angenommen, wir denken uns ein anderes Ende aus, z.B. Bergmans Mann stirbt, und Bogart fliegt mit ihr in die Freiheit, dann würden wir auch diese Version als eine sich natürlich und organisch entwickelnde empfinden. Wie ist das möglich, wenn die vorausgehenden Handlungen die gleichen sind? Die Antwort darauf ist, daß das Erleben eines linear verlaufenden, 'organischen' Stroms von Ereignissen eine Illusion ist, wenn auch eine notwendige. Die Illusion verdeckt die Tatsache, daß das Ende rückwirkend den vorausgehenden Ereignissen die Logik eines organischen Ganzen verleiht. Was maskiert wird, ist die radikale Eventualität in der Verkettung der Erzählung, die Tatsache, daß an jedem Punkt der Geschichte sich die Dinge anders hätten entwickeln können. Wenn aber diese Illusion das Ergebnis der Linearität der Erzählung ist, wie kann dann diese Eventualität der Ereigniskette sichtbar gemacht werden? Die Antwort liegt paradoxerweise darin, umgekehrt vorzugehen, d.h. die Ereignisse rückwärts vom Ende zum Anfang hin zu präsentieren. Diese Vorgangsweise ist keineswegs nur eine hypothetische Lösung, sie wurde mehrmals schon in der Praxis erprobt.*"
(Zizek 1991, 69)

Literaturverzeichnis

ABERCROMBIE, M.: The Anatomy of Judgement. Penguin: Harmondsworth 1979.

APULEIUS, L.: The Golden Ass. Penguin: Harmondsworth 1980.

BALL, S.: Beachside Comprehensive. Cambridge University Press. Cambridge 1981.

BARTHES, R.: Image Music Text (übersetzt v. S. Heath). Fontana: London 1964 und 1984.

BARTHES, R.: Writing Degree Zero. Hill and Wang: New York 1977.

BARTHES, R.: Camera Lucida. Jonathan Cape: London 1982.

BARTON, L./LAWN, M.: Back Inside the Whale. In: Interchange, 11, 4, 1980.

BAUDRILLARD, J.: The illusion of the end. Polity Press: Oxford 1994.

BECKER, H.: Whose side are we on?. In: Social Problems, 14, 1967, 239-247.

BENNETT, W./FELDMAN, M.: Reconstructing Reality in the Courtroom. Tavistock: London 1981.

BHASKAR, R.: A Realist Theory of Science. Leeds Books: Leeds 1975.

BHASKAR, R.: On the possibility of social scientific knowledge and the limits of naturalism. In: Journal of the Theory of Social Behaviour, 8, 1979, 1, 1-28.

BLUMER, H.: Symbolic Interactionism. Prentice Hall: Englewood Cliffs, NJ 1969.

BOHM, D.: Wholeness and the Implicate Order. Routledge and Kegan Paul: London 1980.

BOHM, D./PLEAT, D.: Science, Order and Creativity. Routledge and Kegan Paul: London 1988.

BROWN, G.: Microteaching. Methuen: London 1984.

BURGESS, R.: Linking design and analysis in ethnographic studies. Paper presented to the annual meeting of the British Educational Research Association. Sterling University 1992.

CARR, W./KEMMIS, S.: Becoming critical: Knowing through Action Research. Falmer Press: London 1983.

CICOUREL, A./KITSUSE, J.: Decision Makers. Bobbs-Merril: New York 1963.

COHEN, D./GARET, M.: Reforming educational policy with applied research. In: Harvard Educational Review, 43, 1975, 1.

COHEN, R./WARTOFSKY, M.: Epistemology, Methodology and Social Sciences. Reidel: New York 1983.

COMTE, A.: Introduction to Positive Philosophy. Hacken: San Francisco 1978.

CRONBACH, L.: Beyond the two disciplines of scientific psychology. In: American Psychologist. February 1975.

CULLER, J.: Saussure. Fontana: London 1976.

DAY, J./STAKE, R.: Research methods used. In: Case Studies in Science Education Booklet. Centre for Instructional Research and Curriculum Evaluation. University of Illinois at Urbana Champaign 1978.

DEIKMAN, A.: The Observing Self. Beacon Press: Boston, MA 1982.

DERRIDA, J.: Of Grammatology. John Hopkins University Press: Baltimore 1976.

DERRIDA, J.: Writing and Difference. Routledge: London 1978.

DICKEY, B.: Utilization of evaluation of small-scale innovative educational projects. In: Educational Evaluation and Policy Analysis, 11/12, 2, 1980, 6.

DOCKER, J.: Post-modernism and Popular Culture. Cambridge University Press: Cambridge 1994.

EAGLETON, T.: Literary Theory: An Introduction. Blackwell: Oxford 1983.

EISNER, E.: Emerging models for educational evaluation. In: Social Review, 1971/72, 80, 573-590.

ELLIOTT, J.: Educational Action Research. In: NISBET, T. et al (Hrsg.): World Year Book of Education. Kogan Page: London 1985, 231-250.

FOUCAULT, M.: Die Ordnung der Dinge. Eine Archäologie der Humanwissenschaften. Suhrkamp: Frankfurt/M. 1971.

FOUCAULT, M.: Power and Knowledge: Selected Interviews and Other Writings. Pantheon: New York 1972-1977.

FOX, T./HERNANDEZ-NIETO, R.: Why not quantitative methodologies to illuminate dialectical or phenomenological perspectives? Paper presented to the annual meeting of the American Educational Research Association. April 1977.

FREIRE, P.: Pädagogik der Unterdrückten. Bildung als Praxis der Freiheit. Rowolt: Reinbeck 1970.

GADAMER, H.: Wahrheit und Methode. Mohr: Tübingen 1960

GARFINKEL, H.: Studies in the routine grounds of every day activities. In: Social Problems, 11, 1964, 225-250.

GAULD, S./SHOTTER, J.: Human Action and Its Psychological Investigation. Routledge and Kegan Paul: London 1977.

GIDDENS, A.: New Rules in Sociological Method. Hutchinson: London 1976.

GIDDENS, A.: Central Problems in Social Theory. MacMillan: London 1979.

GIDDENS, A.: Profiles and Critiques in Social Theory. MacMillan: London 1982.

GIDDENS, A. : Sociology. Polity Press: Cambridge 1991.

GLASER, B./STRAUSS, A.: The Discovery of Grounded Theory. Aldine: New York 1976

GLEICK, J.: Chaos. Cardinal: London 1987.

GOMBRICH, E.: Meditations on a Hobby Horse and the Other Essays on the Theory of Art. Phaidon: London 1994.

GORDON, C. et al.: Foucault: Power/Knowledge: Selected Interviews and other Writings 1972-1977. The Harvester Press: Brighton 1980.

GOULDNER, A.: The Sociologist as Partisan. In: American Sociologist, May 1968.

GRIFFITHS, M.: Feminism, post-modernism and educational research. In: British Educational Research Journal 21, 1995, 2, 219-235.

GUBA, E./LINCOLN, Y.: Effective Evaluation. Jossey Bass: London 1981.

HABERMAS, J.: Knowledge and Human Interests. Heineman: London 1972.

HABERMAS, J.: Theory and Practice. Heineman: London 1974.

HAMMERSLEY, M./ATKINSON, P.: Ethnography: Principles in Practice. Tavistock: London 1983.

HARGREAVES, D.: Social Relations in the Secondary School. Routledge and Kegan Paul: London 1967.

HARRE, R./SECOND, P.: The Explanation of Social Behaviour. Blackwell: Oxford 1972.

HAWKING, S.: A Brief History of Time. Bantam: London 1988.

HERRIGEL, E.: Zen in the Art of Archery. Routledge and Kegan Paul: London 1972.

HOODS, S.: The structured communication of events. In: Getting the Message across. UNESCO Press 1975.

HOUSE, E.: The Logic of Evaluative Argument. Centre for the Study of Evaluation. University of California: Los Angeles 1977.

HUGHES, P./BRECHT, G.: Vicious Circles and Infinity. Cape: London 1976.

HUSSERL, E.: The Paris Lectures (übersetzt von Koestenbaum, P.). Nijhoff: Den Haag 1964.

JACKSON, P.: Life in Classroom. Holt Rinehart and Winston: New York 1968.

JOHNSON, J.: Doing Fieldwork Research. Collier MacMillan: London 1974.

KATZ, E.: The mass communication of knoweledge. In: Getting the Message across. UNESCO Press 1975.

KLAPP, O.: Opening and Closing. Hutchinson: Cambridge University Press. Cambridge 1978.

KOESTLER, A.: The Act of Creation. Hutchinson: London 1989.

KUHN, T.: The Structure of Scientific Revolutions. Chicago Univeristy Press: Chicago 1970.

KYRIACOU, C.: Establishing the trustworthiness of naturalistic studies. In: Research Intelligence, Summer 1990, 36.

LACAN, J.: The Four Fundamental Concepts of Psycho-Analysis. Penguin: London 1994

LACEY, C.: Hightown Grammar. Manchester University Press: Manchester 1970.

LOWRY, R. (Hrsg.): Dominance, Self Esteem, Self Actualization. Germinal Papers of A. Maslow. Brooks Cole Publishing Company: California 1973

MACDONALD, B.: Evaluation and the control of education. In: TAWNEY, D. (Hrsg.): Curriculum Evaluation Today: Trends and Implications. Schools Council Research Studies. MacMillan Education: London 1976.

MACDONALD, B.: A political classification of evaluation studies. In: HAMILTON, D. et al (Hrsg.): Beyond the Numbers Game. MacMillan: London 1977.

MACDONALD, B.: Democracy and Evaluation. Public address to the University of Alberta, Faculty of Education. Edmonton, October 1979.

MACDONALD, B.: Mandarins and Lemons. Presented at an AERA Symposium in Los Angeles, entitled Case Study in Policy Evaluation: Paradoxes of Popularity. CARE, University of East Anglia: Norwich 1980.

MACDONALD, B./SANGER, J.: Just for the record: Notes towards a theory of interviewing in evaluation. In: HOUSE, E. (Hrsg.): Evaluation Studies Review Annual, Bd. 7. Sage: Beverley Hills 1982.

MACDONALD, B./WALKER, R.: Case study and the social Philosophy of educational research. In: Cambridge Journal of Education, 1975, 5, 11.

MORGENSTERN, Ch.: Alle Galgenlieder. Insel Verlag: Wiesbaden 1947, 153.

MICHEL, J.: A View over Atlantis. Paladon: London 1973.

MOUSTAKAS, C.: Heuristic Research. Sage: London 1990.

NORRIS, C.: Derrida. Fontana: London 1987.

NORRIS, N./SANGER, J.: Inside Information: An Evaluation of a Curriculum Innovation. UEA Occasional Publications: Norwich 1984.

PARLETT, M./HAMILTON, D. et al: Beyond the Numbers Game. MacMillan: London 1977.

PATTEN, M.: Utilization Focussed Evaluation. Sage publications: California 1978.

PHILLIPS, A.: On Flirtation. Faber and Faber: London 1994.

PICK, C./WALKER, R.: Other rooms other voices. Ford Safari Project. CARE, University of East Anglia: Norwich 1976.

POLANYI, M.: Knowing and being. In: GRENE, M. (Hrsg.): Knowing and being – Essays by Michael Polanyi. Chicago university Press. Chicago 1969.

POPPER, K.: The Logic of Scientific Discovery. Hutchinson: London 1972.

PRICE, G.: Quantification and curriculum research: Red herrings and real vices. Paper presented at the annual meeting of the American Educational Research Association, Los Angeles 1981.

REICHENBACH, H.: Experience and Prediction. An Analysis of the Foundations and the Structure of knowledge. University of Chicago Press: Chicago 1938.

REINHARTZ, S.: Feminist distrust: Problems of context and content in sociological work. In: BERG, D./SMITH, K. (Hrsg.): The Self in Social Enquiry. Sage: London 1988.

RORTY, R.: Objectivity, Relativism and Truth. Cambridge University Press: Cambridge 1991.

ROUSE, J.: Power/knowledge. In: CUTTING, G. (Hrsg.): The Cambridge Companion to Foucault. Cambridge University Press: Cambridge 1994.

SANGER, J.: Data into knowledge: A basis for analysing information handling in classrooms. In: Cambridge Journal of Education, 1985, 15, 2, 67-73.

SANGER, J.: Natural options in evaluation reporting. Paper presented at the annual meeting of the American Educational Research Association, San Francisco 1986.

SANGER, J.: Teaching, Handling Information and Learning. British Library Publications: Boston 1989a.

SANGER, J.: The Sick Fly in Clasroom Processes. Deakin University 1989b.

SANGER, J.: Awakening a scream of consciousness. The critical group in action research. In: Theory into Practice, 1990, 29, 3, 174-178.

SANGER, J.: The Norfolk LEA Staying On Rates Project. The Final Report. Norfolk Educational Press: Norwich 1991.

SANGER, J.: Changing the teaching ethos. Paper presented at the annual meeting of the British Educational Research Association. Sterling University 1992.

SANGER, J.: Entertainment Technology and the Young Learner. British Film Institute London 1993.

SANGER, J.: Five easy pieces. In: BERA Journal 1995a, 21, 1.

SANGER, J.: Making action research mainstream.: A post-modern pespective on appraisal. In: Educational Action Research: An International Journal, 1995b, 3, 1.

SANGER, J./ZUBER-SKERRIT, O. (Hrsg.): Managing Change through Action Research: A post-modern Pespective on Appraisal. 1995c (im Druck).

SANGER, J./SCHOSTAK, J.: Carrying off the Case. CARE. University of East Anglia: Norwich 1981.

SCHÜTZ, A.: Wissenschaftliche Interpretation und Alltagsverständnis meschlichen Handelns. In: SCHÜTZ, A.: Gesammelte Aufsätze, Bd.1. Nijhoff: Den Haag 1971

SHOTTER, J.:/NEWSON, J.: An ecological approach to cognitive development: Implicate orders, joint action and intentionality. In: BUTTERWIRTH, S./LIGHT, P. (Hrsg.): The Individual and the Social in Cognitive Development. Harvester Press: Brighton 1980.

SIMONS, H.: Innovation and the case study of school. In: Cambridge Journal of Education, 1971, 3.

SIMONS, H.: Negotiating conditions for independent evaluations. Curriculum Studies Department. University of London Institute of Education 1980.

SMITH, L.: An evolving logic of participant observation. Educational ethnography and other case studies. In: SHULMAN, L. (Hrsg.): Review of Research in Education. Peacock: Chicago 1981.

SMITH, L./GEOFFREY, W.: The Complexities of an Urban Classroom. Holt Rinehart and Winston: New York 1968.

STAKE, R. (Hrsg.): Evaluating the Arts in Education: A Responsive Approach. Merrill: Colombus, OH. 1975.

STENHOUSE, L.: Introduction to Curriculum Research and Design. Sage: London 1975.

STRAUSS, A./CORBIN, J.: The Basics of Qualitative Research. Sage: London 1991.

THOMAS, W.: The Polish Peasant in Europe and America. Richard Badger: Boston 1919.

TOULMIN, S.: Human Understanding. Clarendon Press: Oxford 1972.

ULMER, G.: Applied Grammatology. John Hopkins: New york 1985.

VERNON, M.: The Psychology of Perception. Penguin: London 1970.

WALKER, R.: The use of fiction in educational research (and I don't mean Cyrill Burt). In: SMETHERHAND, D. (Hrsg.): Evaluation in Practice. Nafferton Books: Driffield 1982.

WARNOCK, M.: Imagination. California Press: San Francisco 1970.

WHITTACKER, R.: Who knows. In: SANGER, J. (Hrsg.), a.a.O. 1989a.

WINCH, P.: The Idea of a Social Science. Routledge and Kegan Paul: London 1958.

WINTER, R.: Fictional critical writing. In: Cambridge Journal of Education, 1986, 16, 3.

WITTGENSTEIN, L.: Philosophical Investigations. Blackwell: Oxford 1953.

WOOD, M.: Negotiating with pupils. In: SANGER, J., a.a.O. 1989a.

WOODS, P.: The Divided School. Routledge and Kegan Paul: London 1979.

ZIZEK, S.: Looking Awry: An Introduction to Jaques Lacan through Popular Culture. MIT Press: London 1991.

Autorenangaben

Jack Sanger ist Universitätsprofessor und Direktor des Forschungszentrums für "Educational Policy and Leadership" der Anglia Polytechnic
University in Chelmsford, England. Er hat zahlreiche nationale und inter-
nationale Forschungs- und Evaluationsprojekte in den Bereichen professionelle Fortbildung von Führungskräften, schulische Informationstechnolo-
gien und Organisationsentwicklung geleitet.

Franz Kroath ist A.O. Professor am Institut für LehrerInnenbildung
und Schulforschung der Universität Innsbruck. Seine Arbeitsschwerpunkte
sind LehrerInnenaus- und Fortbildung, Handlungsforschung und Schulentwicklung. Mit Jack Sanger verbindet ihn eine langjährige Zusammenarbeit
in der forschungsorientierten Lehrerbildung.

Praxisgerechte Lösungsstrategien für die Aufgaben – aktuelle und künftige –, mit denen Schulleiterinnen und Schulleiter konfrontiert sind, werden von Walter A. Fischer und Michael Schratz auf neuestem wissenschaftlichen Stand präsentiert. Mit zahlreichen Schaubildern, Diagrammen und Checklisten. Für Schulleiterinnen, Schulleiter, sowie alle Lehrkräfte, denen diese verantwortungsvolle Position früher oder später in Aussicht steht.

Walter A. Fischer und Michael Schratz

SCHULE LEITEN UND GESTALTEN

Mit einer neuen Führungskultur in die Zukunft

Mit zahlreichen Abbildungen und Diagrammen
208 Seiten, öS 248,-/DM 34,-/sfr 31,50
ISBN 3-901160-12-4
Band 7 der Reihe "Studien zur Bildungsforschung & Bildungspolitik", herausgegeben von Herbert Altrichter und Michael Schratz

Ein Handbuch, das die modernen Methoden für das Schulmanagement umfassend und praxisnah verfügbar macht.

STUDIENVerlag

"Walter A. Fischer und Michael Schratz stecken wissenschaftlich fundiert das zeitgemäße Profil der Schuldirektorin/des Schuldirektors ab. Sie bieten umfassend und praxisnah moderne Methoden für die Leitung und Gestaltung von Schulen. 'Schule leiten und gestalten' ist ein unentbehrliches Handbuch für Direktorinnen und Direktoren und für Lehrkräfte, die diese Position anstreben sowie eine gute Quelle für alle, denen Schulautonomie und Schulentwicklung ein Anliegen ist."
Forum Schule heute

"... die Autoren bieten parallel dazu gleich eine ganze Fülle von konkreten, sofort umsetzbaren Hilfestellungen an. Sie umfassen die Arbeit an der eigenen Person ebenso wie Anleitungen zur professionellen Teamentwicklung, erfolgreiche Problembewältigung in Beratungssituationen und den effizienten Umgang mit der Zeit. Zahlreiche Schaubilder, Diagramme, Checklisten und Protokolle aus Schulleiterkursen machen das Buch sehr ansprechend und lebendig. Sie machen neugierig und animieren zum Ausprobieren."
DazuLERNEN